Kristallschädel

Anleitung zur Energiearbeit mit Kristallschädeln

von

Kirsten Hilling

Weitere Informationen zu Kirsten Hilling:

Kirsten Hilling hat gemeinsam mit weltweit bekannten Kristallschädel-Experten ein einmaliges Kristallschädel-Kartendeck, bestehend aus 44 Karten mit Botschaften der Kristallschädel und dazugehörigem Begleitbuch, in deutscher und englischer Sprache, entwickelt. (Elraanis Verlag, ISBN 978-3-934063-70-9)

Kirsten Hilling ist eine international bekannte Heilerin, spirituelle Lehrerin und Autorin. Eines ihrer Hauptarbeitsgebiete ist die Arbeit mit Kristallschädeln. Sie ist Hüterin einer ständig wachsenden Kristallschädelfamilie, deren Oberhaupt ihr Kristallschädel und ständiger Begleiter „Kasper" ist. Außerdem ist Kirsten Hüterin eines kristallinen weißen Büffelschädels, der in direkter Verbindung zu der Energie der weißen Büffelfrau steht.
Kirsten hält regelmäßig Workshops und Kristallschädelseminare an Kraftorten ab, gibt Kristallschädelausbildungsseminare und ist Referentin und Workshop-Leiterin auf internationalen Kristallschädel-Events. Als Gründerin der Horus-Mystery-School bringt sie Menschen mit den Energien des alten Ägypten in Verbindung und leitet HORUS-ENERGY-HEALING® Ausbildungen.

ISBN 978-3-89094-695-5

Inhaltsverzeichnis

Für meinen geliebten Sohn

Luca Elias Juan Olsson

1. Einleitung

„Warum muss es denn ausgerechnet so ein hässlicher Schädel sein, der aussieht, wie ein Totenkopf???"
Diese und ähnlich lautende Fragen habe ich in der Vergangenheit schon mehr als einmal von Familie, Freunden und auch Klienten gehört. Und um ehrlich zu sein, ich konnte die Fragenden mehr als gut verstehen, habe ich doch selbst einstmals genauso gedacht.
Um diese und andere Fragen zum Thema Kristallschädel zu beantworten, aufzuzeigen was einen Kristallschädelhüter bewegt und vor allem um dem Leser näher zu bringen, was es mit den Schädeln auf sich hat und wie man damit arbeiten kann, möchte ich dieses Buch schreiben.
Kristalle haben mich schon mein Leben lang fasziniert und ich habe keine Gelegenheit ausgelassen, um wieder einmal einen neuen Kristall bei mir aufzunehmen. Als Heilerin, Erdheilerin und Büffelschädelhüterin war ich im Umgang mit Kristallen vertraut, sie hatten nicht nur einen festen Platz in meinem Herzen, sondern auch in meinem privaten und natürlich in meinem beruflichen Bereich.
Von Kristallschädeln hatte ich schon viel gehört, aber irgendwie hat mir der Zugang zu ihnen gefehlt und ich dachte immer nur bei mir „Warum muss man so wundervolle Kristalle in eine so unschöne Form bringen???". Für mich war absolut klar, für mich kommt alles in Frage aber niemals ein Kristallschädel. Und jedes Mal, wenn ich das dachte, kam im Nachsatz, außer einen Rauchquarzschädel.
Eines Tages hat mir ein befreundeter Mineralienhändler ein Päckchen mit 2 kleinen Kristallschädeln geschickt, weil er wusste, dass eine Freundin von mir einen Kristallschädel sucht. Als ich die Schädel in meiner Hand hielt, war mir sofort klar, der kleine Rosenquarzschädel ist für meine Freundin, als Verbindung zu dem großen Rosenquarz-Schädel auf den sie so sehnlichst wartet. Der 2. kleine Schädel entpuppte sich als Rauchquarzschädel. Als ich so mit ihm dasaß und zu ihm meinte „Da wird sie sich aber freuen, dass sie gleich 2 Schädel bekommt", kam ganz prompt und bestimmt als Antwort „Versteh es doch endlich, ich bin für Dich bestimmt und es werden noch viele folgen".
Dass Kristalle mir ihre Botschaften zukommen lassen, war mir bekannt, aber diese Botschaft von dem kleinen Kerl in meiner Hand, fand ich doch ziemlich frech und vermessen.
Was soll ich sagen, er sollte Recht behalten. Ganze 2 Stunden später war ich stolze Hüterin eines lebensgroßen Rauchquarz-Schädels, namens Kasper.
Ich werde niemals den Moment vergessen, als ich meinen Kasper das erste Mal in den Händen halten durfte, ich war aufgeregt, wie ein kleines Mädchen,

das Herz schlug mir bis zum Hals, mir hat es die Sprache verschlagen (und wer mich persönlich kennt, weiß wie selten das vorkommt), er hat mich bis tief ins Herz erschüttert und meine Seele berührt – plötzlich war da ein Gefühl des Wiedererkennens und ich wusste, dieser Moment verändert alles, nichts wird jemals wieder sein wie zuvor (siehe Abbildung 1).
Und genau das hat Kasper von diesem Moment an auch getan und tut es immer noch, er hat mich verändert, er hat mein Leben verändert und er hat uns eine große wundervolle Familie beschert, sowohl an Kristallschädeln, als auch an Menschen, die diese Liebe zu Kristallschädeln teilen.
Ich brauche es nicht zu erwähnen, seit Kasper das Ruder in unserem Leben übernommen hat, habe ich gelernt auf ihn und auf durch ihn übertragene Botschaften zu hören, ohne alles zu hinterfragen, wie ich es so oft in der Vergangenheit getan hatte. Genauso ist es auch dazu gekommen, dass ich jetzt an einem schönen, warmen Junitag mit meinem Laptop im Garten sitze, auf einen Teil meiner Schädelfamilie blicke und damit anfange dieses Buch zu schreiben.
Ein Buch des Dankes an meine Kristallschädel für all die wunderbaren Momente und Erlebnisse mit ihnen, sowie die Veränderungen, die sie mit sich gebracht haben, für mich und auch für viele andere – ich bin unendlich dankbar, dass ich mein Leben mit Euch teilen darf.
Aber auch ein Buch, welches es den Menschen ermöglichen möge, sich ebenfalls diesen großartigen Energien zu öffnen und das Potential, welches uns die Schädel eröffnen, sowohl in ihr Leben als auch in ihre Arbeit einfließen zu lassen.
Das vorliegende Buch erhebt keinen Anspruch auf Vollständigkeit, Richtigkeit, noch weist es einen wissenschaftlichen Charakter auf, es basiert vielmehr auf persönlichen Erfahrungen im Umgang mit Kristallen, meinem Büffelschädel und meinen Kristallschädeln und Erfahrungsberichten anderer Kristallschädelhüter.

Ich freue mich, dass Sie den ersten Schritt gemacht haben und dieses Buch in den Händen halten, jetzt ist der Weg bis zum ersten eigenen Kristallschädel nicht mehr weit.
Allen, die ihr Herz bereits einem oder mehreren Kristallschädeln geschenkt haben, sage ich „Willkommen im Club und viel Freude bei dieser einzigartigen, hochenergetischen Arbeit."
Und nun wünsche ich allen viel Freude beim Lesen, lassen Sie sich von den Kristallschädeln und ihrer Welt inspirieren und anleiten.

2. Kurze Einführung zu Kristallschädeln: Was zeichnet einen Kristallschädel aus?

Vereinfacht ausgedrückt sind Kristallschädel Kristalle, die man in die Form eines Schädels gebracht hat, dabei kann es sich um Quarze – Bergkristall, Rauchquarz, Citrin, Amethyst, aber auch um jeden beliebigen anderen Kristall, der sich durch Schleifen bearbeiten lässt, handeln. Heute werden zum Beispiel sehr viele Schädel aus Jaspis, Jade, Calcite etc. hergestellt, hierzu im Kapitel über Ancient – Old – und Contemporay Skulls/Kristallschädel mehr.
Kristallschädel hat es zu allen Zeiten gegeben und eingeweihte Menschen haben weltweit damit gearbeitet.
In Europa verbinden wir, geprägt durch eine von der Kirche beeinflusste Erziehung, mit der Form eines Totenkopfs, etwas Negatives, was in Verbindung mit dem Tod steht oder diesen versinnbildlicht. Die Tatsache, dass der Tod Veränderung, Transformation, einen neuen Anfang bzw. einen Übergang in eine neue Dimension darstellt und damit sehr positiv ist, hat man bis heute außer Acht gelassen. Es würde allerdings zu weit führen an dieser Stelle auf religiös motivierte Muster einzugehen. Es sei nur so viel erwähnt, dass durch diese Darstellung der Schädelform, Kristallschädel in uns erst einmal ablehnende, eher unangenehme Gefühle, je nach Erziehung sogar bis hin zu negativen Gefühlen, wachrufen können. Es gibt allerdings auch Menschen, die sich wahrscheinlich aus Gründen der Erinnerung an frühere Leben, sofort sehr zu Kristallschädeln hingezogen fühlen und es genießen, in deren Gegenwart zu sein und sich bewusst oder unbewusst auf deren Energien einlassen bzw. sich diesen öffnen. Gehen wir aber nochmals zurück zu der Tatsache, dass jeder Kristallschädel ein in Form gebrachter Kristall ist, dies bedeutet, dass jeder Kristallschädel neben den Eigenschaften, die Kristallschädel aufweisen, auch die Eigenschaften des Kristalls aus dem er hergestellt wurde, aufweist. So ist ein Amethyst-Kristallschädel immer ein hervorragendes Werkzeug für alle Bereiche, in denen es um Transformationsarbeit geht. Der Amethyst ist der Stein der Transformation.

Bevor wir uns nun näher mit Kristallschädeln befassen, wollen wir deshalb einen Blick auf Kristalle im Allgemeinen werfen.
Alle Kristalle sind in einem Prozess über viele Millionen Jahre in der Erde entstanden und somit ein Teil von Mutter Erde. Alle Kristalle die sich derzeit in unseren Händen befinden, mit denen wir arbeiten oder die auch nur zu Dekorationszwecken in unseren Häusern und Wohnungen stehen, sind ein Teil der Erde, das gilt für einen kleinen Trommelstein genauso, wie für eine große Amethystdruse oder auch für die Kristallschädel.

Solange wie sich ein Kristall in der Erde befindet, ist er in direktem Kontakt mit Mutter Erde, es findet ein direkter Informationstransfer und Energieaustausch statt, der in dem Moment abbricht, wo der Mensch die Kristalle mehr oder weniger gewaltsam ihrer natürlichen Umgebung entreißt.
Die bis zu diesem Zeitpunkt im Kristall gespeicherte Information geht jedoch durch den Abbau nicht verloren.

Wenn wir uns nun der Tatsache, dass Kristalle Teile der Erde waren und sind, bewusst werden, verstehen wir auch, warum von vielen indigenen Völkern gesagt wird, dass Kristalle Informationen der Geschichte dieser Erde enthalten. Wenn sich der Mensch öffnet und Kristalle als gleichwertige Wesen mit einem eigenen Bewusstsein anerkennt und sich mit ihnen verbindet, dann wird er auch in der Lage sein, nach und nach die Informationen, die die Kristalle uns zu übermitteln haben, aufzunehmen und diese auf die ein oder andere Art und Weise zu dekodieren. Die Botschaften der Kristalle zu hören, heißt die Botschaften von Mutter Erde zu hören und gleichsam sich mit ihr und ihrem Bewusstsein wieder zu verbinden. Jeder Kristall bietet uns also unzählige Möglichkeiten unsere Verbindung zu Mutter Erde wieder zu aktivieren, uns ihrer bewusst zu werden, sie zu respektieren und mit ihr zu leben.
Die Erde ist unsere Mutter, die uns nährt, unterstützt und trägt. Wir brauchen die Verbindung zu ihr, um unsere physischen Körper mit ihren Energiesystemen gesund, zentriert und geerdet zu halten.
Sogar unser spiritueller Weg und unser spirituelles Wachstum hängen hochgradig mit unserer Erdung zusammen, nur wer eine gute Verbindung zu seinen Wurzeln, zu Mutter Erde hat, kann seinen Weg kraftvoll vorangehen.

Die Quantenphysik und verschiedenste spirituelle Traditionen erinnern uns daran, dass alles was ist, miteinander verbunden ist, über ein Bewusstsein verfügt und eine Interaktion untereinander jederzeit stattfindet, ob wir uns dessen bewusst sind oder nicht. Alles was auf dieser Welt existiert, ist energetisch miteinander verbunden und interagiert miteinander, das heißt, Energien und damit Informationen fließen zwischen allem was ist hin und her, es gibt ein großes sogenanntes Einheitsbewusstsein, an das wir alle quasi angeschlossen sind. So ist es uns andererseits möglich mit allem was ist zu kommunizieren und uns gegenseitig Informationen/Energiesendungen zukommen zu lassen, ob dieser Austausch nun mit einem Baum, einem Tier, einem Menschen oder einem Kristall stattfindet, macht keinen Unterschied. Offensichtlich fällt es einigen Menschen leichter auf der Bewusstseinsebene mit Kristallen zu kommunizieren. Oft sind die Menschen, die sich besonders von Kristallen angesprochen fühlen, auch die Menschen, die sich in einem Prozess der erhöhten Bewusstwerdung und der Bewusstseinserweiterung befinden.

3. Form der Kristallschädel: Warum haben die Kristalle eine Schädelform?

Jede Spezies auf unserem Planeten hat ihre ureigene typische Schädelform, die als Matrix für ihr Bewusstsein dient. Der Schädel ist gleichsam Sitz des Gehirns, der biologischen Informationsverarbeitungs- und Steuerzentrale aller Lebewesen.
Gleichermaßen verbindet der Kopf mit seinen Stirn- und Kronenchakren als eine Art Schnittstelle unser physisches Alltagsbewusstsein mit anderen Dimensionen und Bewusstseinsebenen. Er übersetzt quasi Wahrnehmungen für unseren Verstand, die außerhalb der üblichen Sinnesreize des physischen Körpers liegen. Ebenso kann er andersherum als Sender fungieren.
Die Aspekte „Körper, Geist und Seele" finden somit in unserem Kopfverstand zueinander.
In Kristallschädeln sind Informationen gespeichert, und die Tatsache, dass unser eigener Kopf die gleiche Form wie ein Kristallschädel hat, lässt uns unbewusst leichter Kontakt herstellen und uns für die Energien zu öffnen.
Durch die Nachbildung unserer Schädel in Quarz erleichtern wir unserem Verstand mit dem Kristallbewusstsein in Resonanz zu gehen – gleiche Formen schwingen im Gleichklang – und ermöglichen so einen Datentransfer von Kristall zu Mensch und umgekehrt.
Die Schädelform erinnert uns immer wieder daran, dass in den Kristallschädeln Informationen gespeichert sind und darauf warten decodiert zu werden. Auf der anderen Seite werden wir aber auch durch gerade diese Form daran erinnert, dass wir unseren Kopf und Verstand benutzen müssen, um Mittel und Wege zu finden diese Informationen aufzudecken und zu entschlüsseln.
Wenn wir in der Lage sind uns mehr zu öffnen, da gleiche Formen gleich schwingen und uns so Bewusstseinsebenen eröffnet werden, von denen wir bislang nichts gewusst haben, dienen Kristallschädel in ganz großem Maße auch als Dimensionstore, dazu aber später mehr.
Des Weiteren kann ich aus eigener Erfahrung nur sagen, dass Kristallschädel über ganz eigene spezielle Energien verfügen, die Verbindungen herstellen, die bislang nicht möglich waren.

Kommen wir nochmals zum Aufbau der Kristalle zurück. Jedem Kristall liegt eine ureigene kristalline Struktur zugrunde, die mit der Ausbildung seiner Eigenschaften einhergeht und von der atomaren und molekularen Struktur abhängt.
Schauen wir uns die chemische Zusammensetzung von Quarzen an, stellen wir fest, dass Quarzkristalle zum größten Teil aus Siliziumdioxid SiO_2 ge-

nannt Silizium, bestehen, welches nicht nur einen großen Bestandteil unserer Erde ausmacht, sondern auch in unserem Körper enthalten ist.
Wenn SiO_2-Moleküle sich mit anderen SiO_2-Molekülen verbinden, entstehen Tetraheder. Der Tetraheder wiederum ist eine der planetonischen Formen und wird in vielen esoterischen Traditionen als die Grundmatrix, die alle physischen Formen bildet, angesehen.

Silizium, welches uns allen aus der Computerindustrie bestens bekannt ist, besitzt „Schwingeigenschaften", man nennt es piezoelektrisch. In der Computertechnologie und Nachrichtenübermittlung verwendet man allerdings unter Laborbedingungen künstlich hergestellte, sehr reine Quarze, um Ungenauigkeiten zu vermeiden.
Ein kleiner Quarz in der Größe von einem Zuckerwürfel genügt, um das Wissen und die Information einer ganzen Bibliothek zu speichern. Hieran sieht man welche riesigen Kapazitäten in den Kristallschädeln enthalten sind.
Quarze besitzen, als piezoelektrische Kristalle, die Fähigkeit Energie zu senden und zu empfangen, Energie zu speichern, zu modifizieren, zu verstärken und sie erneut multi-dimensional wieder auszusenden.

Star Johnsen-Moser sieht in den Kristallschädeln „**Lebendige Bibliotheken**" unseres Mutterplaneten, haben sie doch in ihrer Entwicklung über Jahrmillionen die Geschichte der Erde integriert. Sie sind Zeugen der Entwicklung unseres Planeten und damit auch ein wichtiger Bestandteil des Wachstums bzw. Aufstiegs des kollektiven Erdenbewusstseins.

4. Die Eigenschaften der Kristallschädel

Die *charakteristischen* Eigenschaften von Kristallschädeln

Kristallschädel verfügen über einige Eigenschaften, die sie mit allen Kristallen gemeinsam aufweisen, darüber hinaus aber auch noch über einige ihnen spezifische Eigenschaften.

Wenden wir uns den Eigenschaften zu, die allen Kristallen gemein sind:

1. Kristallschädel sind Informations- und Energiespeicher
Wie bereits erwähnt sind Kristalle in der Lage Informationen/Energien zu speichern, weshalb man sich eine Informationstechnik ohne den Einsatz von Kristallen nicht vorstellen kann. Die Computerindustrie würde ohne die immense Speicherkapazität, der unter Laborbedingungen gezüchteten Kristalle, nicht denkbar sein. Auf kleinstem Raum können riesige Mengen an Informationen gespeichert werden.
Kristalle und somit auch Kristallschädel verfügen als Speicher über das Wissen der Erdentstehungsgeschichte und der Geschichte der Erde **selbst.**

Auch spirituelles Wissen, all die Rituale, die Heilarbeit, die Lichtfrequenzen, die Energien aufgestiegener Meister und vieles mehr, wurden in die Gesteine gespeichert. Selbst wenn wir Kristallschädel in unsere Energiearbeit mit einbinden wird unser spirituelles Wissen für die Zukunft gespeichert sein und trägt so zum Aufstieg unseres kollektiven Bewusstseins bei.
Es gibt aber noch eine weitere nicht weniger wichtige Art der Informationsspeicherung. Wir sind in der Lage auf Kristalle und somit auch auf Kristallschädel mittels Intention Informationen zu speichern. Unsere Gedanken sind elektromagnetische Frequenzen, die Informationen/Wissen enthalten. Indem wir unsere Gedanken nun zielgerichtet lenken und mit der klaren Intention der Informationsspeicherung belegen, sind wir in der Lage unsere Gedanken (Energien) auf Kristallen zu speichern. Man kann sich das so ähnlich vorstellen, als ob man mit Hilfe von Lasern holographische Bilder speichert.
Mit Hilfe dieser effizienten Methode ist es uns auch möglich Kristalle zu bestimmten Zwecken zu programmieren, um sie zum Beispiel für spezielle Heilzwecke einzusetzen.
Energie folgt dem Bewusstsein, das heißt, wir benötigen eine glasklare, genau definierte Intention, die wir mit Hilfe unserer Gedanken zielgerichtet einsetzen, um so Informationen in Kristalle zu programmieren. Wichtig ist hierbei die Absicht klar definiert zu halten und vor allem die Intention niemals mani-

pulatorisch oder gar zum Schaden eines anderen einzusetzen. Alles was man aussendet, kommt 7-fach zu einem zurück.

2. Kristallschädel sind Transmitter

Kristalle und Kristallschädel sind in der Lage Informationen und Energien zu empfangen und zu senden. Diese Tatsache macht sie für den Einsatz in Heilbehandlungen so beliebt. Auch die zuvor erwähnte Methode des Programmierens von Kristallen findet hier ihren Einsatz. Die Intention des Heilers wird über die Intention der Gedanken in einen Kristall oder Kristallschädel gespeichert bzw. programmiert und dieser gibt die Absicht dann in der Heilbehandlung oder auch danach (z.B. als Anschluss an eine Sitzung für den Klienten zu Hause) an den Klienten weiter.

3. Kristallschädel sind Reflektoren

Verbinden wir uns zum Beispiel in Einzelsitzungen oder auch in Meditationen mit Kristallen oder Kristallschädeln, verbinden wir uns mit dem Kristallbewusstsein bzw. dem Kristall- und dem Kristallschädelbewusstsein. Auf diese Art und Weise werden sie zu Spiegeln unseres Bewusstseins bzw. von Teilaspekten von uns selbst. Sie reflektieren uns nicht nur unser Unterbewusstsein, sondern sind auch in der Lage mit unserem höheren Selbst in Resonanz zu gehen. Aus jahrelanger eigener Erfahrung sowohl mit Erdenhüter-Kristallen, als auch mit Kristallschädeln kann ich jedoch sagen, dass dieses Phänomen weitaus häufiger in der Kristallschädelarbeit auftritt, da uns, offensichtlich durch die gleiche Schädelform bedingt, der Zugang leichter fällt als bei Kristallspitzen.

4. Kristallschädel kommunizieren untereinander und mit ihrer Umgebung

Kristallschädel haben die Fähigkeit untereinander zu kommunizieren, was bereits wissenschaftlich erwiesen wurde, und so Energie/Informationen auszutauschen. Sie können aber auch direkt mit ihrer Umgebung in Kommunikation gehen und damit natürlich direkt mit uns Menschen. Auf diese Art und Weise findet eine Art Vernetzung von Bewusstsein und Wissen statt, welches uns allen zugänglich ist.

Sie gehen aber auch ganz stark mit ihrer direkten Umgebung in Resonanz, sind in der Lage Energien zu filtern, Räume aufzuladen oder zu reinigen und das Energieniveau anzuheben.

Die *spezifischen* Eigenschaften von Kristallschädeln

1. Kristallschädel verfügen über eine starke Persönlichkeit

In der Regel weisen die Kristallschädel eine sehr starke Persönlichkeit auf und haben einen sehr engen Kontakt zu ihrem Schädelhüter, mit dem sie auf Sprach-, Bild- oder/und Gefühlsebene kommunizieren. Ihre Art zu kommunizieren ist ebenfalls sehr verschieden, es gibt Schädel die eher zurückhaltend sind, aber auch das genaue Gegenteil kann der Fall sein, dann kann man im wahrsten Sinne des Wortes sagen, dass ihre Schädelhüter durch ihre Botschaften und Aufforderungen auf Trapp gehalten werden.
Jeder Kristallschädel ist einzigartig und hat seine ureigene Funktion, der eine ist ein starker Herzensöffner, der andere dient der Bewusstseinserweiterung, der nächste verbindet uns mit unseren verlorengegangenen Seelenanteilen usw.

2. Kristallschädel weisen in der Regel immer eine eindeutig bestimmbare weibliche oder männliche Energie aus

Im Gegensatz zur Arbeit mit Kristallen wird uns bei Kristallschädeln sehr schnell deutlich bzw. zum Teil auch explizit mitgeteilt, ob es sich bei ihnen um weibliche oder männliche Energien handelt. In selteneren Fällen gibt es auch Schädel, die ein neutrales, androgynes Energiemuster aufweisen. Wir sollten allerdings daran denken, nicht in archetypischen Mustern zu verharren und der jeweiligen Energie unsere althergebrachten Eigenschaften überzustülpen. Ein männlicher Kristallschädel kann sehr wohl über eine ausgesprochen liebevolle und unterstützende Energie verfügen, auch wenn wir dies aufgrund unserer Erziehung eher bei einem weiblichen Wesen erwarten würden.

3. Kristallschädel bilden Familien

Für den einen oder anderen unter Ihnen mag sich das zwar mehr als seltsam anhören, aber alle Kristallschädelhüter, die diese Zeilen lesen werden, kann ich bereits jetzt mit einem Schmunzeln im Gesicht dasitzen und zustimmend nicken sehen.
Kristallschädel scheinen weitere Kristallschädel anzuziehen, da kaum ein Kristallschädelhüter nur einen Schädel um sich herum hat, sondern meist eine kleine Familie bis hin zu einer eher großen.
Aber es ist nicht nur die Anzahl der einzelnen Individuen, die das Bilden von Familien bedingt, sondern auch die Tatsache, dass sich durch Kristallschädel ein Gefühl der Gemeinschaft und der Zusammengehörigkeit entwickelt. Fast alle Schädelhüter haben mir bestätigt, dass sie seit dem Tag des Einzugs des ersten Schädels niemals mehr das Gefühl hatten alleine auf dieser Welt zu

stehen und unverstanden zu sein. Ein weiteres Phänomen bei der großen Mehrheit aller Kristallschädelhüter ist die Tatsache, dass wir nur noch ganz selten – wie mal eben zum Bäcker – ohne die Begleitung zumindest eines Kristallschädels unsere Home Base, wie ich mein zu Hause zu nennen pflege, verlassen. Dieser Schädel, der uns begleitet, ist natürlich die direkte Verbindung zu den daheimgebliebenen Freunden, die uns auf der anderen Ebene ebenfalls ständig begleiten und mit denen wir uns zu jeder Zeit und an jedem Ort verbinden und somit mit ihnen arbeiten können und umgekehrt.
Wir werden in einem späteren Teil einige Kristallschädelhüter zu diesem Thema zu Worte kommen lassen und uns ihre Erfahrungen anhören.

4. Kristallschädel verfügen über großes Sternenwissen

Kristallschädel verfügen ebenfalls über ein großes Potential an Sternenwissen und verhelfen uns somit aus unserem Erdenbewusstsein heraus, indem sie uns mit anderen kosmischen Bewusstseinsebenen verbinden. Auf diese Weise wird unsere Welterfahrung/unser Weltbild zu einem kosmisch-multidimensionalen All-Einheits-Bewusstsein. Mikro- und Makrokosmos sind in uns vereint – wir sind ein Teil des Universums und viceversa das Universum ein Teil von uns.
Durch diese Modifizierung unserer Weltsicht, wird uns unser Alltag leichter von der Hand gehen und große Freuden in unser Leben treten.

5. Die Klassifizierung der Kristallschädel in Ancient – Old – Contemporary

Bevor wir uns mit der Klassifizierung selbst befassen, kurz ein Wort vorweg zum Sprachgebrauch. Ich habe mich nach langer Überlegung dazu entschlossen für die Alters-Klassifizierung der Kristallschädel die englische Terminologie in Ancient – Old und Contemporary zu übernehmen. Grund dafür ist, dass es in der deutschen Sprache keine wirkliche Übersetzung für das englische Wort ancient gibt, laut Wörterbuch ist die Übersetzung alt oder auch antique, beides ist aber in unserem Zusammenhang nicht zutreffend, sprechen wir doch bei ancient von Kristallschädeln, die älter als 1500 Jahre alt sind.
Des Weiteren gibt es mit Old eine Kategorie die bereits Schädel abdeckt, die alt im eigentlichen Sinne sind.

Ein weiterer Grund ist, dass der weitaus größte Teil der Kristallschädelhüter außerhalb von Europa lebt und man sich untereinander zumeist in englischer Sprache verständigt, da ist eine gemeinsame Terminologie von außerordentlicher Wichtigkeit für den effizienten Austausch und um das Einschleichen von Fehlern von vornherein zu vermeiden.

Kristallschädel und ihre Klassifizierungen

1. Ancient Skulls oder Kristallschädel
Kristallschädel, die vor 1.500 Jahren und mehr entstanden sind, bezeichnen wir, wie bereits erwähnt, als ancient.

Wir müssen uns jedoch darüber bewusst sein, dass es bis heute keine wissenschaftliche Methode gibt, die genau bestimmen kann, wann ein Kristallschädel geschliffen worden ist. Alle Kristalle sind schon einmal per se ancient, da sie mehrere Millionen Jahre alt sind.
Wenn wir über das Alter eines Kristallschädels sprechen, sprechen wir über die Zeit, in der der Kristall in die Form eines Schädels gebracht wurde und als solcher seinen Einsatz in Zeremonien und Ritualen etc. gefunden hat.
Wissenschaftlich gesehen ist es lediglich möglich die Kristallschädel auf Spuren von modernen Werkzeugen zu untersuchen. Stellt man Bearbeitungsspuren durch Werkzeuge fest, geht man davon aus, dass ein Schädel entweder alt (old) oder auch aus contemporary ist. Wobei man hier auch die Möglichkeit nicht in Betracht ziehen sollte, dass ein Schädel erst später nachdem man ihn gefunden hat, noch nachbearbeitet worden sein könnte, um ihm ein gefälligeres oder detaillierteres Aussehen zu geben und somit vielleicht seinen Wert zu

erhöhen. Man sieht es ist schwierig, wenn nicht sogar unmöglich, eine fundierte und wahrheitsgetreue Aussage zu treffen.[1]
Eine weitere Möglichkeit einer altersmäßigen Einordnung von Kristallschädeln sind ihre Fundorte und das Wissen, welches uns über die Fundorte zur Verfügung steht. Aber auch hier kann man nicht von einer eindeutig klaren Klassifizierung ausgehen, denn es besteht die Möglichkeit, dass Schädel zu einer früheren Zeit an einem anderen Ort entstanden sind und später an den Fundorten nur eingesetzt wurden.

Die letzte Möglichkeit der Klassifizierung von Kristallschädeln, die von einigen Leuten gebraucht wird, basiert darauf, welche Bilder und Informationen die Schädel selbst preisgeben. Es gibt Channel und Medien, die sich in Meditationen mit dem Kristallschädelbewusstsein verbinden, um Bilder oder Informationen zu erhalten, anhand deren man dann versucht eine altersmäßige Typologisierung vorzunehmen.
Diese Art der Klassifizierung erscheint mir selbst als die fragwürdigste, da man zum einen nicht genau sagen kann, in wieweit das Ego des Channels an den empfangenen Bildern mit beteiligt ist. Zum anderen wenn man davon ausgeht, dass es ein Kristallbewusstsein gibt, in das weltweit alle existierenden Schädel, sowohl ihre Energie einspeisen, als auch über die Vernetzung Informationen enthalten, heißt das im Umkehrschluss, dass auch alle Schädel in der Lage sind auf Informationen aus einer Zeit zurückzugreifen, in der sie selbst vielleicht noch gar nicht in Schädelform existiert haben.

Meiner Meinung nach ist es für uns als Kristallschädelhüter eigentlich nicht wirklich wichtig, wie alt der Schädel ist, mit dem wir arbeiten oder mit dem wir uns beschäftigen dürfen. Das Einzige was wirklich zählt ist, ob wir eine Herzensverbindung zueinander haben, denn nur dann wird ein tiefer Zugang möglich sein und wir können auf Herzebene miteinander arbeiten.

Leider muss man auch oft feststellen, dass durch diese Art der Klassifizierung ein großes Konkurrenzdenken zwischen den Schädelhütern angefacht wird und man somit Gefahr läuft, in einen Zustand der Trennung voneinander zu fallen, den uns die Schädel ja gerade helfen wollen zu überwinden.

* * *

[1] Wer sich für mehr Informationen zu derartigen Untersuchungen und Untersuchungsergebnissen der bereits untersuchten Schädel, wie dem Mitchell-Hedges Kristallschädel interessiert, dem sei das Buch „Tränen der Götter“ von Chris Morton und Ceri Louise Thomas empfohlen.

Einer der bekanntesten, wenn nicht sogar der bekannteste Schädel, bei dem sich die Experten einig sind, dass es sich bei ihm um einen Ancient- Kristallschädel handelt, ist der sog. **Mitchell-Hedges Skull**. Es handelt sich um einen lebensgroßen Bergkristallschädel mit einem abnehmbaren Unterkiefer, der im Januar des Jahres 1924 in den Ruinen der Maya-Stadt Lubaantun im heutigen Belize von der Adoptivtochter des Archeologen F. A. Mitchell-Hedges an ihrem 17. Geburtstag gefunden wurde.
Man sagt, dass die Mayas in dem Gebiet den Schädel als eines ihrer heiligen Objekte aus der Vorzeit wiedererkannten und ihn sehr verehrten und verbunden waren. Mitchell-Hedges soll ihnen ihren heiligen Ritualgegenstand wiedergegeben haben, den er seinerseits bei seiner Abreise von den Maya zurückbekam, als Anerkennung für alles, was er für die Mayas getan hat.
Der Schädel ging bei seinem Tod an seine Adoptivtochter Anna über, die ihn als seine Hüterin der Öffentlichkeit zugänglich machte und viel mit ihm auf Reisen war. Anna Mitchell-Hedges und ihrem Schädel ist es zu verdanken, dass Kristallschädel heute eine so große Öffentlichkeit haben und so viele Menschen den Zugang zu ihnen gefunden haben.
Seit ihrem Tod, im Jahre 2007, ist ihr Partner Bill Homann der Hüter des Schädels und führt ihre Tradition fort.
Mehr Informationen zur Geschichte dieses wunderbaren Schädels, Fotos von ihm, sowie aktuelle Termine können sie der Internetseite von Bill Homann www.Mitchell-Hedges.com entnehmen.
Wer sich noch eingehender mit diesem Schädel beschäftigen möchte, dem kann ich das Buch von Frank Dorland „Holy Ice: Bridge to the Subconscious" empfehlen, er bekam von Anna Mitchell-Hedges die einmalige Gelegenheit sich über Jahre mit dem Schädel zu beschäftigen und ihn zu untersuchen.

* * *

„**Synergy**" ist ein weiterer Ancient-Kristallschädel bei dem sich die Experten sicher sind, dass man ihn als ancient klassifizieren kann. Seine derzeitige Hüterin ist Sherry Whitfield. Ihr haben es viele Menschen auf der ganzen Welt zu verdanken, dass sie die Möglichkeit hatten mit der wundervollen Energie von Synergy in Kontakt zu kommen und den Schädel hautnah selbst zu erleben.
Sherry hat zahlreiche internationale Workshops durchgeführt über spirituelle, metaphysische und esoterische Themen. Die gemeinsame Arbeit von Sherry und Synergy wurzelt in der Bildung einer Gruppenschwingung, die Mitgefühl, Akzeptanz und eine ständig wachsende Fähigkeit zum Geben und Empfangen von Liebe herbeiführt.

Bei Synergy handelt es sich um einen 7,1 kg großen Bergkristallschädel von der Größe eines Erwachsenenschädels, er ist in vielen Filmen und Büchern über Kristallschädel erwähnt. Seine Hüterin Sherry Whitfield beschreibt seine Herkunft, wie folgt:
Die genaue Herkunft von Synergy ist unbekannt, er kam aber auf jeden Fall in der westlichen Welt um 1980 herum ans Licht, als er als Geschenk von einem eingeborenen Stammesältesten in den Besitz eines europäischen Mannes namens George gelangte. Ihm wurde gesagt, dass der Schädel in der Obhut einer vielgeliebten katholischen Nonne in Peru gewesen war. Sie war ziemlich alt, als sie im Jahr 1720 starb, und sie gab den Schädel, den sie „das Erbe einer verlorenen Zivilisation“ nannte, an einen jungen Eingeborenen und seinen Vater weiter. Sie bat sie, ihn zu hüten bis die „richtige“ Person käme, um ihn an sich zu nehmen und seine Botschaft mit der Welt zu teilen. Ein Nachfahre dieses Jungen gab ihn fast drei Jahrhunderte später an George weiter.
Im Jahr 2001, während einer Geschäftsreise in den USA, gab George den Schädel plötzlich an eine amerikanische Frau weiter, die er kaum kannte, Sherry Whitfield. Als sie ihn fragte, warum er das tun wolle, antwortete er „Ich weiß nicht, aber ich denke zu viel mit meinem Kopf und ich muss meinem Bauchgefühl, meinem Herzen folgen“. Georges Intensität und die Ernsthaftigkeit seiner Worte berührten Sherry und sie akzeptierte den Schädel und die Verantwortung.
Faszinierende neue Informationen über die Geschichte des Schädels kamen im Jahr 2005 ans Licht. Ein Stamm der Aborigines, der auf einer Insel in der Nähe von Australien lebt, erzählte die Geschichte, dass sie Synergy für viele Generationen in ihrer Obhut gehabt hatten, bevor sie ihn mit einem Schilfboot oder Kanu von der Insel „ausschickten“, über Hawaii, bis nach Zentralamerika mit den *Menschen des Himmels*. Dieser alte Stamm verehrt Schädel und hat andere alte Kristallschädel in seinem Besitz, die ein wesentlicher Bestandteil ihrer Religionen und Überzeugungen sind, inklusive einem Schädel namens *Harmony*, den sie den Zwilling von Synergy nennen. Ihre Geschichten besagen auch, dass Synergy nicht von ihnen geschliffen wurde, sie sagen dass der Schädel ein Vermächtnis ist, das ihnen von einer verlorenen Zivilisation gegeben wurde, die sie MU oder Lemurier nennen.
Im Jahr 2006 wurde ein weiterer Teil dieser Geschichte von hawaiianischen Kahunas bestätigt. Sie sagen dass er tatsächlich mit einem Schilfkanu auf die Inseln kam. Dieser Kristallschädel ist ein Teil der uralten und heiligen Geheimnisse ihrer Ahnen.

Laut Sherry ist Synergie die Qualität, die dieser Schädel repräsentiert oder manifestiert. Die Definition des Begriffs Synergie ist die gemeinsame Aktion von zwei oder mehr unabhängigen Einheiten, um ein Gesamtergebnis oder eine Veränderung zu erzielen, die größer ist als das, was der Einzelne erreichen kann. Mit anderen Worten 1 + 1 kann gleich 3 sein, oder sogar mehr.[2]

* * *

Ein weiterer Kristallschädel bei dem sich die Experten einig sind, dass es sich bei ihm um einen ancient Skull handelt, ist **Max** oder auch der **„Texas Crystal Skull"** genannt. Seine derzeitige Hüterin, die keine Mühen scheut Max der Öffentlichkeit zugänglich zu machen und ihre eigenen Erfahrungen zu teilen, ist JoAnn Parks. Man sagt, dass Max zwischen 1924 und 1926 in Guatemala gefunden wurde. JoAnn hat Max 1980 von dem tibetischen Lama Norbu Chen erhalten, der ihn wiederum in den frühern 70ern von einem Maya-Schamanen in Mexiko erhalten haben soll und ihn in Heilritualen und Zeremonien eingesetzt hat.
Max ist ebenfalls, wie viele Ancient- und Old-Kristallschädel ein Bergkristallschädel, jedoch mit festem Unterkiefer.[3]

Interview mit Star Johnsen-Moser zu ihrer Arbeit mit Max und dem Mitchell-Hedges Skull

Ich freue mich an dieser Stelle eine Frau vorstellen zu dürfen, die die einzigartige Möglichkeit hatte, sowohl mit Max als auch mit dem Mitchell-Hedges Schädel arbeiten zu dürfen und ihre Energien aufnehmen zu können, Star Johnsen-Moser.

Star Johnson-Moser ist eine spirituelle Heilerin und Lehrerin, die verschiedene Arten und Weisen von energetischen Heilungstechniken benutzt, um die Energie-Körper-Integration zu unterstützen und die eigene Bewusstheit des Selbst als göttliches Wesen zu erhöhen. Sie hat viele Jahre mit dem bekannten philippinischen Heiler Angel Domingo gearbeitet, der bis zu seinem Tod im Jahre 1990 sein Wissen an sie weitergab und er hat ihr seither sehr viel Führung „von der anderen Seite" zuteilwerden lassen. Star arbeitet mit dem „Axiatonalen" Gitter, einem fünfdimensionalen, zirkulierenden System (Feld), welches unseren feinstofflichen und unseren physischen Körper miteinander verbindet. Es befähigt uns Frequenzen zu integrieren, die gespeicherte, zelluläre, kosmische, multi-dimensionale Erinnerungen wieder aktivieren und für uns erfahrbar zu machen.

---

2 Die ganze Geschichte von Synergy, seinen und Sherry's Reiseplan und vieles mehr um diesen Ancient-Kristallschädel, erfahren Sie auf seiner Homepage: www.crystal-skull.com

3 Mehr Informationen zu der Geschichte von Max und Fotos kann man im Buch „Tränen der Götter" finden oder man kontaktiert JoAnn Parks unter maxandjoann@hotmail.com

Star Johnsen-Moser ist seit fast 40 Jahren praktizierende spirituelle Heilerin und international tätig. Sie ist ein Kanal für die Ancient Ones, eine Maya-Solar-Eingeweihte durch die Itza Maya Linie und eine Maya Fire Woman. Außerdem ist sie Direktorin und Gründungsmitglied der Cahokia Mystery School of Cosmic Education, früher in Missouri beheimatet und nun in Lol Be, Yucatan, Mexico.[4]

Auszug aus einem mit Star Johnsen-Moser für die Zeitschrift Lichtfokus geführten Interview, erschienen in der Lichtfokus Ausgabe Nr. 29 aus 2010 in dem sie uns ausführlich über ihre interessante Arbeit mit Max und dem Mitchell-Hedges Schädel berichtet:

Star, nun brennen wir darauf mehr darüber zu erfahren, dass Du die einmalige Chance hattest mit Max, einem alten Kristallschädel, für mehrere Jahre zu arbeiten. Außerdem hast Du mit vielen anderen alten Artefakten, einschließlich dem berühmten Mitchell-Hedges Kristallschädel gearbeitet. Das muss eine unbeschreibliche Erfahrung gewesen sein, es wäre wunderbar, wenn Du ein wenig davon mit uns teilen könntest, bitte.

Ich habe Max zum ersten Mal 1987 getroffen, ungefähr um die Zeit der Harmonischen Konvergenz. Damals arbeitete ich in Houston mit einem philippinischen Geistheiler. Ein Ehepaar, die sich als Carl und Joanne Parks vorstellten, kam in unseren Heilraum. Sie trugen einen großen Kristallschädel bei sich, den sie „Max" nannten. Das Ehepaar Parks hoffte, dass Bruder Angel, der philippinische Heiler, vielleicht etwas Information über Kristallschädel hätte. Nun, Angel wusste darüber überhaupt nichts und dann war ich es, die zu Max eine Verbindung bekam. Meine Gefühle waren so stark, als würde ich einen lange verlorengeglaubten Freund wieder treffen. Ich hielt ihn und wiegte ihn wie ein Baby und die Tränen liefen mir über die Wangen! Ich war über meine Emotionen sehr überrascht, denn ich hatte nie zuvor etwas über Kristallschädel gehört. Max blieb drei Tage lang bei uns und wir waren die ersten Heiler, die den Segen erlebten, mit ihm zu arbeiten seit dem Tod seines vorhergehenden Besitzers, Norbu Chen, der 7 Jahre zuvor gestorben war. Max kam über die folgenden Jahre immer wieder in mein Leben und ich hatte während verschiedener Meditationen diverse Erfahrungen.

Während einer sehr starken Meditation begann ein strahlendes rosafarbenes Licht durch Max zu leuchten. Wir fühlten, dass wir in eine andere Dimension gehoben wurden, wo wir eine Gruppe von Wesen beobachten konnten, die durch ihren Kristallschädel Licht sendeten, das durch die Dimensionen hindurch durch unseren Kristallschädel zu uns übertragen wurde.

---

4 Erreichbar ist Star über ihre Hompage www.starjohnsenmoser.com

Inzwischen war es Anfang der 90er Jahre und ich erlebte immer wieder paranormale Erfahrungen. Eines Tages, als ich mitten drin war Heilung zu geben, fühlte ich, wie aus der Tiefe meines Herzens eine immense Kraft aufstieg in meine Kehle und plötzlich eine sehr fremdartige Sprache aus meinem Mund hervorbrach! Ich fühlte mich von dieser Kraft völlig überwältigt. Während ich es zuließ, in dieser Sprache zu sprechen, bemerkte ich, dass die Energien des Menschen, an dem ich arbeitete, diese Sprache zu verstehen schienen und darauf reagierten. Von Max bekam ich die Führung, dass auch der Kristallschädel diese Sprache verstehen würde! Ich flog also nach Houston, und meine Freundin Mae (die genau wie ich begonnen hatte, in derselben fremdartigen Sprache zu sprechen) und ich besuchten Max. Als wir uns beide zu sprechen erlaubten, bemerkten wir eine Bewegung in der Energie des Schädels. Während wir immer mehr sprachen, beschleunigten sich die Energien ganz enorm und wir sahen kleine Lichträder ... Chakren ... die innerhalb des Schädels zu wirbeln begannen.

Plötzlich kam eine Präsenz mit solcher Kraft aus dem Schädel herausgeflogen, dass Mae buchstäblich durch den Raum geworfen wurde und auf dem Boden landete. In meiner Überraschung war ich am Boden festgefroren, die Energie war so intensiv und jede Emotion ging durch mich hindurch, auch Furcht. Plötzlich schoss ein Lichtstrahl wie ein Laser aus dem Herzzentrum dieses Wesens in mein Herz, und ich dachte, dass mein Leben unmittelbar enden und ich buchstäblich in Flammen aufgehen würde. Als ich nicht mehr davon aufnehmen konnte, verankerte sich diese Energie durch meinen Körper in der Erde, und seit diesem Moment befinde ich mich in telepathischer Verbindung mit der Wesenheit, die ich „Tak“ nenne.

In mir wurde weiterhin diese fremdartige Sprache gespeichert, die ich mit meinem Emotionalkörper, nicht aber mit meinem Intellekt verstehen konnte. Ich habe aber schon am Anfang unserer Beziehung die Information zu Taks Mission bekommen:

„Ich komme offen zu Dir, offen im Verstand und im Herzen.
Ich komme zu Dir durch die Korridore der Zeit.
Ich komme, um dir deine vor langer Zeit vergessenen Gaben wiederzubringen.
Ich komme zur Erinnerung und ich komme in Wahrheit.
Ich komme in der Einheit und ich komme in Freuden.
Ich komme mit dem Segen der unendlichen Liebe.

Kehre dich nicht ab in Angst oder Einschränkung,
Kehre dich nicht ab in Ablehnung oder Verzweiflung.
Ich komme mit der Flamme der Ewigen Freiheit.
Lass uns emporsteigen, durch die Illusion hindurch, in das Herz der Taube.

Ich bewahre die Geheimnisse, die Schlüssel zu den Mysterien.
Ich bewahre das Muster und ich bewahre den Plan.
Ich halte die Portale offen, um die Kammern zu erleuchten.
Öffne dein Herz und lass mich eintreten.

Öffne deinen Verstand und gehe durch das Portal.

Wirf ab alle Verwicklungen der Zeitenfäden,
öffne deinen Körper für das Licht der Himmel.
Öffne deine Portale für das Licht der Sterne.

Öffne deine Gaben, um sie miteinander zu teilen.
Öffne deine Sinne für den Klang und das Licht,
öffne dein Wesen für die geeinte Präsenz.
Reicht einander die Hände, Göttliches Abbild, Göttliche Liebe.“

Ich wollte wissen: Wer ist Tak? Wo kommt er her und was bedeutet das alles? Ich wurde zu dem Buch „Die Schlüssel des Enoch“ von J. J. Hurtak geführt und war überwältigt, als ich herausfand, dass TAK die tibetische Bezeichnung ist für die Konstellation Orion. Als ich weiterforschte, fand ich heraus, dass der Name TAK in 2 von 3 Sternen des Oriongürtels vorkommt: MinTAKa und AlniTAK. Hurtak hat sehr viel Information über TAK und Orion weitergegeben. Er schreibt, dass Orion eine Schöpfung ist, die eine Schwelle darstellt von unserer unmittelbaren physischen Galaxie zur nächsten Schöpfungsebene innerhalb unseres Vateruniversums, das aus ungezählten Super-Super- Galaxien besteht.

Max, Joanne Parks und ich reisten beinahe drei Jahre lang gemeinsam durch die USA. Wir arbeiteten mit großen oder kleineren Gruppen von Lichtarbeitern, um TAKs Mission zu erfüllen, uns Menschen an unser Einssein zu erinnern. Der Höhepunkt kam während unserer letzten Aktivierungszeremonie. Aus dem Schädel erschien ein Hologramm, das den gesamten Raum erfüllte. Wir fanden uns wieder auf der Spitze einer Pyramide inmitten einer Maya Feuerzeremonie. Es fühlte sich so real an, dass unsere Augen brannten vom Rauch und wir die Hitze des Feuers spüren konnten. Plötzlich wurden wir völlig vom Planeten wegbefördert und flogen durch den Weltraum ... es fühlte sich an, als würden wir durch den mittleren Stern des Orion hindurchfliegen ... und wir hatten keine Ahnung wo wir landeten, denn das war so weit weg, dass unsere Gehirne die Information nicht in dieser Dimension zurückbringen konnten. Meine Arbeit mit dem Kristallschädel Max war abgeschlossen. Wir hatten unseren gemeinsamen Zweck erfüllt.

Seit damals habe ich viel über die Wichtigkeit von Orion in der Maya Kosmologie gelernt. Die 3 Sterne im Orion Gürtel werden die „Herz-Steine” und werden als der Ort der Schöpfung angesehen von wo der Himmel kommt.

Es war mein Glück, dass ich an einem Nachmittag die Chance hatte, mit dem Mitchell-Hedges-Kristallschädel zu arbeiten. Ich hatte gerade eine unglaubliche Aktivierungszeremonie mit Max in Boston abgeschlossen. TAK war vollständig aus dem Schädel herausgekommen, weil die Gruppc von 125 Personen so offen war. Tatsächlich haben sogar an die 95 % in der Gruppe in derselben TAK-Sprache gesprochen wie ich. TAK hatte uns alle in die tiefsten Ebenen der göttlich-tantrischen Vereinigung hineingezogen, die man sich vorstellen kann. Auf dieser unglaublichen hohen Schwingungsebene, die wir durch das gemeinsame Gruppenerlebnis erfahren hatten, sind drei von uns nach Ontario gereist, um den Mitchell-Hedges-Schädel aufzusuchen. Wir waren ca. 80 km von unserem Ziel entfernt, als die Präsenz dieses Schädels uns überschattete. „Melek, Melek, Melek“ ... ich rief laut „Melek ... MALDEK!!!“ Und plötzlich erwachte mein Zellgedächtnis im Zusammenhang mit dem Planeten Maldek, der einmal ein Planet unseres Sonnensystems gewesen war. Ich erinnerte mich, dass dieser Planet durch den Missbrauch der Macht des Wortes zerstört worden war ... und jetzt der Asteroidengürtel ist. Ich erinnere mich auch daran, dass damals, als Maldek explodierte, dadurch ein Störfeld im Schaltkreis unseres Sonnensystems entstand, wodurch wir auf der Erde von den höheren Dimensionen getrennt wurden. Es war eine gemeinsame Erfahrung und wir drei weinten miteinander. Für mich ist der Name dieses Schädels Malek.

Nach meiner Rückkehr von der Arbeit mit Malek bekam ich sehr hohes Fieber und delirierte. Das hielt drei Tage an. Mitten in der Nacht, als das Fieber auf seinem Höhepunkt war, kam ein sehr intensives und starkes Licht zu mir und ich fühlte mich durch die Dimensionen hindurch gehoben. Ich beobachtete, wie mein Geist kam und ging, in Materie hinein und wieder hinaus, wie eine Sinusschwingung. Unvermittelt fand ich mich im Körper eines Vogels im Käfig und schaute traurig durch die Stäbe auf die, die mich gefangen genommen hatten. Sie schienen sehr derb und grob zu sein. Ich sehnte mich danach, mit ihnen kommunizieren zu können, ihnen mitzuteilen, dass ich genauso war wie sie, dass alles Eins ist, aber das war nicht möglich. Ich fragte meine Präsenz: Wer bin ich? Wer bin ich wirklich?

Ich fühlte, wie ich höher gehoben wurde und fand mich wieder in einem schönen, goldenen Sonnentempel. Ich war eine goldene Göttin und spürte, wie das gesamte Universum durch mich hindurch strömte. Während ich in der heiligen Sprache redete und sang, manifestierten sich durch meinen Mund schöne Blumen, und die Menschen aßen die Blumen und wurden dadurch schneller. Ich hatte niemals so viel Kraft durch meine Offenheit verspürt. Ich fühlte, dass mein Geist völlig frei war. Ganz langsam wurde ich in diese Dimension wieder zurückgebracht. Man zeigte mir, wie ich die heilige Sprache benutzen konnte, um die Schwingung auf dem Weizenfeld, das mein Mann damals bestellte, anzuheben, und wie alle, die von dem Weizen dieses Feldes essen würden, sich dadurch schneller entwickeln würden. So groß ist die Macht des Wortes. Das war mein Geschenk des schönen Malek.

Mit diesen wunderbaren Schilderungen der Arbeit mit Max und dem Mitchell-Hedges Schädel von Star, der ich an dieser Stelle nochmals ganz herzlich für ihre Hilfe, Unterstützung, Offenheit und Liebe danken möchte, möchte ich den Bereich ancient Skulls abschließen. Es würde den Rahmen dieses Buches sprengen weitere Ancient-Kristallschädel genauer zu bearbeiten, von denen es natürlich noch einige gibt, wie zum Beispiel den Schädel „ET“ von Joky van Dieten oder den Schädel „Sha Na Ra“ von Nick Nocerino, der bis zu seinem Tode im Jahre 2004 Großes auf dem Gebiet der Kristallschädelforschung geleistet hat, um nur einige zu nennen.[5]

2. Old Skulls oder Kristallschädel

Kristallschädel, die zwischen 100 und 1.500 Jahren alt sind, werden als old klassifiziert. Wissenschaftler ermitteln das ungefähre Alter der Schädel mit Hilfe von Elektronenmikroskopen, die Werkzeugspuren deutlich machen, die wiederum auf die Entstehungsperiode hinweisen. Als alt klassifizierte Kristallschädel sind dadurch gekennzeichnet, dass sie primitive Werkzeugspuren aufweisen, die auf primitive Entstehungstechniken hinweisen. Nicht selten zeigen sie Unebenheiten an ihrer Oberfläche und weniger akkurate Polituren.

* * *

Der wohl bekannteste Vertreter dieser Klasse ist der Kristallschädel des Britischen Museums, weltweit als **„The British Museum Crystal Skull“** („BM skull“) bekannt. Er hat eine spannende Geschichte hinter sich, ursprünglich ist man davon ausgegangen, dass er aztekischen Ursprungs sei, er wurde seinerzeit auch „Aztec Skull“ genannt und war deshalb als ancient klassifiziert worden, was aber später widerrufen wurde. Um 1990 entschloss sich das Britische Museum in London einige Tests mit ihren und einigen anderen bekannten Kristallschädeln, einschließlich Max, ShaNaRa und dem Smithsonian Kristallschädel, zu tätigen.

Nach genausten Untersuchungen kam man zu dem Ergebnis, dass der Schädel des Britischen Museums und auch der Smithsonian Kristallschädel Schleifspuren aufweisen. Dies weise darauf hin, dass die beiden Schädel unter Ein-

---

[5] Wer sich speziell mit diesem Thema befassen möchte, findet außer in dem Buch von Morton und Thomas „Tränen der Götter“ auch im Internet sehr viele Informationen zum Thema.

satz von Schleifwerkzeug, wie man es zum Schleifen von Schmuck ebenfalls verwendet, entstanden sind. Derartige Werkzeuge sind im 14. Jahrhundert in Europa entstanden und nach 1492 nach Amerika gebracht worden.
Diese Tatsache führte die Wissenschaftler zu dem Schluss, dass die beiden Schädel nicht prä-kolumbianischen Ursprungs sein könnten und somit hat man sie als „old“ reklassifiziert.

Die genauen Untersuchungsergebnisse von Max und ShaNaRa haben die Wissenschaftler nie der Öffentlichkeit aufgelegt, auch nicht den Hütern dieser Kristallschädel, somit blieb ihr genaues Alter bis heute ein Mysterium.

Was wir bezüglich des Schädels des Britischen Museums mit Sicherheit sagen können ist, dass er vom Britischen Museum im Jahre 1897 von Tiffany's angeschafft wurde. Danach war er für viele Jahre im Museum of Mankind in Piccadilly/London (wo sich die Ethnographische Sammlung des Britischen Museums befand) ausgestellt. Derzeit befindet er sich in einer ständigen Ausstellung des Britischen Museums in der Welcome Trust Gallery (Raum 24).

* * *

Der oben bereits erwähnte **Smithsonian Crystal Skull** war Gegenstand von Debatten von dem Moment an als er anonym beim Smithsonian Museum in Washington DC in 1992 eingegangen ist. Obwohl gesagt wurde er sei in 1960 in Mexiko gekauft worden, präsentierte man ihn dem Smithsonian Institute als aztekischen Schädel, weshalb er von dem Museum einen Platz in der Ausstellung bekam.
Der Smithsonian Kristallschädel weist einige sehr ungewöhnliche Eigenschaften auf, die ihn damit von den anderen unterscheiden. Zum Einen ist er hohl, er ist extrem groß und er wiegt circa 14,06 Kilo (31 lb).
Wie oben bereits angeführt, wurde er zusammen mit dem Kristallschädel des Britischen Museums untersucht und nach den Untersuchungen von ancient in old umklassifiziert. Jane MacLaren Walsh glaubt sogar, dass er wahrscheinlich kurz vor seinem Verkauf in Mexiko in 1960 erst geschliffen wurde, und ordnet ihn sogar als contemporary und damit als „Modernen Fake” ein.

* * *

Ein weiterer als old klassifizierter Kristallschädel ist der **Pariser Kristallschädel** der den Aussagen zufolge der erste in einem Museum ausgestellte Kristallschädel gewesen sein soll, da er bereits im späten 18. Jahrhundert im Paris Musée de l'Homme ausgestellt gewesen sein soll. Der Öffentlichkeit wurde er allerdings erst in 2008 präsentiert, als durch den Film Indianer Jones

„Kingdom of The Crystal Skull“ das allgemeine Interesse an Kristallschädeln erwacht war.

* * *

Die vorangegangenen Beispiele zeigen, wie schwer es selbst erfahrenen Wissenschaftlern fällt, eine eindeutige Angabe zu Alter und Herkunft der Kristallschädel zu tätigen, wenn es um den Bereich „Ancient“ und „Old“ geht.

3. Contemporary Skulls oder Kristallschädel

Bei den Contemporary Skulls handelt es sich um Kristallschädel, die in den letzten hundert Jahren entstanden sind.
Die meisten der Contemporary Kristallschädel sind innerhalb der letzten 10 bis 15 Jahre in Brasilien oder China entstanden.
Einige stammen aus Nepal und Mexiko, einige wenige sind in Schleifereien in Idar-Oberstein, Deutschland, in Präzisionsarbeit entstanden.

Interview mit G. Frank, einem in Brasilien lebenden Gemmologen, zum Thema Kristallschädel

Als Gemmologe kennen Sie den brasilianischen Markt sehr gut, wann haben Sie zum ersten Mal einen Kristallschädel zu Gesicht bekommen?

Ich habe meinen ersten Kristallschädel vielleicht vor 10 bis 15 Jahren gesehen, das muss so um 1996 gewesen sein. Damals dachte ich, das ist ja total verrückt, wie kann jemand so etwas kaufen und wofür.

Was ist in den letzten 15 bis 20 Jahren passiert, dass Kristallschädel heute so beliebt und weit verbreitet sind?

Wir leben in einer Zeit der Veränderungen und des Übergangs in eine neue Dimension. Die Menschen haben erkannt, dass Kristalle in Allgemeinen und Kristallschädel im Besonderen ihnen als wunderbare Verbindung zur Erde dienen, sie tragen Informationen über die gesamte Entwicklungsgeschichte, sind somit ein kraftvolles energetisches Werkzeug zur Bewusstseinserweiterung.

Heutzutage kommen sehr viele wunderschöne Kristallschädel aus Ihrer Heimat. Worin sehen Sie den Unterschied zu Schädeln, die aus China kommen?

In meinen Augen haben die chinesischen Schädel keine Seele und sind zum Teil maschinell hergestellt. In Brasilien sind alle Kristallschädel Handarbeit. Sie werden in einem aufwendigen Prozess hergestellt. Jeder Schleifer ist ein Künstler, der seine Energie und Liebe in jeden von ihm geschaffenen Schädel fließen lässt. Die Schleifer lieben ihre Arbeit und arbeiten nicht im Akkord.

Außerdem verfügen wir in Brasilien über erstklassiges Rohmaterial, wie es in China nicht zu finden ist.

Was sind die beliebtesten Kristalle, um Kristallschädel herzustellen?

Der beliebteste Kristall ist ganz klar der Bergkristall, aber auch Citrin und Rauchquarz mit Rutil sind sehr begehrt. Kristalle mit ungewöhnlichen Einschlüssen erfreuen sich ebenfalls größter Beliebtheit.

Können Sie mir etwas über den Entstehungsprozess eines Kristallschädels erzählen? Wie lange dauert es zum Beispiel einen lebensgroßen Schädel zu schleifen?

Als erstes sucht man einen Kristall aus, der sich dazu eignet in eine Schädelform geschliffen zu werden. Dann wird der Stein in Form geschnitten und die Roh-Form entsteht. Danach sorgt ein talentierter Schleifer, für mich sind sie Künstler, dafür, dass in einem langwierigen Schleifprozess ein Kristallschädel entsteht und arbeitet alle Details heraus. Abschließend wird der so entstandene Schädel poliert, bis seine Oberfläche vollkommen eben ist und glänzt. Nach 3 Tagen kann man bereits einen Schädel erkennen, bis alle Arbeiten abgeschlossen sind und der polierte Schädel fertig ist, dauert es ungefähr eine Woche.

Ich habe gehört, dass der Originalkristall, aus dem man den Schädel schleift, 3 bis 4 Mal größer sein muss, als der Schädel, den man erhält. Können Sie mir dazu etwas sagen?

Ja, das ist richtig, von 100 Kilo Ausgangsmaterial bekommt man in etwa 23 Kilo Schädel. Man verliert 75 %. Das ist neben der langen Arbeitszeit der Hauptgrund für die Preise der Kristallschädel.

Gibt es etwas worauf ein Kristallschädelschleifer achten muss?

Ja, man darf nicht gegen die Wuchsrichtung eines Kristalls arbeiten, dann bricht er. Außerdem muss der Schleifer auf innere Fissuren und Risse achten, da an diesen Stellen sehr leicht weitere Brüche entstehen und so der ganze Schädel zerbrechen könnte.

Wer sind die Kunden, die ihre Kristallschädel in Brasilien kaufen?

Amerikaner, Kanadier und Nordeuropäer, oft Engländer und Holländer, aber auch einige Deutsche.

Wissen die Schleifer, dass ihre Kristallschädel als metaphysische Werkzeuge genutzt werden, wenn sie bei ihren Eigentümern angekommen sind?

Ja, sicherlich, die Menschen hier sind sehr emotional und intuitiv, sie legen ihre Emotionen in ihre Arbeit und fühlen, dass die Schädel eine Aufgabe haben.

Sehen Sie, Kristalle sind für mich die Hand Gottes in Struktur gebracht, die ganze darin enthaltene Information, in Kombination mit der künstlerischen Arbeit und der Liebe der Schleifer, lassen etwas Besonderes, Einzigartiges, Magisches entstehen.

Was denken Sie persönlich von Kristallschädeln? Sind sie nur ein geschliffenes Objekt, wie zum Beispiel Engel oder Kugeln oder glauben oder fühlen Sie, dass da ein Unterschied besteht?

Nein auf keinen Fall, sie sind etwas ganz Besonderes, sie sind eine Verbindung zwischen Menschheit und Kristall.

Warum glauben Sie sind Menschen weltweit an Kristallschädeln interessiert ungeachtet ihres sozialen Backgrounds?

Auf der Welt geht derzeit eine große Energiewende vor sich, einige Menschen wissen, dass sie umdenken müssen und erkennen die Hilfe und das unschätzbare Potential, welches die Kristallschädel ihnen bieten.

Gibt es verschiedene Typen von Kristallschädeln, die aus Brasilien kommen?

Ja, sicherlich, die unterschiedlichen Arten von Schädeln aus Brasilien reichen von modern aussehenden Schädeln bis hin zu primitiv aussehenden Schädeln, manchmal sogar animalisch aussehend.

Können Sie mir etwas über die schönsten Kristallschädel erzählen, die Sie jemals gesehen haben oder die Seltensten?

Zu den schönsten und gleichfalls seltensten Kristallschädeln, die ich je gesehen habe, gehören zum Beispiel superklare lemmurische Kristallschädel mit wunderschönen Regenbögen, herrlich klare Rauchquarzschädel mit goldenen Rutilnadeln und seltene grüne Turmalinkristallschädel, die aussahen, als seien sie aus Moos entstanden. Mein Job ist es diese an Leute weiterzugeben, die damit arbeiten, auch wenn es manchmal sehr schwerfällt, sich von solchen einzigartigen Exemplaren zu trennen.

Gibt es noch irgendetwas, was Sie noch gerne zu dem Thema Kristallschädel sagen möchten?

Ich habe eine sehr erstaunliche Feststellung gemacht, 90% der Menschen, die Kristallschädel haben, haben auch Katzen. Für mich gibt es eine Verbindung zwischen Katzen und Kristallschädeln. In meinen Augen ist es eine ägyptische Verbindung, ich nenne sie „The Egyptian Connection", im alten Ägypten glaubte man, dass Katzen schlechte und negative Energien fernhalten. Kristallschädel sind ebenfalls genau dazu in der Lage. Ich habe schon darüber nachgedacht, ob es nicht eine gute Idee wäre, Katzenschädel zu schleifen.

Vielen Dank, mein Lieber, für die vielen interessanten Informationen und die aufschlussreichen Fotos.

Während viele der Anciet Skulls aus Quarz, hauptsächlich aus Bergkristall sind, sieht man heute neben Schädeln aus den 4 Quarzvarianten, die sich sehr großer Beliebtheit erfreuen, Schädel aus jedem denkbaren Kristall, der sich durch Schleifen in Schädelform bringen lässt. Die Bandbreite reicht von Fluorit, Calcit, Hämatit, Dolomit, Granat, Sodalith über Jaspis bis hin zu selteneren Exemplaren aus Turmalin, Lepidolith und Smaragd und Apatit (siehe Abbildung 2, 3 und 4).

Man stellte fest, dass die in China geschliffenen Kristallschädel genauere Details aufweisen, zum Beispiel im Bereich der Zähne, die zum Teil so genau herausgearbeitet sind, dass man selbst die Zahnzwischenräume erkennen kann. Auch der Bereich der Backenknochen ist mehr herausgearbeitet, als bei Schädeln, die aus Brasilien stammen.

Die Kristallschädel aus China weisen eine schlankere und insgesamt zugespitztere Gesichtsform auf, während ihre Kollegen aus Brasilien eher eine massivere, rundere Kopfform aufweisen (siehe Abbildung 5, 6, 7 und 8).

In früheren Jahren waren die Schädel aus Brasilien eher wenig detailliert und einfach geschliffen, heute erfreuen sie sich größter Beliebtheit und weisen zum Teil ausgezeichnete Qualitäten auf.

Die Endform eines Kristallschädels hängt immer auch mit der Form des Ausgangsmaterials zusammen, so kann es manchmal zu sehr ausgefallenen Schädelformen kommen.

Eine seltenere Schädelart, die man sowohl aus Schleifereien von China als auch aus Brasilien in exzellenter Qualität bekommen kann, die aber aufgrund des hohen Arbeitsaufwandes eher selten und auch deutlich teurer sind, sind Schädel mit abnehmbarem Unterkiefer.

Diese Schädelform findet man meistens in einer der Quarzarten vor, zumeist Bergkristall, Amethyst (siehe Abbildung 9) und Rosenquarz.

Eine weitere Art der Kristallschädel, die fast ausschließlich in China hergestellt wird, ist der sogenannte „Singing Skull", singender Schädel. Hierbei handelt es sich um einen aus einem Stück geschliffenen Kristallschädel mit offenem Mund, im Inneren sind diese Schädel teilweise hohl (siehe Abbildung 10).

Da man in China nicht über Kristalle, wie zum Beispiel Citrin und Amethyst verfügt, bekommt man diese Varietäten von dort eher selten und auch nicht in der Qualität wie in Brasilien. In China kommen viele Ursprungskristalle zum Schleifen der Schädel aus Madagaskar, während die Brasilianer den großen Vorteil haben, dass sie in ihrem Hauptabbaugebiet Minas Gerais über eine

Vielzahl von verschiedenen Kristallen in hervorragenden Qualitäten verfügen. Die Kristallschädel aus Brasilien weisen deshalb sehr intensive und klare Farben auf und wie ich finde, auch eine deutlich größere Vielfalt an Steinarten.

Kristallschädel erfreuen sich in den letzten 10 Jahren einer immer größer werdenden Beliebtheit, die sich in den letzten beiden Jahren nochmals verstärkt hat. Zu verdanken ist diese Tatsache nicht zuletzt Leuten, wie Anna Mitchell-Hedges und Bill Homann, Nick Nocerino, Joshua Shapiro, Star Johnsen-Moser, Jaap van Etten, Joky van Dieten, JoAnn Parks und Sherry Whitfield, Marion Webb-De Sisto, um die wohl wichtigsten einer langen Liste zu nennen.
Durch ihre großartige Öffentlichkeitsarbeit haben sie alle ihren Teil dazu beigetragen, dass weltweit ein Informationsaustausch zustande gekommen ist, ein weit verbreitetes Interesse an den Kristallschädeln aufgetreten ist, der Mythos Kristallschädel den Leuten nahegebracht wurde und eine Öffnung für die Energie der Kristallschädel stattgefunden hat.

Ich stelle immer wieder erfreut fest, dass sich auch Menschen den Kristallschädeln öffnen, die keine jahrelange Erfahrung im Umgang mit Kristallen haben oder gar aus anderen esoterischen Bereichen kommen, sondern einfach bei ihrer ersten Begegnung mit einem Kristallschädel so sehr in seinen Bann gezogen wurden, so große Öffnung für dessen Bewusstsein erfahren haben, dass sie kurze Zeit später selbst begeisterte Kristallschädelhüter geworden sind.

Während es vor 15 Jahren noch nicht einfach war, einen eigenen Kristallschädel zu bekommen und nur wenige auf dem freien Markt angeboten wurden, ist es heutzutage weitaus leichter einen Kristallschädel zu erstehen. Fühlt man eine Resonanz zu den Schädeln kann man sich mit anderen Schädelhütern in Verbindung setzen, die meisten von ihnen haben mehrere Schädel, so dass hin und wieder mal einer weitergehen will und zum Umzug für einen neuen Hüter bereitsteht. Einige gut sortierte Kristall- und Mineralienhändler haben manchmal auch Kristallschädel in ihrem Sortiment.
Und nicht zuletzt gibt es heute auch die Möglichkeit, Schädel direkt über das Internet, sogar über ebay zu beziehen.
Welcher Weg einem selbst am meisten zusagt, muss man selbst entscheiden. Ich kann aus eigener Erfahrung jedem nur mit auf den Weg geben, beim Erwerb eines Kristallschädels entweder das Herz entscheiden zu lassen oder sich auch einfach von dem zukünftigen Schädel aussuchen zu lassen, statt selbst die Wahl zu treffen. Ein Schädel, der zu einem gehört, weiß genau, wie er uns auf sich aufmerksam macht und uns seine Botschaften zukommen lässt, er

wird uns in jedem Fall nicht mehr aus dem Kopf gehen. Vertraut dem Schädel und lasst Euch führen.

Contemporary Kristallschädel haben das gleiche Potential, wie ihre weitaus älteren Kollegen, die old oder ancient Skulls. Die meisten Menschen sind gar nicht in der Lage von Anfang an all die Möglichkeiten auszuschöpfen, die ihr neuer Freund ihnen bietet, sondern werden sich Stück für Stück öffnen, in dem Maße wie sie die Energien ihres Schädels integrieren. Die Qualität bzw. Tiefe der Heilungen, Meditationen und Erfahrungen mit einem neuen Schädel stehen denen mit einem alten Schädel in nichts nach.
Die neuen Schädel haben vielmehr die Funktion, es einer immer weiter steigenden Zahl von Menschen zu ermöglichen mit Kristallschädeln zu arbeiten, sich den Energien zu öffnen und ihr energetisches Niveau immer weiter anzuheben. Auf diesem Weg werden viele Menschen Heilung erfahren und anfangen immer mehr aus dem Herzen zu leben, um so ein globales Einheitsgefühl zu erfahren und aus der Dualität herauszufallen.

Da es ein Kristallschädelbewusstsein gibt, mit dem alle Kristallschädel weltweit verbunden sind, in das sie durch den Prozess der Kristallverarbeitung zu einem Schädel eintreten (genauer gesagt, durch das Einschleifen der Augen) und in das alle ihre Energien, sprich Informationen einspeisen, findet über diese Vernetzung auch ein Informationsaustausch statt, durch den die modernen Kristallschädel Zugang zu altem Wissen und den Energien der alten Schädel bekommen, ihnen somit also auch in nichts nachstehen.
Durch die Vernetzung der Kristallschädel untereinander, verhilft jeder neue Kristallschädel, der einen liebevollen und verantwortungsbewussten Hüter gefunden hat, der mit ihm arbeitet und sich seiner Energie öffnet, dazu, dass das Kristallschädelbewusstsein weiter angehoben und energetisiert wird. Über diesen Weg werden die ancient skulls, die sich noch im Verborgenen befinden und sich uns nicht gezeigt haben, nach und nach zutage treten, um uns ebenfalls mit ihrer Energie zur Verfügung zu stehen. Damit ebnen die contemporary skulls ihren ancient Verwandten quasi den Weg, indem sie uns darauf vorbereiten mit diesen Energien und dem damit gekoppelten enormen Potential arbeiten zu können und ihnen so den Weg zu uns freizumachen.

In jedem Fall werden die Kristallschädel bei ihren neuen Besitzern tiefe Prozesse der Heilung, spirituelles Erwachen bzw. Wachstum bis hin zu lebensverändernden Ereignissen mit sich bringen.
Wir werden uns in einem späteren Teil des Buches mit einigen Berichten von Kristallschädelhütern befassen, die uns ihre Erlebnisse mit ihren Lieblingen erzählen und uns vor Augen führen, wie sich ihr Leben durch den Einzug

eines Kristallschädels, der nur in den allerseltensten Fällen alleine geblieben ist, verändert hat (siehe Abbildung 11).

Kristallschädel sind ideal zur Heil- und Energiearbeit geeignet, sie sind perfekte Begleiter für Rituale und Zeremonien und leisten hervorragende Vernetzungsarbeit. Wenn wir uns öffnen, ermöglichen uns die Kristallschädel zu jeder Zeit, Zugang zu tiefem Wissen und anderen gespeicherten Informationen dieses Planeten und seiner Bewohner aus allen Zeiten.
Sollten Sie in den Genuss kommen, Hüter oder Hüterin gleich mehrerer Kristallschädel werden zu dürfen, werden Sie mit Freude beobachten können, wie unterschiedlich Ihre Schützlinge sind und das nicht nur hinsichtlich ihres Aussehens, ihres Materials, sondern auch hinsichtlich ihrer Energie. Jeder Kristallschädel weist entweder ein weibliches, ein männliches und ganz wenige auch ein neutrales Energiebild auf, welches sie uns sofort offenbaren werden.
Darüber hinaus hat jeder Kristallschädel seine ganz eigene Persönlichkeit, der eine ist eher zurückhaltend und leise, ein anderer eher direkt und befehlend, wieder ein anderer lustig und lebensfroh und der nächste antreibend und wortgewaltig. Es gibt wohl so viele verschiedene Eigenschaften, wie es Kristallschädel gibt.

Neben der Art ihres Auftretens und der Kontaktaufnahme zu uns, als ihren Hütern, haben alle Kristallschädel ihre ihnen eigene Funktion. Kristallschädel können als Vernetzer fungieren, Herzensöffner sein, Lebensfreude spenden, Wissen vermitteln, unsere Kreativität fördern, für spirituelles Erwachen zuständig sein, als Heiler arbeiten, universale Verbindungen herstellen, Blockaden lösen, alte Leben näher beleuchten und vieles mehr. In manchen Fällen habe ich beobachten können, dass sich die Aufgabe/Funktion des Kristallschädels gewandelt hat, da er zu einem neuen Hüter weitergegangen ist. Die Schädel zeigen damit, dass sie sich dem energetischen Fingerprint und damit den Bedürfnissen des jeweiligen Hüters anpassen.
So kommt es sogar nicht selten vor, dass sich auch der Name eines Schädels mit dem neuen Hüter ändert. Das hängt damit zusammen, dass jeder Name seine ureigenste Frequenz und Schwingung hat. Jeder Mensch spricht auf eine andere Frequenz gut an, so geht auch jeder Kristallschädelhüter mit einem anderen Frequenzmuster in Resonanz. Dabei ist es nicht nur möglich, dass durch dieses Frequenzband eine energetische Verbindung zwischen Hüter und Schädel entsteht, sondern auch, dass es diese Frequenz ist, die die Initialzündung zu dem gemeinsamen Arbeitsprozess zwischen Schädel und Hüter initiiert. Wir können davon ausgehen, dass wir genau den/die Schädel anziehen, die für uns und unsere Entwicklung in dem jetzigen Moment absolut passend und stimmig sind und die Schädel des Weiteren genau wissen, was für unser

Wachstum im Moment am meisten benötigt wird und uns genau das geben werden. Der Moment, in dem ein neuer Kristallschädel in unser Leben tritt, kennzeichnet immer einen weiteren wichtigen Punkt auf unserem Weg für den uns die Hilfe der Kristallschädel zur Verfügung gestellt wird.
Ich kann Ihnen an dieser Stelle versichern, nichts in Ihrem Leben wird mehr so sein wie zuvor, sobald erst mal ein Kristallschädel Einzug gehalten hat und in dieser kühnen Behauptung meinerseits werden mich viele Schädelhüter lächelnd bestätigen. Ich möchte es auch nicht versäumen in diesem Zusammenhang nochmals zu betonen, dass es höchst unwahrscheinlich ist, wenn ein Kristallschädel erst mal Ihr Herz erobert hat, dass er alleine bleiben wird. Machen Sie sich darauf gefasst, dass noch mehrere folgen werden. Ich höre Sie schon sagen „Na, mir passiert das bestimmt nicht, das habe ich unter Kontrolle“ – dazu kann ich nur anmerken „Glauben Sie mir, das weiß ich wirklich besser und die Zeit (oftmals ist diese keineswegs lange) wird es beweisen. Freuen Sie sich auf einen interessanten und spannenden Teil Ihres Lebens, er beginnt jetzt.“
Seit dem Einzug von Kasper haben sich sehr viele Dinge in meinem Leben in eine Richtung entwickelt, die ich zuvor nicht für möglich gehalten hätte; es ist viel besser geworden, als ich es mir gewünscht habe und jeden Tag gibt es wieder eine wundervolle Überraschung auf meinem Weg.
Und last but not least ein weiterer wunderschöner Nebeneffekt eines Lebens als Kristallschädelhüter ist, dass man sehr schnell über die untereinander vernetzten Schädel mit anderen Schädelhütern in Kontakt kommt, sich ausgiebig austauschen kann, gemeinsam an Projekten arbeitet und sich unterstützt und hilft, wenn Hilfe gebraucht wird. Hier kann man bereits in kleinerem Rahmen leben, was wir uns im Großen wünschen, eine Gemeinschaft in Harmonie und Balance.

6. Kristallschädel in unterschiedlichen Kristallarten und ihre Anwendungsgebiete

In diesem Kapitel des Buches möchte ich, angefangen bei den 4 Quarzvarietäten, Bergkristall, Citrin, Amethyst und Rauchquarz über Rosenquarz bis hin zu verschiedenen anderen Kristallarten, einen Überblick über verschiedene Schädel und deren an die Kristallart gekoppelten Einsatzbereich geben.

1. Bergkristall

Bergkristall ist der meist verbreitetste und bekannteste Quarzkristall, weist ein trigonales Kristallsystem und eine Härte von 7 auf.

Bergkristall entsteht primär aus einer reinen Kieselsäurelösung nahezu ohne Fremdbeimischungen, in der Regel in Gängen, Drusen und Klüften. Bergkristall ist kristallbildend, und kann aufgrund von unterschiedlichen Wachstumsbedingungen auch unterschiedliche Kristallformen aufweisen. Bergkristallvorkommen sind weltweit anzutreffen, z. B. in Minas Gerais in Brasilien, Madagaskar, Indien, China (Tibet), Namibia und an vielen weiteren Standorten.

Bergkristall verfügt nicht nur über piezoelektrische, sondern auch über pyroelektrische Eigenschaften, d. h. die Polarität des Bergkristalls ändert sich, wenn er großem Druck oder Hitze ausgesetzt ist. Selbst durch Handauflegen kommt es zu einer Polaritätsänderung, so dass ein Bergkristall der normal positiv geladen ist und Energie aufnimmt, dann negativ geladen ist und Energie abgibt. Diese Tatsache unterstützt im Wesentlichen den Prozess der Energiespeicherung, Umwandlung, Bündelung, Transfer und Konzentration.

Bergkristall harmonisiert sein Umfeld und schafft ein ausgeglichenes und stabiles Energiefeld.
Er ist in der Lage sowohl Körperenergie als auch Gedanken zu fördern, da er generell energieschaffend ist.
Er fördert die geistige Klarheit und strukturiert unsere Gedanken, so dass wir sie effizient einsetzen können, und Prozesse der Selbsterkenntnis eingeleitet werden.
Erleichtert das Lernen bzw. die Aufnahme von Informationen und Daten, sowie das Abrufen von Erinnerungen bzw. gespeicherten Informationen.
Hilft uns unseren Standpunkt zu finden und ihn zu bewahren bzw. ihn zu vertreten.

Er wirkt auf alle Chakren reinigend und aktivierend, besonders gute Wirkung wird beim Einsatz auf den Herzchakra und dem 3. Auge (Öffnung 3. Auge – tiefe hellsichtige Meditationszustände) verzeichnet.

Auf der körperlichen Ebene findet der Bergkristall bei vielfältigen Indikationen seinen Einsatz, generell verbessert er das Immunsystem und die körpereigene Abwehr, er ist bei Allergien und Hauterkrankungen einsetzbar, hilft aber auch bei Verbrennungen, verbessert die Durchblutung der Herzkranzgefäße, lindert Rückenschmerzen und vieles, vieles mehr.[6]

Seit jeher wird behauptet, dass der Bergkristall menschliche Energien, Gefühle, Gedanken und Bewusstsein auf Energien des Universums/Kosmos einschwingt und dann diese potenzierten Energien der gesamten Menschheit zugutekommen lässt.

Sieht man, welch machtvoller und potenter Stein der Bergkristall ist, kann man bestens verstehen, warum ein großer Teil der ancient Kristallschädel aus Bergkristall sind.

Auch wird häufig von vielfältigem Einsatz des Bergkristalls als wahrer „Heiler", sowohl in Atlantis, als auch Lemurien berichtet, vor diesem Hintergrund wird verständlich warum sich bis heute Kristallschädel aus Bergkristall größter Beliebtheit und Verbreitung erfreuen.

Bergkristallschädel sind in der Lage die physische mit der geistigen Dimension zu verbinden und verhelfen uns so, mit Dingen außerhalb unserer physischen Dimension, wie Tiere, Pflanzen, Bäume, Steine zu kommunizieren und Daten auszutauschen.

Bergkristallschädel verhelfen ihrem Hüter dazu, negative Energien zu neutralisieren und in einen Zustand der Beständigkeit und Stabilität auf allen Ebenen zu gelangen, weisen somit eine Schutzfunktion auf.

Über die piezoelektrischen und pyroelektrischen Eigenschaften wird der Datentransfer zwischen Mensch und Kristallschädel ermöglicht und außerdem den Kristallschädelhütern der Zugang zu altem gespeicherten Wissen.

Bergkristallschädel gibt es in allen Größen, angefangen von Bergkristallschädelanhängern von ca. 20 Gramm bis hin zu überlebensgroßen Schädeln von

---

[6] Um dem vielfältigen Einsatz des Bergkristalls auch nur annähernd gerecht zu werden, könnte man nahezu ein ganzes Buch füllen, deshalb möchte ich mich auf diese kurze Darstellung beschränken und auf einschlägige Werke, wie Kühni und Holst „Enzyklopädie der Steinheilkunde", Ginger „Lexikon der Heilsteine" und „Heilsteine", Florek „Heilende Edelsteine" um nur einige zu nennen, hinweisen.

mehr als 10 kg. Man findet sogar hin und wieder Kristallschädel aus Bergkristall, die 100 kg und mehr auf die Waage bringen.
Auch in ihrer Qualität gibt es deutliche Unterschiede. Man kann Kristallschädel aus milchig trübem Bergkristall genauso bekommen, wie glasklare Bergkristallschädel mit vielen Regenbögen und natürlich die ganze Bandbreite zwischen diesen beiden Qualitäten.
Bergkristallschädel zeichnen sich durch eine klare, deutliche und strukturierte Art der Kommunikation aus, ihre Botschaften sind eindeutig und klar verständlich. Diese Tatsache macht sie bei Leuten sehr beliebt, die sie als Verstärker in Channelings oder zum Empfangen von Botschaften aus anderen Dimensionen einsetzen. Sie finden auch bei Schriftstellern und Autoren großen Anklang (siehe Abbildung 12, 13, 14 und 15).

2. Citrin

Der Citrin gehört zur Familie der Quarze, genauer gesagt ist er eine gelbe Quarzvarietät. Er weist, wie der Bergkristall auch, ein trigonales Kristallsystem und eine Härte von 6,5-7 auf. Er bildet prismatische Kristalle, eher selten findet man ihn auch in derben Stücken.

Seine für ihn typische Gelbfärbung bekommt der Citrin durch den Einfluss schwacher radioaktiver Strahlung, die das in ihm in Spuren vorkommende Aluminium ionisiert und so die Gelbfärbung hervorruft.
Der Citrin kommt im Vergleich zu anderen Mitgliedern der Quarz-Gruppe eher selten vor. Seine Abbaugebiete liegen vor allem in Brasilien, Madagaskar, Sambia, Spanien und den USA.

Der Citrin erfreut sich aufgrund seiner Schönheit größter Beliebtheit, heutzutage kaufen sowohl die Chinesen, als auch die Russen einen Großteil der Citrine direkt von den Minen weg auf.

Aufgrund seiner Beliebtheit kommt es auch nicht selten zu Fälschungen, die entweder aus gebranntem Amethyst oder sogar aus gelben Glasnachbildungen bestehen.

Der Citrin ist bekannt als der große Licht- und Sonnenbringer. Er ist der Kristall, der in direkter Verbindung zum Solarplexus und den diesem zugeordneten Organen steht. Er unterstützt die Funktion der Bauchspeicheldrüse und kann bei Diabetes eingesetzt werden.
Mit seinen sonnigen Eigenschaften ist er ideal zum Einsatz bei Durchblutungsstörungen, aber auch bei Kältezuständen einsetzbar.
Er findet häufig auch Einsatz bei Lebererkrankungen.

Er stärkt die Nerven und ist somit ein wahrer Lichtbringer bei allen Depressionskrankheiten und Nervenleiden.
Auch hervorragend bei Angstzuständen und Panikattacken einsetzbar.

Der Citrin stärkt nicht nur das Selbstbewusstsein, sondern stärkt das Selbstwertgefühl und Selbstvertrauen, wodurch nicht nur der Lebensmut gestärkt wird, sondern der Mensch auch wieder aktiv, motiviert und lebensfroh mit dem Alltag und seinen Problemen umgehen kann.
Er fördert unsere Kreativität und verhilft uns durch die energetische Aufladung unseres Körpers zu intelligenten, durchdachten Entscheidungen, macht das Vorankommen auf unserem Weg leichter und freudiger. Konzentration und Durchhaltevermögen werden positiv beeinflusst, sodass selbst Menschen, die alles in ihrem Leben immer wieder abgebrochen haben, ermutigt werden aus diesem Verhaltensmuster herauszutreten und dann glücklich sind, wenn sie auf ihr Durchhaltevermögen schauen können.
Der Mensch wird durch Citrin optimistischer und positiver auf allen Ebenen und schaut gelassen und freudig auf das Leben.

Laut Melody ist er einer der beiden Steine auf der Welt, die keine negative Energie ansammeln oder gar speichern, sondern sie auflöst und verwandelt, sowohl auf der körperlichen, als auch auf der feinstofflichen Ebene. Aufgrund dieser Eigenschaft muss er nie gereinigt werden.

Bei den Kristallschädel-Hütern ist durchweg festzustellen, dass bei fast jedem Kristallschädel-Hüter, der mehr als einen Schädel hat, ein Citrin-Kristallschädel zu finden ist. Bei vielen war es sogar der Einstiegsschädel. Mir ist bei meinen Seminaren und Kristallschädelsitzungen immer wieder aufgefallen, dass, wenn man den Menschen eine Gruppe von verschiedensten Kristallschädeln in verschiedenen Größen präsentiert, Männer sofort nach dem Citrin-Schädel greifen und danach dasitzen und den Schädel fasziniert anschauen, ihn festhalten und nichts mehr von dem mitbekommen, was um sie herum geschieht.
Ebenfalls erleichtern Citrin-Kristallschädel ihren Hütern das Leben in schwierigen Umbruchs- und Veränderungssituationen, helfen ihnen durch Krankheit und geben wieder Lebensmut, wenn das Schiff des Lebens zu sinken droht.

Die Lebensfreude und Offenheit, die die Citrin-Schädel ausstrahlen, gehen auf ihre Hüter über und lassen diese im wahrsten Sinne des Wortes von innen heraus strahlen und eine lebensbejahende Stimmung verbreiten, die richtiggehend ansteckend wirkt.

Ich selbst setze sehr gerne und mit hervorragenden Ergebnissen Citrin-Schädel bei Menschen mit Depressionen und Angstzuständen ein, ihr Zustand verbessert sich zusehends, gibt ihnen wieder Mut und Lust am Leben teilzunehmen. Alte Muster und tiefsitzende Blockaden können gelöst werden und die Menschen nehmen wieder aktiv am Leben teil, sehen seine schönen Seiten, all die kleinen Wunder, die uns umgeben und empfinden wieder Freude. Selbst Menschen, die von sich behaupten, dass sie in einem Zustand leben, in dem sie keinen Zugang mehr zu Gefühlen haben, diese weder ausdrücken noch empfinden können, sondern eher dumpf und abgestumpft sind, öffnen sich, wenn sie in Begleitung eines Citrin-Schädels leben können.

Citrin-Schädel sind offensichtlich in der Lage, unsere dunkelsten Seiten zu bestrahlen, sie zu erhellen und uns so wieder Licht zu bringen.

In Gruppen, sei es bei Seminaren oder auch bei Meditationen und Gesprächsgruppen, wirkt er ausgleichend, ausbalancierend und harmonisierend.

Citrin-Kristallschädel bringen uns auf allen Ebenen Glück und Licht und damit auch Liebe in unser Leben und dafür kann man ihnen nicht genug danken.

Citrin-Kristallschädel findet man deutlich weniger, als zum Beispiel Bergkristall- oder Rauchquarz-Schädel. Es gibt sie ab einer Größe von 100 Gramm. Häufig kommen sie in einer Größe von 1 bis 2 Kilo vor, als lebensgroße Schädel gibt es sie eher selten. Das liegt zum einen daran, dass man das 4-fache an Ausgangsmaterial benötigt um einen Kristallschädel zu schleifen, zum anderen am Preis. Trotzdem sollten sie in keiner Kristallschädelfamilie fehlen und auch bei Kristallschädelhütern, die ihre Schädel in Heilsitzungen einsetzen, sind sie unbedingt notwendig.

Citrin-Kristallschädel besitzen eine liebevolle, freudvolle, sonnige und zugleich unterstützende, aber durchaus konsequente Energie, der man sich nicht entziehen kann.
Sie kommunizieren mit ihrem Kristallschädelhüter auf eine liebevolle, aufmunternde, freudige und stärkende Art. Botschaften werden klar und liebevoll abgegeben, sie fördern Harmonie im Innen, wie im Außen.
Zwischen Citrin-Schädeln und ihren Hütern entsteht sehr schnell eine sehr tiefe Bindung, die auf Vertrauen, Dankbarkeit und Liebe basiert (siehe Abbildung 16).

3. Amethyst

Der Amethyst ist ein weiterer sehr beliebter und bekannter Vertreter der Quarz-Familie. Mit seiner violetten Farbe, die von hellem rosaviolett bis zu tiefdunklem blauviolett reichen kann, gehört der Mineralklasse der Oxide an. Er besitzt, wie die anderen Mitglieder der Quarz-Familie auch ein trigonales Kristallsystem und verfügt über eine Härte von 7. Der Amethyst bildet Kristalle, die in der Regel in Drusen wachsen. Drusen gibt es in ganz unterschiedlichen Größen von der kleinen handlichen Druse angefangen bis, in seltenen Fällen, zu hausgroßen Exemplaren, die dann mehrere tausend Kristalle in sich bergen. Genauso unterschiedlich ist auch die Größe der Kristalle, sie reicht von einigen Zentimetern bis zu beachtlichen Stücken die einige Kilo an Gewicht aufweisen können.

Die violette Farbe kommt durch die eingeschlossenen Eisenatome zustande. Seine Abbaustätten liegen unter anderem in Australien, Brasilien, Uruguay, GUS, Indien, Deutschland, Madagaskar, Mexiko, Namibia und den USA.

Achtung: Bei zu starker Sonneneinstrahlung neigt der Amethyst dazu auszubleichen.

Seinen Namen hat der Amethyst aus dem Griechischen amethystos, was in der Übersetzung so viel heißt wie „nicht trunken", in der Antike wurde er oft eingesetzt um bei erhöhtem Alkoholkonsum der Trunkenheit vorzubeugen.
Heute schreibt man dem Amethyst zu, dass er geistige Klarheit begünstigt.

Auf der körperlichen Seite werden dem Amethyst entzündungshemmende, sowie fiebersenkende Eigenschaften zugeschrieben. Er findet sein Anwendungsgebiet jedoch auch bei Hauterkrankungen, z. B. reinigt er die Haut von Akne, hilft bei Ekzemen, Schuppenflechte, Ausschlägen und Hautflecken.

Gute Ergebnisse konnten auch beim Einsatz von Amethyst bei Suchtkrankheiten, wie Alkoholismus und Tablettensucht erzielt werden.

Mit seinen weit gefächerten Einsatzgebieten wird er auch zur Behandlung von Gehörproblemen, zur Stärkung des Knochengerüsts, bei Verdauungsproblemen, bei Atemwegserkrankungen und bei Menstruationsbeschwerden verwendet. Die Vielfalt seiner Verwendung sollte man der einschlägigen Literatur entnehmen.

Bei Schmerzen gilt, je dunkler der Kristall, desto besser ist die Wirkung.

Als „Stein der Transformation, des Wandels und der Veränderung“ findet der Amethyst laut Wolfgang Hahl sein Einsatzgebiet auch in der Krebstherapie und kann dort hervorragende Erfolge vorweisen.
Setzt man die Kristalle über einige Zeit auf dem Gebiet des Tumorgeschehens durch Auflegen ein, kann es nicht selten vorkommen, dass sich ein ehemals tiefdunkler Amethyst bis ins Rosaviolette bzw. fast Durchsichtige ausfärbt.

Seine Eigenschaften im Transformationsgeschehen sind es auch, die den Amethysten so wertvoll machen, wenn es darum geht Zustände der Trauer und des Kummers, sowie der Angst zu überwinden, da er uns wieder Stabilität, Stärke, Kraft und inneren Frieden schenkt.
Der Amethyst bringt seinem Träger innere Gelassenheit, fördert faire, durchdachte, rationale und flexible Entscheidungen, Verantwortung und Respekt der Umwelt gegenüber und aktiviert den gesunden Menschenverstand in uns.

Er verbessert Lernschwierigkeiten und Konzentrationsprobleme und stärkt den analytischen Verstand.

Er fördert ruhigen Schlaf, kann aber auch hellsichtige Träume unterstützen. Regelmäßig auf das 3. Auge aufgelegt kann er dessen Öffnung bewirken.

Laut Melody gleicht der Amethyst die Energiefelder des intellektuellen, emotionalen und physischen Körpers aus und sorgt für eine Verbindung zwischen dem Erdenleben und anderen Dimensionen. Er klärt die Aura und stabilisiert und transformiert blockierte Energien im Körper.

Er bringt uns in Meditationen harmonische, friedvolle, gut ausbalancierte Energien und trägt zur Öffnung des Kronenchakras bei.

Auf der psychischen Ebene bewahrt er uns vor Angriffen, indem er die negativen Energien transformiert und dann ins Universum abgibt. Generell gleicht er negative, unproduktive, schwere Energien aus und wandelt sie.

Amethyst-Kristallschädel findet man deutlich weniger vor, als zum Beispiel Bergkristall oder Rauchquarz-Schädel, vor allem ab einer bestimmten Größe (2 Kilo und mehr) findet man sie eher selten. Es gibt jedoch lebensgroße Exemplare, die dann dementsprechende Preise haben. Die qualitativ besten Amethyst-Kristallschädel kommen aus Brasilien bzw. dem südamerikanischen Raum, da dort Ausgangsmaterial von hoher Qualität vorkommt.

Sie sollten in keiner Kristallschädelfamilie fehlen, da sie uns immer wieder aufzeigen, welche unserer alten Muster, tiefsitzenden Strukturen, emotionalen Blockaden Transformation bedürfen und diesen Weg dann liebevoll unterstützen. Bei allen Kristallschädelhütern, die ihre Schädel in Heilsitzungen an Klienten einsetzen, ist ein Amethyst-Kristallschädel ein Muss.

Amethyst-Kristallschädel besitzen eine liebevolle, unterstützende, aber durchaus konsequente Energie, der man sich nur schwer entziehen kann.
Häufig kann beobachtet werden, dass Menschen, die sich in einem Zustand der Stagnation befinden und dringend ihre Transformationsprozesse angehen müssten, erst mal den Amethyst-Schädeln ausweichen bzw. sie eher verängstigt auf sie reagieren, was dadurch zu erklären ist, dass sie noch nicht bereit sind oder auch sich bewusst gegen die bevorstehenden Veränderungen wehren.

Amethyst-Schädel bringen uns sehr häufig in tiefe meditative Zustände, in denen es uns spielend gelingt einen Einblick in andere Dimensionen zu bekommen und wir nicht selten weitreichende Botschaften empfangen.
Nachts am Kopfende des Betts positioniert, wird der Amethyst-Schädel zwar auf der einen Seite dafür sorgen, dass wir ruhig und erholt schlafen und aufwachen, aber auf der anderen Seite werden wir mit seiner Hilfe zum wahren Nachtarbeiter, der in seinem Traumerleben, vieles erkennen und aufarbeiten darf. Ganz oft kann man sich nach dem Aufwachen genau daran erinnern, welches Thema man des Nachts bearbeiten durfte und wacht mit einem angenehmen Gefühl des Getragenseins auf.

Ich habe generell mit meinen Schädeln die Erfahrung gemacht, dass man in ihrer Gegenwart ausgezeichnet und entspannt schlafen kann und morgens sehr ausgeruht ist, selbst wenn man nur wenige Stunden im Bett war. Des Weiteren habe ich festgestellt, dass ich je nach Schädel, der mit mir das Bett teilt, andere Themen des Nachts bearbeiten kann, man kann sich also quasi abends sein DVD-Programm für die Nacht aktiv selbst aussuchen und mitgestalten in welchem Bereich man arbeiten möchte. Das klappt natürlich nicht immer, aber zu einem großen Teil schon (siehe Abbildung 17 und 18).

4. Rauchquarz

Der Rauchquarz ist der 4. Vertreter der kristallbildenden Quarz-Familie, er verdankt seinen Namen seiner braunen, rauchartigen Farbe.

Wie die 3 anderen kristallbildenden Quarze ist auch sein Kristallsystem trigonal und er hat eine Härte von 7.
Bei seiner Entstehung führen radioaktive Strahlen zu seiner Farbtönung in Verbindung mit Lithium und Aluminiumspuren im Kristall. Der Rauchquarz gehört zur Mineralklasse der Oxide.

Seine Farbe reicht von hellem Braun, über Braun, Dunkelbraun bis hin zu einem dunklen schwarzbraun Ton.
Der Rauchquarz bildet prismatische Kristalle, wie bereits erwähnt.
Seine Vorkommen liegen in Brasilien, BRD, GUS, Italien, Madagaskar, Pakistan, Schweiz und USA.

Es ist Vorsicht geboten, da zum Teil Fälschungen aus radioaktiv bestrahltem Bergkristall im Handel angeboten werden. Vor allem Rauchquarze in der Größe eines Kristallschädels sollten nur bei einem Händler Ihres Vertrauens oder aus sicherer Quelle bezogen werden.

Auf der körperlichen Ebene wird der Rauchquarz der Bauchspeicheldrüse und den Nebennieren zugeordnet.
Er beruhigt, ist krampflösend, wirkt schmerzlindernd und entspannt. Hilft potent bei Rückenbeschwerden, stabilisiert Gelenke und kräftigt Muskeln und Nerven. Nach Gurudas regeneriert er die Zellen, verbessert die Proteinaufnahme, sowie die Resorption von Vitamin A und B.

Der Rauchquarz ist in der Lage starke Störungen aufzulösen, er hilft gegen Elektrosmog, soll Strahlenschäden lindern und laut Hahl sogar vor Radioaktivität schützen.

Auf der seelischen Ebene hilft er durch seine kräftigende Wirkung die körperliche, mentale und emotionale Belastbarkeit zu erhöhen, um mit Stress und hohen Anforderungen besser umgehen zu können. Generell fördert er die Entspannung und Kräftigung, hilft uns klarer und ausgeglichener zu werden und trägt zur Stabilisierung in jeder Hinsicht bei.
Gut auch bei Depressionen, Apathie, Unausgeglichenheit und Nervosität einsetzbar.
Hilft Täuschungen zu durchschauen und seelische Verletzungen aufzulösen.
Steigert die Konzentrationsfähigkeit und Willenskraft.

Die Energie des Rauchquarzes durchdringt negative Energien (sowohl aus uns selbst, als auch aus äußeren Quellen), löst Blockaden auf, macht alte Muster und Strukturen erkennbar, sodass sie transformiert werden können. Disharmonien werden aufgehoben und positive Energien in unser gesamtes System geleitet.

Rauchquarz ist ein idealer Stein zur Erdung, der unser Augenblicksbewusstsein steigert, in Meditationen verhilft uns sein erdender Effekt zur Stimulation erhöhter Wahrnehmung.

Er hat sich ebenfalls als Schutzstein gegen alle schädlichen Kräfte einen Namen gemacht und wurde in dieser Funktion schon bei indigenen Völkern verwandt, die ihn ebenfalls in Zeremonien mit eingesetzt haben.

Rauchquarz-Kristallschädel findet man in allen Größen, nicht selten auch lebensgroß, sie bestechen nicht nur durch ihre Schönheit, sondern strahlen Kraft und Beständigkeit aus.
In jeder Kristallschädelfamilie trägt ihre erdende Energie zu einer allgemeinen Harmonisierung bei.
Rauchquarz-Schädel führen meist eine sehr klare, deutlich strukturierte und liebevolle Kommunikation mit ihren Hütern, ihre Botschaften sind eindeutig und klar verständlich. Bei der Verfolgung ihrer Ziele zeichnen sie sich nicht als Überflieger aus, sondern durch ihre große Beharrlichkeit und Konsequenz, nach dem Motto „steter Tropfen höhlt den Stein". Aus meiner eigenen Erfahrung mit „Kasper", in den ich mich auf den ersten Blick verliebt habe, kann ich nur bestätigen, dass ich all seine Botschaften in die Tat umgesetzt habe, egal wie unsinnig oder unmöglich sie mir auch bei der ersten Durchgabe erschienen sein mögen. Mit Kasper verbindet mich eine sehr enge Beziehung, in der ein großes Gefühl der Zusammengehörigkeit, des tiefen Wissens und Verstehens herrscht.

Rauchquarz-Kristallschädel öffnen uns in Meditationen für die Wahrnehmung anderer Ebenen, bringen Klarheit, sowohl im unserem Geiste, als auch in den erhaltenen Botschaften und erden uns gleichzeitig.
Rauchquarz-Schädel machen Barrieren, die zwischen Beta- und Alpha-Zustand des Geistes herrschen, durchlässig. Wir werden so in die Lage versetzt unseren Geist zu beruhigen und unserer Intuition wieder zu vertrauen.
Rauchquarz-Kristallschädel eignen sich hervorragend zum Lösen von Blockaden, alten Mustern und Strukturen, selbst wenn man sich bislang mehr oder weniger erfolgreich darum gedrückt hat diese anzuschauen und zu bearbeiten. Der Rauchquarzschädel schenkt uns seine Unterstützung, seine Kraft und sein Vertrauen in uns.

Rauchquarz-Schädel sind große Helfer auf unserem spirituellen Weg, da sie nicht nur der geistigen Balance dienen, sondern uns auch helfen Energien anzugleichen und zu integrieren.

Bei Haus und Landschaftsheilungen bzw. Clearings sollten die Rauchquarz-Schädel auf keinen Fall fehlen, da sie eine intensive, starke Entstörung bewirken, selbst bei hoher Frequenz von negativen Energien. Zum Auflösen von Besetzungen sind unsere braunen Freunde ebenfalls unersetzbar (siehe Abbildung 19 und 20).

5. Rosenquarz

Rosenquarz gehört zu den Mineralien der Quarz-Gruppe, weist ein trigonales Kristallsystem und eine Härte von 7 auf. Farbgebend ist Titan als mikroskopisch kleine Rutilnadeln. Die Farbvarianten reichen von blassrosa, über tiefrosa bis hin zu einem kräftigen Pink. In der Natur kommt Rosenquarz in derben Massen und noch in genügenden Mengen vor, zumeist in Brasilien und Madagaskar, aber auch in Namibia und den USA. Aufgrund des ausreichenden Vorkommens ist Rosenquarz vergleichsweise günstig.

Rosenquarz wird dem Herz/Herzchakra zugeordnet, fördert sanfte Gefühle und wirkt harmonisierend auf seine Umwelt. Der Rosenquarz strahlt eine beruhigende Energie aus, die Negativität langsam auflöst und wieder hin zur Eigenliebe, zum Selbstwert, aber auch zur Äußerung der eigenen Wünsche führt.
Rosenquarz fördert die eigene Zuversicht und das Vertrauen in sich selbst, hilft aber auch dabei leichter vergeben zu können und Streitigkeiten aufzuheben.
Rosenquarz bringt Ruhe in hektische und chaotische Situationen, führt zur gefühlsmäßigen Klarheit und geistigen Ausgeglichenheit, sowie Harmonie. Wird gerne zur Behandlung von Liebeskummer, Problemen in Beziehungen und in Krisensituationen eingesetzt.
Oft wurde beim Einsatz von Rosenquarz eine Harmonisierung zur eigenen Sexualität festgestellt, sowie eine Förderung der Fruchtbarkeit.

Rosenquarz fördert aber auch die eigene Kreativität und Ausdruckskraft.

Rosenquarze sind sehr hilfreich, um seelische Verletzungen und deren Folgen aufzuarbeiten und bei schweren Themen Erlösung zu finden.
Er ist ein ebenso sanfter, wie beständiger „Heiler".

Durch ihren generellen Harmonisierungseffekt können sie auch zum Lösen von Angst- und Panikzuständen, sowie bei Depressionen eingesetzt werden.

Der Rosenquarz kann zur Behandlung aller Chakren verwendet werden, da er in der Lage ist alle Chakren zu harmonisieren, indem er sie mit der richtigen Energiefrequenz versorgt.

Der Rosenquarz aktiviert und verbindet uns mit der stärksten Kraft unseres Universums der „Liebe" und hält unsere Schwingung auf deren Kurs.

Rosenquarz-Kristallschädel finden ganz leicht Zugang zu jedem Wesen, ihrer Liebesenergie kann man sich nicht entziehen. Sie strahlen Liebe, Geborgenheit und Verständnis aus.
Sie sind ganz sanfte und liebevolle, aber beständige Herzöffner, die uns an unsere wahre Essenz heranführen und uns mit ihr verbinden.
Die energetische Schwingung der Rosenquarzschädel lässt in uns ein unbekümmertes Gefühl der inneren Ruhe und Verbundenheit aufkommen, welches uns trägt und unterstützt und uns so ermutigt unseren spirituellen Weg im Vertrauen und mit Beständigkeit zu gehen und eventuell auftretende Probleme als Lernaufgaben zu sehen, an denen wir wachsen.
Rosenquarzschädel sind ideale Begleiter in allen Situationen, die uns mit Nervosität erfüllen und in Umgebungen, die durch eher negative Energien und chaotische Abstrahlungen gekennzeichnet sind.
Rosenquarzschädel kommen in allen Größen vor, lebensgroße Schädel sind nicht selten.
Eine nur in Brasilien vorkommende Varietät des Rosenquarzes ist der sogenannte Erdbeer-Rosenquarz, in Farbe und Aussehen einer reifen Erdbeere gleich. Hieraus werden wunderschöne Kristallschädel mit einer warmen Energie gefertigt (siehe Abbildung 21 und 22).

6. Rhodonit

Benannt wurde der Rhodonit nach dem Griechischen „rhodos“ – „Rose“, entsprechend seiner wundervollen Farbe, die an Rosen erinnert.

Rhodonit bildet sich primär, bei relativ niedrigen Temperaturen, weist ein triklines Kristallsystem und eine Härte von 5,5-6,5 auf.
Bildet zumeist derbe, körnige, dichte Aggregate. Die Farbpalette reicht von rosa bis dunkelrot, oft von schwarzen Adern durchzogen.
Rhodonit kommt häufig vor, z. B. in Brasilien, Australien, China, Indien, Madagaskar, Mexiko, Spanien und einigen anderen Ländern.

Rhodonit wird dem Herz/Herzchakra zugeordnet und als „Stein der Liebe“ ist er ein hervorragender Herzöffner, allerdings hierbei nicht ganz so sanft wie der Rosenquarz. Rhodonit aktiviert und energetisiert das Herzchakra und verbindet uns auf der physischen Ebene mit der bedingungslosen Liebe.
Rhodonit stärkt auf der körperlichen Ebene das Immunsystem, findet seinen Einsatz zur Vorbeugung von Herzinfarkt, kann bei Autoimmunkrankheiten unterstützend wirken.
Außerdem verbessert Rhodonit die Durchblutung und wirkt auf den Kreislauf.

Stärkt die Lunge und die Sauerstoffaufnahme, in diesem Zusammenhang auch ideal für Asthmatiker geeignet.
Die Wundheilung und Regeneration von Gewebe wird gefördert und der Narbenbildung vorgebeugt.

Auf der seelischen Ebene ist der Rhodonit ein großer Helfer bei Schicksalsschlägen, Verlusten und bei Angst vor Veränderung.
Fördert die innere Ruhe und das Selbstwertgefühl.
Heilt alte tiefe Verletzungen und hilft zu vergeben und zu verstehen, wie es zu Konflikten und Auseinandersetzungen kommen konnte.
Hilft in schwierigen Situationen ruhig zu bleiben und sich auf seine Intuition zu verlassen und dieser gemäß zu handeln.

Diese vielfältigen Einsatzgebiete machen den Rhodonit zu einem klassischen Erste-Hilfe-Stein, den man immer zur Hand haben sollte.

Kristallschädel aus Rhodonit bestechen durch ihre Schönheit, Eleganz und Anmut und weisen in der Regel direkten Zugang zu unserem Herzen auf. Es entsteht sehr schnell eine tiefe Verbindung zum Kristallschädelhüter, der eine tiefe Herzöffnung erfährt. Auch wenn Rhodonit-Kristallschädel sehr edel erscheinen und oftmals eher zurückhaltend und vornehm in der Art ihrer Kommunikation sind, erfüllen sie ihre Aufgabe als Herzöffner sehr konsequent, direkt und weitaus unsanfter als Rosenquarzschädel, damit natürlich auch weitaus schneller.
Hüter von Rhodonit-Schädeln erfahren oft eine Verjüngung ihres Wesens, es kehrt Lebensfreude ein und man wird für die schönen Dinge des Lebens aufnahmefähig.
Zusammen mit einem Rhodonit-Schädel ist es schon vielen Menschen gelungen sich wieder mehr ins Leben zu begeben und wieder in liebevollen und erfüllenden Kontakt zu seinen Mitmenschen zu treten.
Rhodonit-Kristallschädel kommen nicht so häufig vor, wie die zuvor besprochenen Kristallschädelvarianten. Ihre Größe variiert in der Regel zwischen 100 Gramm bis zu einem Kilo oder wenig mehr. Einen lebensgroßen Rhodonit-Schädel habe ich selbst noch nie gesehen, was aber nicht heißt, dass es ihn nicht gibt (siehe Abbildung 23).

7. Smaragd

Bei dem Smaragd handelt es sich um ein Mitglied der Beryll-Gruppe, welches ein hexagonales Kristallsystem aufweist und sechsseitige Kristalle oder aber derbe Massen bildet. Die Härte liegt bei 2,67-2,78.

Seine Farbe variiert von hell- bis gelbgrün und von smaragdgrün bis dunkelgrün.
Smaragdvorkommen gibt es u. a. in Brasilien, Australien, Ural, Indien, Mosambik, Südafrika und Tansania.

Mit seiner grünen Farbe wird der Smaragd dem Herz/Herzchakra zugeordnet. Er öffnet und energetisiert das Herz und führt zu einer generellen Harmonisierung nicht nur dieses Chakras. Er ist ein sehr wirksamer, aber teurer Heilstein. Er ist der Stein, um altes Trauma, tiefsitzende Muster, alte Schmerzen und tiefe Trauer zu verarbeiten und zu heilen. Oft lösen sich beim Tragen alte Energie- und Emotionsblockaden was zu emotionalen Reaktionen, wie Weinen führen kann.
Sehr starker Heilstein im Herz- und Lungenbereich, sowie im emotionalen Bereich.
Er verbessert die Durchblutung und senkt erhöhten Blutdruck.
Leitet Schmerzen, Fieber und Schwellungen ab, wirkt antibakteriell und leitet Entgiftungsprozesse ein, um nur einige seiner körperlichen Indikationen zu nennen.

Laut Melody wird der Smaragd als der „Stein der erfolgreichen Liebe" bezeichnet, der uns mehr Sensibilität in Bezug auf uns selbst und auf andere gibt, gepaart mit Loyalität bedingt dies mehr häuslichen Frieden und Harmonie zwischen den Partnern.

Auf der mentalen Ebene verhilft er Projekten, die vom Herzen geleitet sind, in die Umsetzung, indem er unsere Zielstrebigkeit und unseren Einsatz fördert.
Er begünstigt unsere Selbstbestimmung, Disziplin und Individualität, bringt Klarheit, Offenheit und Weitblick.
Er ermöglicht es uns Schicksalsschläge besser zu verstehen und sie so besser bewältigen zu können.

Smaragd-Kristallschädel treffen uns mitten ins Herz, sie zeigen uns, wie wir über eine Öffnung und Aktivierung unseres Herzens eine generelle Öffnung zu unserer Umwelt erfahren.
Smaragd-Schädel bringen uns Klarheit und Zielstrebigkeit, sie ermöglichen uns ein schnelles, erfüllendes Vorankommen auf unserem Weg und bringen uns so Wachstum und Größe.

Sie öffnen uns ebenfalls für die Schönheit der Dinge und bringen uns in das Bewusstsein, aus der Fülle, die das Leben uns bietet schöpfen zu dürfen. Sie ermutigen uns unsere innere Schönheit anzuerkennen und sie zu leben und uns selbst wertzuschätzen.

Smaragd-Kristallschädel machen uns das Unbewusste bewusst, verhelfen uns damit Einblick in bislang verborgene Dinge und kosmische Gesetzmäßigkeiten zu bekommen, wodurch wir in die Lage versetzt werden Hindernisse auf unserem Weg zu beseitigen, die uns an unserem Vorankommen und der Arbeit an unserer Lebensaufgabe gehindert haben. Somit bringen Smaragd-Schädel uns unserer Lebensaufgabe näher und unterstützen uns in deren nicht immer einfachen Umsetzung mit Konsequenz, Willenskraft, aber auch dem nötigen Maß an Liebe.
In ihrer Kommunikation sind Smaragd-Kristallschädel direkt, aber liebevoll, zielstrebig aber verständnisvoll, strukturiert aber einfühlsam. Sie kommen zumeist in kleineren Größen bis zu 3 Kilo vor (siehe Abbildung 24).

8. Rubin

Der Rubin ist ein Aluminiummineral der Korund-Familie, sein farbgebendes Metall ist das Chrom. Rubin verfügt über ein trigonales Kristallsystem, es bildet pseudohexagonale Prismen, aber auch derbe, massige Aggregate. Sein Härtegrad ist 9, seine Farbe ein kräftiges bis ins Violett gehende Rot.

Rubin kommt unter anderem in Afghanistan, Brasilien, China, Indien, Kolumbien, Madagaskar, Mosambik vor.

Der Rubin ist ebenfalls dem Herz/Herzchakra zugeordnet, auf das er aktivierend und energetisierend wirkt.
Körperlich wirkt Rubin bei Erkrankungen des Herzens, damit zusammenhängend des Kreislaufs und der Blutzirkulation. Es ist allerdings bei Menschen mit Bluthochdruck Vorsicht geboten.
Rubin harmonisiert die eigene Sexualität und lässt uns diesbezüglich sicherer und offener werden. Hilft bei vielerlei Unterleibsbeschwerden, bis hin zum Ausgleich des Hormonhaushalts in den Wechseljahren und zur Harmonisierung der Schwangerschaft. Weitere Einsatzgebiete des Rubins finden Sie in einschlägiger Literatur.
Seelisch führt uns der Rubin über die Energetisierung des Herzens an die wahren Werte des Lebens heran. Es regt unsere liebevolle und emotionale Seite an und ermöglicht so eine Öffnung zur spirituellen Weisheit, Gesundheit und Reichtum.

In früheren Zeiten hat man geglaubt, dass der Rubin seinem Besitzer Reichtum und Wohlstand bringt. Ganz bestimmt aber bringt er, bedingt durch seine intensive und lebensfrohe Energie, Lebensfreude und Licht in das Leben seines Besitzers. So ist es nicht verwunderlich, dass er seinen Einsatz bei Depressionen, Lustlosigkeit, Lethargie und Phlegma findet, durch die von ihm verbreitete Lebensfreude öffnet er die Menschen wieder für das Leben und seine schönen Seiten.
Er hilft die eigene Kraft zu erkennen und zu leben, baut so Vertrauen in die eigene Person und den eigenen Selbstwert auf. Gleichsam kommt es zu einer Ermutigung, die eigenen Träume, Visionen und Wünsche zu leben, und damit zu einer Steigerung der eigenen Intuition.
Rubin hilft uns im Einklang mit dem eigenen Glück zu leben.

Unsere Kreativität und unser Interesse an neuen Dingen werden vom Rubin ebenfalls gefördert. Bei Sängern soll er eine kräftige, sichere Stimme fördern.

Rubin-Kristallschädel wirken bei ihren Hütern auf das Herzzentrum, sie helfen ihnen sich auf ihr wahres Selbst zu besinnen und ihren eigenen Weg im Vertrauen auf die eigenen Werte und die eigene Intuition zu gehen. Rubin-Schädel bringen Glück, Freude und Offenheit in das Leben zurück. Sie lassen uns unseren Wert im Hinblick auf unsere Mitmenschen erkennen, so dass wir uns gegenseitig hilfreich zur Seite stehen können.

Die Arbeit mit Rubin-Schädeln aktiviert neue, ungeahnte kreative Seiten in uns, neue Potentiale werden eingegliedert. Menschen, die eher zu wechselhaften Stimmungen neigen, sich schnell zu Melancholie und Traurigkeit wenden oder ihr Leben als sinnleer und anstrengend sehen, werden in der Gesellschaft eines Rubin-Schädels aufblühen und das Glück in ihrem Leben sehen, was zu einer Stabilisierung im psychischen Bereich führt.
Rubin-Schädel findet man in Größen bis zu einem Kilo, häufig vertreten ist die Größe um 300 bis 500 Gramm (siehe Abbildung 25).

9. Goldpyrit

Pyrit gehört zur Mineralklasse der Eisenminerale und weist ein kubisches Kristallsystem auf. Pyrit bildet isometrische Würfel, Oktaeder und Pentagondodekaeder, komplexe Gruppen, aber auch derbe, körnige, knollige Aggregate. Er besitzt eine Härte von 6-6,5. Seine Farbpalette variiert von messinggelb mit gräulichen Schattierungen bis hin zu brillantem Goldgelb. Gebiete in denen Pyrit vorkommt, sind Brasilien, Australien, Chile, Deutschland (Erzgebirge), Griechenland, Mexiko und viele mehr.

Auf der körperlichen Ebene findet Pyrit bei Durchblutungsstörungen, offenen Beinen und Krampfadern einen großen Einsatzbereich.
Nach Ginger regt er auch die Leberfunktion und die Entgiftung an.
Wird aber auch bei allerlei Atemwegserkrankungen, sowie im Hals und Kehlkopfbereich eingesetzt.

Pyrit wirkt entzündungshemmend und fiebersenkend und kann bei stark infektiösen Krankheiten, sowohl zur Linderung des Verlaufs, als auch zum Schutz der betreuenden Personen eingesetzt werden.

Im seelischen Bereich fördert Pyrit unsere Selbsterkenntnis, wirkt Ängsten, Depressionen, Gefühlskälte und Spannungssituationen entgegen.
Pyrit führt uns an unsere kreative Seite heran und ermutigt uns zu neuen Wegen und damit zu neuen Chancen in unserem Leben.
Er führt uns die Schönheit in allen Dingen vor Augen und verbindet uns somit mit allem was ist.
Pyrit ist der „Stein der Sonne“ kann daher sehr gut im Solarplexusbereich zur Reinigung und Aufladung eingesetzt werden.
Er lässt die Sonne in uns wieder scheinen und verbindet uns mit dem Leben.

Pyrit weist ausgezeichnete abschirmende Eigenschaften vor negativen Energien auf und ist ein mächtiger und kraftvoller Schutzstein vor Übel jeglicher Art, sowohl auf der physischen, als auch auf der mentalen Ebene unseres Seins.

Pyrit regt die universellen Energien an, um unsere Energiezentren zu aktivieren, damit wir leichter einen Zustand der körperlichen Vollkommenheit erreichen.
Pyrit hilft uns dabei die Reinheit und Vollkommenheit des Universums und all seiner Wesen zu sehen.

Pyrit öffnet die Chakren für universelle Energien und reinigt bzw. schützt uns auf physischer, emotionaler und ätherischer Ebene.

Pyrit-Kristallschädel sind nicht nur überaus schöne und anmutige Begleiter, sie stärken auch ihre Hüter auf ihrem spirituellen Weg und öffnen sie für neue Dimensionen.
Pyrit-Schädel öffnen für neue Erfahrungen, lösen tiefsitzende alte Muster und führen uns sanft, aber bestimmt an Blockaden aus früheren Leben heran. Sie initiieren in Meditationen auf einfühlsame und leichte Art und Weise Rückführungen.

Pyrit-Schädel lassen uns die Schönheit und Fülle in unserem Leben erkennen und helfen uns dabei diese zu integrieren, damit unser Leben insgesamt in einen Zustand des Flusses kommt.
Sie sind mächtige Schützer, die ihre Hüter vor Angriffen von schwarzmagischen Attacken und negativen Energien, wie auch vor körperlichem Schaden bewahren.
Pyrit-Schädel kommen eher selten vor, aber man kann sie in jeder Größe finden. Häufig sind kleinere Schädel von ca. 100 bis 300 Gramm zu finden, es gibt aber auch lebensgroße Vertreter aus Pyrit, die 5 bis 7 Kilo wiegen (siehe Abbildung 26).

10. Hämatit

Hämatit, im Volksmund auch Blutstein genannt, wegen der blutroten Farbe des Schleifwassers bei seinem Schleifvorgang, gehört zu der Mineralklasse der Eisenminerale. Sein Kristallsystem ist trigonal und er verfügt über eine Härte von 6-6,5. Der Hämatit bildet nur äußerst selten Kristalle, er kommt vielmehr in dichten, körnigen Strukturen und in derben Massen vor.

Hämatit kommt häufig vor, seine Vorkommen liegen unter anderem in Brasilien, Australien, Deutschland, GUS, Großbritannien, Kanada und USA.
Die Farbpalette geht von grau bis schwarz, zeigt aber auch rote bis braunrote Varietäten, alle weisen sie einen metallischen Glanz auf.
Bei Kristallschädeln, vor allem bei Bergkristallschädeln, kommt es häufig zu Hämatiteinschlüssen, die in dunklem Orange bis Rot auftreten und interessante, optisch sehr ansprechende Strukturen bilden, die den Schädeln eine ganz eigene Note geben. Neben mir sitzt, während ich diese Zeilen schreibe, „Pablo“, er ist ein etwa faustgroßer Bergkristallschädel aus Brasilien, der sowohl Hämatit als auch Mika-Einschlüsse aufweist. Seine Hämatiteinschlüsse gehen vom Orange bis ins Blutrote. Gepaart mit etlichen Regenbogen ist das eine aparte Kombination, die den Betrachtern schon oft angenehm aufgefallen ist.

Auf der körperlichen Ebene fördert Hämatit die Eisenaufnahme und damit die Bildung der roten Blutkörperchen, wie kein anderer Stein, deshalb ist er bei Eisenmangel, Blutarmut und auch während der Schwangerschaft ein wundervoller Heiler.
Er ist blutstillend und hilft beim Abheilen von Blutergüssen. Er verbessert die Sauerstoffaufnahme der Zellen und regt somit den Zellaufbau bzw. die Zellerneuerung an, erhöht so auch die Regenerationsfähigkeit des Körpers zum Beispiel nach Unfällen und Operationen, ganz signifikant, wenn diese auch

noch mit einem hohen Blutverlust einhergegangen sind. Unterstützt die blutreinigende Funktion der Nieren.
Mit einem Hämatit wird unser Schlaf ruhig und tief, es gibt sogar Menschen, die bei Jet-Lag auf Hämatit schwören.
Hilft aber auch ausgezeichnet bei Wirbelsäulenproblemen und Knochenbrüchen.

Hämatit vitalisiert und stärkt, unterstützt das Immunsystem und kurbelt die körperlichen Funktionen wieder an.

Ein Stein auf die Stirn aufgelegt hilft Fieber zu senken und den Körper wieder in sein Gleichgewicht zu bringen.

Der Hämatit schafft ein stabiles Gleichgewicht zwischen dem physischen Nervensystem und den feinstofflichen Ebenen, gleicht diese an und balanciert sie aus.

Hämatit hilft uns einen kühlen Kopf zu bewahren, unsere Gedanken zu sortieren und unsere Projekte mit Klarheit zu verfolgen, er ist der „Stein des Verstandes".
Durch die Dynamik und Vitalität die der Hämatit mit sich bringt, vertreibt er Ängste, Passivität, Lebensverdruss und Resignation.
Er fördert Mut und Tatkraft und Freude am Leben.
Er beruhigt und klärt den Geist, damit lässt er Albträumen und Schlaflosigkeit keinen Platz.

Der Hämatit ist ausgezeichnet zur Erdung geeignet, ebenfalls ist er eine hervorragender Schutzstein, der es uns ermöglicht wieder auf ungetrübte Art und Weise auf unsere eigenen, inneren Kräfte zurückzugreifen und somit unseren Weg kraftvoll zu gehen.

Der Hämatit sprengt die selbstgesetzten Grenzen in unserem Kopf bzw. lässt uns diese bewusst werden, sodass wir endlich wieder nach den Sternen greifen können und in großem Vertrauen auf uns und unsere geistige Führung „große" Pläne schmieden können.

Laut Melody ebnet er den Weg für liebevolle Beziehungen und zieht „Zärtlichkeiten" an wie ein Magnet.

Hämatit-Kristallschädel bestechen nicht nur durch ihren wundervollen Glanz, sondern auch durch eine herrlich erfrischende Art der Kommunikation. Meiner Erfahrung nach sind sie sehr gesprächig und durchaus sehr bestimmt in ihrer Art. Ich werde mich immer an den Moment erinnern als ich meinen Hämatit-Schädel „Oryx" bekommen habe, ich hatte ihn noch nicht einmal ganz ausgepackt, da fing er schon an mir Kommandos zu geben. Im ersten Moment bin ich fast ein bisschen erschrocken und dachte „Huch wer kommt denn da???“… innerhalb ganz kurzer Zeit hatte er mir mehrere Anweisungen in einem sehr eindringlichen Tonfall gegeben und bis heute ist er derjenige geblieben, der mich antreibt, wenn das mal vonnöten ist und er gibt nicht nach bevor nicht sein Wille erfüllt worden ist.

Hämatit-Schädel sind im Vergleich zu anderen Schädeln gleicher Größe sehr schwer.
Sie sind bestens zur Erdung geeignet, nicht nur zur eigenen, sondern auch in Sitzungen bei Klienten, die „zu hoch fliegen“, wie ich es zu nennen pflege, gemeint ist: kaum Erdung aufweisen und deshalb Probleme haben im Hier und Jetzt ihren Weg zu gehen und trotz zum Teil großen Anstrengungen nicht voran kommen.

Hämatit-Kristallschädel lieben es bei Erdheilungsarbeit dabei zu sein, sie genießen es Zeit in Mutter Natur zu verbringen und mit anderen Wesenheiten, wie dem kleinen Volk, Feen, Elfen und Pflanzendevas Kontakt aufzunehmen und ihnen ihre ausbalancierende Energie zu schicken und wieder ein energetisches Gleichgewicht herzustellen.

Hämatit-Kristallschädel kommen von 100 Gramm bis zu mehreren Kilo vor, lebensgroß sind sie allerdings eher selten (siehe Abbildung 27).

11. Calcit

Calcit ist ein Calciummineral der Calcit-Dolomit-Aragonit-Familien und gehört zur Mineralklasse der Karbonate. Es hat ein trigonales Kristallsystem und seine Härte liegt bei 3.
Es ist das formenreichste Mineral überhaupt, welches in Massen[7], Körnern, als Kristalle, aber auch als Tropfsteine vorkommen kann.
Calcit ist weiß oder farblos, kommt aber in gelb, grau, orange, rot, grün, braun, blau und seltener in schwarz vor.
Calcit kommt sehr häufig und weltweit vor, wie z.B. in Belgien, Brasilien, BRD, Italien, Island, Kroatien, Mexiko, Slowenien, Tschechien und den USA.

Je nach Färbung finden Calcite ihre Einsatzgebiete auf allen Chakren:
schwarzer Calcit auf dem Wurzelchakra; Orangencalcit auf dem Sakralchakra; blauer Calcit auf dem Kehlkopfchakra; grüne und rosa Calcite auf dem Herz-

---

[7] Dies hat nichts mit Masse als Mengenangabe zu tun, sondern gemeint ist die Masse im Gegensatz zum abgegrenzten Kristall.

chakra und auf dem Solarplexus sowohl Orangencalcit als auch honigfarbene Vertreter der Calcitfamilien.

Als Calciummineral findet der Calcit seine Organzuordnung im Bereich des Bindegewebes, der Knochen und Muskulatur und beim Herzleitungssystem.

Calcit regt den Calciumstoffwechsel an, fördert die Heilung von Knochen und Geweben. Calcit baut stetig Lebensenergie auf und versorgt uns mit vitaler Kraft. Auf diese Art und Weise wird das Wachstum, sowie die körperliche und geistige Entwicklung gefördert.
Man kann Calcit gut bei Funktionsstörungen von Bauchspeicheldrüse, Milz und Nieren einsetzen.
Orangencalcit wirkt stoffwechselanregend und fördert bei Kindern die Calciumaufnahme, stärkt das Immunsystem und wirkt wachstumsfördernd.
Grüner Calcit wird gerne bei Unterleibsbeschwerden eingesetzt. Normalisiert den Herzrhythmus bei Herzrhythmusstörungen.
Findet außerdem bei Übelkeit und Erbrechen seinen Einsatz.

Auf der seelischen Ebene verhilft uns Calcit dazu, positiv und zuversichtlich ins Leben zu sehen und die alltäglichen Anforderungen gut gestimmt anzugehen.
Orangencalcit bringt Sonne ins Leben, hilft unserem Erinnerungsvermögen auf die Sprünge, wirkt aber auch ausgezeichnet gegen Hoffnungslosigkeit, Lebensunlust, Pessimismus, geistige Erschöpfung, mangelndes Selbstbewusstsein bis hin zu daraus resultierenden Depressionen. Kann gut auf dem Solarplexus eingesetzt werden, um diesen mit neuer Lebensenergie und Power zu versorgen und Freude einkehren zu lassen.

Kristallschädel findet man hauptsächlich in Orangencalcit, blauem Calcit und hin und wieder auch in grünem Calcit, während die anderen Farben als Schädel eher selten vorkommen. Calcit-Schädel gibt es in allen Größen bis hin zu überlebensgroßen Vertretern mit bis zu 10 kg und mehr.
Calcit-Kristallschädel strahlen eine lebensfrohe, freudige und muntere Energie aus und ermutigen ihre Hüter und Hüterinnen das eigene innere Kind wieder aufleben zu lassen, Spaß am Leben zu haben und diese Lebensfreude hinaus in die Welt zu tragen, um Menschen zu unterstützen, die sich noch nicht in diesen positiven Energien befinden.
Blaue Calcit-Schädel, nachts auf Kopfhöhe im Bett, mindern Albträume und Schlaflosigkeit, da sie den permanenten Gedankenfluss zu unterbrechen vermögen.
Calcit-Schädel sind sehr freundliche und freudige Genossen, die es genießen mit uns Kontakt aufzunehmen und sich uns mitzuteilen. Sie werden feststel-

len, dass die Kommunikation mit ihnen immer auf eine aufgeschlossene, lebensbejahende, konstruktive und spaßige Weise stattfinden wird, sie erinnern uns immer wieder daran, dass wir es selbst sind, die unseren Glückspegel bestimmen, wir werden immer so glücklich sein, wie wir es zulassen und warum sollte man nur ein Stück nehmen, wenn man die ganze Torte bekommen kann.
Calcit-Schädel, vor allem die orangefarbenen, sind in der Lage unser Erinnerungsvermögen zu aktivieren, so dass es uns ermöglicht wird, uns an Informationen, Wissen und Botschaften, die wir während Meditationen, Astralreisen und Träumen erhalten haben, zu erinnern und diese dann in unser Alltagsbewusstsein einzubinden.

Ich selbst setze Orangencalcit-Kristallschädel auch gerne bei Menschen ein, die sich in einer Phase ihres Lebens befinden, die durch Mutlosigkeit, Lebensunlust bis hin zur Depression gekennzeichnet ist. Durch einen Orangencalcit, der eine preisgünstige Alternative zum Citrin ist, den man bei dieser Indikation sonst einsetzen würde, finden die Leute wieder Lebensfreude, Kraft, Mut und Hoffnung um ihrem Leben erneut eine positive Wendung zu geben und positiv denkend in die Zukunft zu sehen.

Hellblaue Calcit-Schädel strahlen eine ausgeprägte innere Ruhe, verbunden mit einem enormen Liebespotential, für die gesamte Schöpfung aus. Sie führen uns vor Augen, dass alles eins ist, wir in diesem Bewusstsein leben und wirken sollen. Außerdem geht von dieser Variante der Calcit-Schädel ein enormes Potential an Zärtlichkeit aus, dies sieht so aus, dass man auf der einen Seite ihre Zärtlichkeit fast körperlich spüren kann, auf der anderen Seite sie aber selbst ständig berühren und streicheln möchte (siehe Abbildung 28).

12. Sodalith

Bei dem Sodalith handelt es sich um ein Natriummineral der Familie der Feldspatoide. Sein Kristallsystem ist kubisch und seine Härte liegt bei 5-6. Der Sodalith kommt in den Farben Hellblau bis Dunkelblau, vereinzelt auch grünlich, gräulich und ganz selten auch rötlich vor.

Er kommt in Form von Massen, derben, körnigen Aggregaten und nur sehr selten als dodekaedrisches Kristall oder hexagonales prismatisches Kristall vor.
Seine Vorkommen befinden sich u. a. in Bolivien, Brasilien China, Frankreich, Indien, Namibia und den USA.

Auf körperlicher Ebene wird der Sodalith dem Halsbereich mit Kehlkopf und Stimmbändern zugeordnet, laut Ginger hilft er dort bei chronischer Heiserkeit, Stimmverlust und Asthma.
Auch bei Bluthochdruck und Herzrasen findet er seinen Einsatz.

Er wirkt Fieber senkend, regt die Flüssigkeitsaufnahme des Körpers an und verfügt über eine kühlende Wirkung. Bringt bei Insektenstichen sehr schnell Linderung.

Er stärkt und kräftigt das Lymphsystem, wirkt harmonisierend auf die Schilddrüse und unterstützt die Entgiftung über die Niere.

Ebenfalls verschafft er uns über seine beruhigende, ausgleichende Energie einen guten, ruhigen und tiefen Schlaf.

Auf der seelischen Seite fördert er die rationalen Denkprozesse und ermöglicht es so zu produktiven Schlüssen zu gelangen, die den positiven Ausgang von Situationen fördern.
Laut Ginger fördert er Idealismus und Wahrheitsstreben.
In wichtigen Entscheidungen verhilft er uns dazu, die emotionale Seite auszuschalten und gibt unserem Herzen Leichtigkeit, lässt uns somit frei durchatmen.
Er verbindet Unterbewusstsein und Bewusstsein in einer harmonischen, ausgeglichenen Weise.

Laut Ginger befreit der Sodalith von blockierten Gefühlen bzw. verhilft uns den Zugang zu unseren Gefühlen zu bekommen und zu ihnen zu stehen.

Er eignet sich bestens zum Gebrauch in Gruppen, fördert Zusammenarbeit, Zusammengehörigkeitsgefühl, Kameradschaft, Solidarität und Freundschaft, so Melody.

Sodalith-Kristallschädel gibt es meistens in kleineren Größen, nur ganz selten sind lebensgroße Kristallschädel aus Sodalith zu finden.
Sodalith-Schädel sind in ihrer Energie beständig und zeigen viel Durchsetzungsvermögen, wenn es darum geht ihren Hüter mit seinen eigenen unterdrückten Gefühlen zu konfrontieren, ihn an seine emotionalen Blockaden heranzuführen und durch die Akzeptanz der eigenen emotionalen Ebene inneren Frieden zu schließen, in einen Zustand der Ausgeglichenheit und Zufriedenheit zu kommen. Subtilen Gefühlen wird Raum gegeben.
Oft habe ich es erlebt, dass Menschen, die noch nicht bereit waren sich den eigenen Gefühlen und damit verbunden auch den eigenen Schmerzen der Vergangenheit nochmals zu stellen, ihre Sodalith-Schädel erst mal wieder auf einen unbeachteten Platz in ihrem Haus verbannten. In einem Fall kam eine

Dame sogar kurzerhand auf die Idee, ihren eigentlich geliebten und geschätzten Schädel verkaufen zu wollen, damit auf keinen Fall das Risiko bestehen würde, dass er noch mehr verdrängte Gefühle wieder aufleben lassen würde. Ich brauche es nicht zu erwähnen, wer sich durchgesetzt hat, natürlich „Hugo", so der Name dieses wunderschönen, sehr kraftvollen Schädels.

Sodalith-Kristallschädel helfen ihren Hütern in vielen Fällen dabei, sich den eigenen Wünschen bewusst zu werden, unausgesprochenen Themen oftmals nach jahrzehntelanger Unterdrückung endlich Raum zu geben und so schlussendlich den eigenen Weg besser zu sehen und verfolgen zu können.

Sodalith-Kristallschädelhüter werden nicht selten wieder an Träume und Visionen, die sie früher mal hatten, herangeführt und in der Umsetzung ermutigt. Projekte, die unser aller Zukunft beeinflussen können und damit ein gemeinsames Leben in Respekt und Harmonie zugunsten aller fördern, werden somit vorangetrieben (siehe Abbildung 29).

13. Fluorit

Fluorit gehört zur Mineralklasse der Calciumminerale der Fluorit-Kryolith-Gruppe, sein Kristallsystem ist kubisch und er besitzt eine Härte von 4. Fluorit kommt in derben Massen, als säulenförmige und würfelige Kristalle, sowie als dodekaedrische und hexakisoktaedrische Kristalle vor. Die Farbpalette reicht von rosa, blau, grün, gelb, violett, magenta, rot, schwarz bis farblos, oft in mehreren Farben zonar gefärbt.

Fluorit kommt weltweit vor, wie in Brasilien, Argentinien, China, GUS, Mexiko, Indien.

Achtung: Fluorit sollte nie zur Herstellung von Tinkturen, Elixieren und Wassern verwendet werden, da durch das Einlegen in Wasser das Fluor in Lösung geht und Fluor ist oral eingenommen giftig.

Außerdem sollte man Fluorit nicht über längere Zeiträume in die Sonne legen, da ihm dabei seine Kraft entzogen wird.

Auf der körperlichen Ebene wirkt Fluorit regenerierend auf Schleimhäute, Haut, Haare, Nägel und Bindegewebe, da es durch das enthaltene Calcium, Festigkeit und Flexibilität verleiht.
Es wirkt unterstützend auf den körpereigenen Tonus und unsere Spannung.
Schafft Abhilfe bei Asthma und Allergien, soweit diese eine psychische Ursache haben.

Verbessert Entzündungen der Gelenke, vor allem Arthrose und Arthritis, gleichzeitig leitet es ab, entschlackt und entgiftet.
Wirkt gegen Osteoporose, verbessert das Knochenwachstum nach Brüchen, lindert Bandscheibenvorfälle und verschafft uns körperlich mehr Elastizität und Beweglichkeit.

Auf der seelischen Ebene hilft uns der blaue Fluorit dabei unsere Gedanken zu strukturieren, um klar geordnet mit den Dingen des Lebens umgehen zu können.

Generell ist der Fluorit dafür bekannt, dass er Struktur bildet und unproduktivem Chaos entgegenwirkt. Seine Energie hat eine ordnende und strukturierende Kraft sowohl auf der physischen, emotionalen und mentalen, als auch auf der spirituellen Ebene. Auf diese Art und Weise verhilft er uns zu Wachstum auf allen Ebenen.

Er zeigt uns in schwierigen Situationen mit Besonnenheit und Logik an die Dinge heranzugehen und sie, unvoreingenommen und ohne zu bewerten, anzunehmen.
Er fördert unsere Konzentrationsfähigkeit, lässt uns aber auch die Wahrheit hinter Trugbildern erkennen und dementsprechend handeln.

Laut Melody kann die Energie des Fluorits die kosmischen Energien anspornen, die stärkenden Energieströme unserer Körper zu aktivieren und bei der Verwirklichung eines ultimativen physischen Idealzustandes zu unterstützen.

Violette Fluorite befreien uns von einengenden Einflüssen und Fremdenergien, die uns steuern, manipulieren wollen, indem sie das ihnen zugrundeliegende Muster sprengen.

Grüne Fluorite eignen sich hervorragend zur Reinigung, Harmonisierung und Restrukturierung der Chakren. Je nach Farbe können die verschiedenen Fluorite auch zum Einsatz an den jeweiligen Chakren verwendet werden.

Fluorit-Kristallschädel gibt es von ganz klein (unter 100 Gramm) bis vereinzelt als lebensgroße Schädel, häufiger vertreten sind jedoch die mittleren Größen von 1 bis 3 Kilo.
Fluorit-Schädel zeichnen sich durch eine freundliche, ansprechende, ja sogar bezaubernde Energie aus, die den Betrachter in ihren Bann ziehen. Es fällt auf, dass Fluorit-Schädel sehr häufig auch eine starke Anziehung auf Menschen ausüben, die sich bislang nicht mit esoterischen Themen befasst haben. Ganz klar gehören Fluorit-Schädel auch bei Männern, neben dem Citrin, zu den Favoriten.

Durch ihre strukturbildende Art vermitteln sie eine gewisse Bodenständigkeit und ein gewisser erdender Effekt ist ebenfalls nicht von der Hand zu weisen. Fluorit-Schädel ermöglichen es ihren Hütern eine ausgleichende, verbindende Ebene zwischen ihrem intellektuellen Alltagsbewusstsein und ihrem spirituellen Weg zu finden.

Fluorit-Schädel zeigen uns die Vollkommenheit und Vielfalt des Universums, versetzen uns in die Lage uns selbst als einen Teil des Universums zu erkennen, unser wirkliches schöpferisches Potential zu erkennen und vor allem zu leben.

Sehr wohl fühlen sich Fluorit-Schädel, vor allem die grünen und gelbgrünen Varietäten, bei Erdheilungsarbeiten im Freien. Man kann förmlich sehen, wie sie mit Mutter Erde in Kontakt treten und ihre ausgleichende Energie verströmen.

Meiner Erfahrung nach sind Fluorit-Schädel in der Art ihrer Kommunikation eher etwas zurückhaltender und überlegter, selten kommt ein Kommando-Ton oder Druck von ihrer Seite, sie sind sich eher ihrer Stärke, die in der Struktur liegt, bewusst und vertrauen darauf, dass ihre Botschaften aufgenommen und umgesetzt werden (siehe Abbildung 30).

14. Jaspis

Beim Jaspis handelt es sich um ein Mineral der Quarz-Gruppe, welches der Mineralklasse der Oxide angehört. Die für die Farbenvielfalt verantwortlichen Metalle sind Eisen (gelb, rot, braun, grün) und Mangan (rosa, schwarz).

Das Kristallsystem des Jaspis ist trigonal, er bildet Kristalle, auch wenn diese so klein sind, dass man sie nur mit dem Mikroskop erkennen kann. Seine Härte liegt bei 6,5-7.

Er kommt in massiven Formationen vor.

Jaspis ist undurchsichtig und kommt in vielen verschiedenen Farbkombinationen und Zeichnungen vor, bekannte Varietäten sind zum Beispiel: Bilderjaspis, Blumenjaspis, Brekzien-Jaspis, gelber Jaspis, roter Jaspis, Landschaftsjaspis und Turitellajaspis.

Seine Vorkommen liegen u. a. in Ägypten, Australien, Brasilien, BRD, Indien, Madagaskar, Mexiko und Südafrika.

So groß wie seine Farbpalette ist auch seine Organzuordnung, die von Bauchspeicheldrüse, über Bindegewebe, Blase, Blut, Darm, Galle, Haut, Leber und Magen, bis hin zu den Nieren reicht.

Vor allem grüner Jaspis entgiftet die Leber und das Bindegewebe und wirkt hautreinigend. Er verbessert die Schilddrüsenfunktion und wirkt gegen Schlaflosigkeit.
Landschaftsjaspis wirkt auf die Haut, hilft bei Allergien und Schuppenflechte, löst Verstopfungen und beruhigt bei Nervosität und Aufregung.
Nach Gurudas verbessert gelber Jaspis die Aufnahme von Vitamin A, B und E, sowie von Aluminium, Magnesium und Zink.
Er hilft des Weiteren gegen Bandscheibenbeschwerden und regt gleichfalls die Bauchspeicheldrüse an.

Roter Jaspis regt den gesamten Stoffwechsel an und versorgt den gesamten Körper mit Kraft. Bei Kindern hilft er gegen Blähungen und Bauchweh.
Man kann ihn auch zur Anregung der Sexualität und der Empfängnisbereitschaft einsetzen.

Der rote Jaspis wird dem Basischakra zugeordnet, grüner Jaspis kann seinen Einsatz auf dem Herzchakra finden.

Auf der seelischen Ebene macht der rote Jaspis dynamisch und tatkräftig und fördert den Mut und die Willenskraft, den Dingen des Lebens ins Auge zu blicken. Er hilft uns Konfrontationen nicht aus dem Wege zu gehen, sondern uns ihnen zu stellen und konfliktbereit zu sein.
Er verhilft uns zu mehr Gelassenheit, Zufriedenheit und wirkt innerer Unruhe entgegen.

Gelber Jaspis bringt, laut Ginger, ebenfalls innere Ruhe und die Fähigkeit sich zu sammeln. Er stärkt die Nerven und verbessert die innere Aufnahmefähigkeit.
Grüner Jaspis, der dem Herzchakra zugeordnet ist, fördert Harmonie und Ausgeglichenheit, sowohl im Innen als auch im Außen. Er lindert Nervosität, aktiviert das emotionale Gedächtnis und hilft uns, unsere wahren Gefühle wahrzunehmen, uns ihnen zu stellen und sie vor anderen zu vertreten.
Bunt-Jaspis fördert unsere Kreativität und regt die Fantasie an, hilft Ideen zu überdenken und sie in die Tat umzusetzen.

Laut Melody wird Jaspis als der „Stein der Fürsorge“ bezeichnet, der uns daran erinnert, dass wir nicht in diese physische Welt hineingeboren wurden, um uns ausschließlich unserem eigenen Wohlergehen zu widmen, sondern um anderen Freude zu bringen, ihnen Gutes zu tun und ihnen zu helfen ihre Grenzen zu überwinden.

Der Jaspis weist ein sehr hohes Potential an Erdungsenergie auf, die uns dazu verhilft den Kontakt zu den stabilisierenden Energien von Mutter Erde nicht abreißen zu lassen.

Bei vielen indigenen Völkern wurde er als Talisman und Schutzstein verehrt.

Jaspis-Kristallschädel gibt es in vielen verschiedenen Farbzusammensetzungen, ob wir uns nun für einen einfachen erdig-roten Schädel oder für eine etwas ausgefallenere Variante wie zum Beispiel den Turitellajaspis (den es in Schädelform aus Brasilien in letzter Zeit häufiger gibt) entscheiden, ihnen allen ist eine bodenständige, erdende und ausgleichende Energie gemein.
Jaspis-Schädel sind sehr angenehme Begleiter, hat man doch den Eindruck, dass sie auf der einen Seite sehr präsent sind und uns unterstützend zur Seite stehen, dies aber auf der anderen Seite unaufdringlich und feinfühlig tun.
In ihrer Gegenwart wird man immer ein Gefühl des Begleitet- und Geschützt-Seins haben, welches uns ruhig und ausgeglichen und angstfrei sein lässt.
Jaspis-Schädel werden uns langsam, aber beständig an unsere wahren Gefühle heranführen, uns dabei helfen uns mit diesen auseinanderzusetzen und diese klar und deutlich nach außen zu vertreten. Sie unterstützen uns in unserem Lernprozess authentisch und wir selbst zu bleiben und uns nicht an den eventuellen Erwartungen, die unsere Mitmenschen an uns haben, auszurichten.
Jaspis-Schädel sind in der Lage unsere physischen, emotionalen und intellektuellen Körper auf die feinstofflichen Energien und Ebenen einzustimmen und verhelfen uns diese besser zu integrieren.
In Kristallschädelsitzungen habe ich vermehrt feststellen können, dass Klienten, die bislang noch keinen Kontakt mit Kristallschädeln hatten, Jaspis-Schädel als sehr angenehm in der Energie empfinden und leicht Zugang zu ihnen bekommen, ähnlich wie bei Rosenquarzschädeln, während sie bei Amethyst oder Rauchquarz-Kristallschädeln eher Berührungsangst und Scheu zeigen.

Häufig wurde mir von Kristallschädelhütern schon berichtet, dass sich ihr Traumgeschehen verändert hat, sie lebendiger träumen und in der Lage sind, sich am nächsten Morgen an die Träume und vor allem an die Botschaften der Träume zu erinnern, wenn ein Jaspis-Schädel auf Kopfhöhe im Bett anwesend ist.
Auch als Einstieg in Astralreisen, dann allerdings auf Herz- oder Nabelchakra aufgelegt, leistet ein Jaspis-Schädel wunderbare Dienste.

Jaspis-Schädel gibt es nicht nur in vielen unterschiedlichen Farben und Varietäten, sondern auch in allen erdenklichen Größen (siehe Abbildung 31).

15. Obsidian

Obsidian gehört im weitesten Sinne zur Mineralklasse der Silikate. Obsidian entsteht primär bei Vulkanausbrüchen, wenn kieselsäurereiche, gasarme Lava in kalter Luft oder Wasser sehr schnell erstarrt, ohne kristalline Strukturen zu bilden.

Sein Kristallsystem ist amorph und seine Härte liegt bei 5-5,5.
Obsidian bildet glasige Massen, die im Rohzustand oft von einer krustigen Schicht überzogen sein können.
Der Obsidian ist durchscheinend bis undurchsichtig, je nach Farbe. Die Farbvariation reicht von schwarz, über grau, braun bis hin zu grün.
Bekannte Untervarietäten sind Apachenträne, der grüne Obsidian, der Schneeflockenobsidian, der Mahagoni-Obsidian, der schwarze Obsidian, Regenbogenobsidian und einige mehr.
Obsidianvorkommen finden wir in Bolivien, BRD, Equador, Griechenland, Mexiko, Südafrika und Ungarn, um nur einige zu nennen.

Obsidian kann in bearbeiteter Form leicht mit Onyx verwechselt werden. Fälschungen aus schwarzem oder grünem Glas findet man auf dem Markt häufiger vor.

Schwarzer Obsidian wird dem Bindegewebe, der Haut und dem Blut zugeordnet, während der Schneeflockenobsidian seine Zuordnung bei Knochen und Thymus hat.

Körperlich hilft schwarzer Obsidian bei Schmerzen, er löst Blockaden und Verspannungen, auf der Zellebene hilft er Schocks, Traumata und ebenfalls Blockaden zu eliminieren.
Verbessert die Durchblutung und Wundheilung.

Mahagoni-Obsidian stärkt Haut, Haare, Nägel, Knochen und die Wirbelsäule, so Pöttinger.

Auf der seelischen Ebene verhelfen alle Obsidian-Varietäten dazu Angst, Schocks und Traumata zu lösen.
Er ermöglicht es uns, uns mit unangenehmen Erinnerungen und Bewusstseinsinhalten zu konfrontieren, diese zu transformieren, um sie dann neu integrieren zu können.
Obsidiane ermöglichen es uns, via Meditation, mit alten Fähigkeiten und gespeicherten Informationen in Verbindung zu kommen, sodass wir diese wieder in unser Alltagsleben mit eingliedern, und auch auf spiritueller Ebene „neue alte“ Begabungen wieder erlangen.

Alle Obsidiane sind ausgezeichnete Erdungssteine, die es uns ermöglichen mit dem Zentrum der Erde in Kontakt zu treten und eine energetische Verbindung herzustellen.

Bekannt sind Obsidiane, ebenfalls seit Jahrhunderten, als großartige Schutzsteine, die sowohl eine Balance zwischen inneren und äußeren Energien herstellen und diese stabilisieren, als auch uns vor direkten Angriffen von negativer Energie zu bewahren. Sie wehren diese wie ein Schutzschild ab, um sie sodann zu transformieren.
Man kann den Obsidian aufgrund dieser Eigenschaften sehr gut zur energetischen Klärung in unserer direkten Umgebung einsetzen.

Obsidiane sind dem Wurzelchakra zugeordnet.

Obsidian-Kristallschädel kommen hauptsächlich als schwarzer Obsidian, Schneeflockenobsidian und Mahagoni-Obsidian vor, seltener in den anderen Farbvarietäten.
Die Größen variieren von kleiner bis mittlerer Größe (2 bis 3 kg), ganz selten auch als lebensgroße Schädel.

Alle Obsidian-Schädel sind hervorragend als „Erdungskristalle" einzusetzen, d. h. man kann sie in Meditationen einsetzen, damit sie uns erden, falls die Energien zu hoch werden sollten, damit uns nicht schwindelig wird oder wir uns kopflos und losgelöst fühlen.
Obsidian-Kristallschädel sorgen auch in Schädelgruppen für die notwendige Erdung. Alle Kristallschädel bringen eine Energieerhöhung mit sich, die wir auf der körperlichen Ebene erst mal integrieren müssen. Ist man Hüter von mehreren Kristallschädeln, ist es empfehlenswert Schädel in die Gruppe zu integrieren, die zur Erdung beitragen und uns so erst dazu verhelfen, die von der Gesamtheit zur Verfügung gestellten Energien zu integrieren und nutzen zu können bzw. so erst mit den Energien effektiv arbeiten zu können.

Obsidian-Schädel schützen vor energetischen Übergriffen und Fremdenergien, sowohl in unserer direkten Umwelt als auch während der Arbeit mit den Schädeln, vor negativen Energien aus anderen Dimensionen, die bewusst versuchen anzudocken.

In Kristallschädelsitzungen kann man feststellen, dass sich Obsidian-Schädel ideal dazu eignen alte Blockaden, verschlossene Schmerzen und Traumata, sowie alte Angstmuster zu heben und aufzulösen. Nach der Sitzung fühlen sich die Klienten weitaus energetisierter und mutiger, was daran liegt, dass die Energie durch Aufhebung der Blockaden wieder frei fließen kann, darüber hinaus aber der Obsidian generell den Fluss der Lebensenergie verstärkt hat.

Obsidian-Schädel verhelfen uns dazu, die Ursachen hinter unseren Problemen zu erkennen und liefern uns in der Regel gleichzeitig einen geeigneten Lösungsvorschlag, der uns als Problemlösung dient. Wir werden dazu ermutigt die unbearbeiteten Themen in unserem Leben nicht länger zu verdrängen, sondern tatkräftig anzugehen, damit wir sie lösen können und sie uns nicht länger von unserer vollen Kraft abhalten.

Die Art der Kommunikation mit Obsidian-Schädeln kann man als bodenständig und beständig bezeichnen, sie sind weniger wortreich und geschwätzig, ihre Botschaften und Lösungsansätze sind realistisch, gut umsetzbar und überfordern uns nur ganz selten. Meine Mahagoni-Obsidian-Schädel-Dame „Tierra“ sagt manchmal gar nicht viel, man merkt aber sehr deutlich, dass sie aus dem Hintergrund arbeitet und mit ihrer Energie sehr präsent ist.

Von Hütern von schwarzen Obsidian-Kristallschädeln habe ich schon oft gehört, dass sie sich sehr durch die Anwesenheit ihres Schädels geschützt fühlen, sie sich aber des Eindrucks nicht erwehren können, dass dieser sie langsam, aber beständig an die eigene dunkle Seite heranführt, sie auffordert sich dieser zu stellen, sie anzusehen und sie zu akzeptieren, damit auch dieser Teil von ihnen integriert werden kann.
Thomas B., Hüter eines ca. 300 Gramm schweren brasilianischen schwarzen Obsidian-Schädels, namens „Toth“, sagte sofort nach dem ersten Beschnuppern „So klein wie er ist, er wird mich mit meinen dunklen Seiten konfrontieren“, ohne zu wissen, dass dies tatsächlich oftmals die Funktion von Obsidian ist. Er sollte Recht behalten, im Laufe der Zeit hat sein Schädel ihn mit vielen tiefsitzenden Mustern, sowohl aus diesem Leben, als auch aus früheren Leben, konfrontiert und ihm durch das Bewusstwerden dieser geholfen, sie nicht nur zu akzeptieren, sondern auch endlich die Möglichkeit zu haben frei von ihnen zu leben, da sie nicht mehr im Unterbewusstsein ihr Unwesen treiben konnten, sondern auf der Bewusstseinsebene verarbeitet werden konnten.
Sein Obsidian-Schädel hilft ihm aber nicht nur bei der Abarbeitung, sondern gibt ihm ständig das Gefühl nicht alleine damit dazustehen, Unterstützung und vor allem genügend Kraft zu haben, sich alldem zu stellen, was er ein Leben lang verdrängt hatte, sodass es ihn fast in die Krankheit gestürzt hatte.

Obsidian-Kristallschädel kommen meisten in einer Größe von 100 Gramm bis zu 2 oder 3 Kilo vor, selten auch größer (siehe Abbildung 32).

7. Reinigung und Aktivierung von Kristallschädeln

Direkt nachdem ein neuer Kristallschädel bei uns eingetroffen ist, ist es von großer Wichtigkeit dafür Sorge zu tragen, dass dieser gründlich von eventuell ihm anhaftenden Fremdenergien bzw. Negativenergien gereinigt wird.
Wie wir erfahren haben, sind Kristallschädel in der Lage, Energien aufzunehmen und sie wieder abzugeben. Das heißt für uns, dass sie auch während ihres Schleifprozesses, durch korrupte Energie bei ihrem Verkauf, auf ihrer Reise oder bereits als Kristall bei seinem Abbau oder auch durch über dem Abbaugebiet stattfindende negative Einflüsse, Energien aufgenommen haben können, von denen wir sie dringend reinigen sollten, damit sie bei der Arbeit mit dem Schädel nicht auf uns bzw. unsere Klienten übergehen.
Es sei darauf hingewiesen, dass auch Kristallschädel, die bereits bei einem anderen Schädelhüter vor uns waren, gründlich gereinigt werden sollten.
Ein Kristallschädel könnte, zum Beispiel bei seinem Einsatz zu therapeutischen Zwecken und bei Behandlungen, negative Energien aufgenommen haben. Aber auch ein Aufenthalt in unglücklichen, traurigen, depressiven, stressigen, ängstigenden, gewaltsamen Umständen kann einen Kristallschädel mit negativen unheilsamen Energien aufladen.
Der Einsatz von Kristallschädeln in negativ motivierten Ritualen und Zeremonien wird unerwünschte Energien in den Schädeln speichern.
Ist ein Schädel in einer negativen Umgebung, in einem energetisch belasteten Haus oder Grundstück zu Hause gewesen oder kommt er auch nur aus unsauberen bzw. verschmutzten und verunreinigten Verhältnissen, wird dies zu energetischen negativen Energien bei dem Schädel geführt haben, von denen er schleunigst befreit werden sollte.

Es gibt verschiedene Möglichkeiten der Reinigung, die ich Ihnen im Folgenden vorstellen möchte. Ich rate Ihnen mehrere verschiedene Möglichkeiten der Reinigung auszuprobieren und diese auch untereinander zu kombinieren, um so zu der für Sie und Ihre Schädel stimmigsten Art der Reinigung zu finden.

1. **Energetische Reinigung:** Hierbei reinigen Sie Ihren Schädel, indem Sie klar die Intention der Reinigung halten – Energie folgt dem Bewusstsein – und ihn in universelle Energie einhüllen bis er klar und sauber ist. Die negativen Energien werden hierbei nicht etwa ins Universum abgegeben, sondern in das Magma von Mutter Erde mit der Bitte diese sodann zu transformieren.
2. **Reinigung in Mutter Erde:** Bei schwer verschmutzten Kristallen und Kristallschädeln bietet sich die Möglichkeit an, diese im Garten direkt in

Mutter Erde zu vergraben. Sie sollten mindestens einen vollen Mondzyklus, besser aber drei volle Mondzyklen vergraben bleiben. Beim Eingraben sollte man ein kleines Ritual vollführen, in dem man Mutter Erde um ihre Mithilfe bei der Reinigung bittet und ihr durch ein Opfer Dank darbringt.

3. **Reinigung in einem Blumentopf:** Steht Ihnen kein eigener Garten zur Verfügung, können Sie auch in einem großen Kübel Erde aus dem Wald oder von einem Feld holen und darin auf dem Balkon zum Beispiel den Schädel zur Reinigung vergraben.
4. **Reinigung im Vollmond:** Die Energie des Vollmondes hat eine reinigende und belebende Energie für Kristalle und Kristallschädel. Selbst wenn ein Schädel keiner dringenden Reinigung bedarf, wird er es Ihnen danken, wenn er hin und wieder bei Vollmond eine Nacht im Freien oder wenigsten auf der Fensterbank im Vollmond verbringen darf.
5. **Reinigung durch Räucherung:** Salbei und Weihrauch sind ideale Reinigungsräucherungen. Bei einer Schädelreinigung führen wir den Schädel mehrmals durch den aufsteigenden Rauch. Sollte dies aufgrund des Gewichts des Schädels nicht möglich sein, dann räuchern wir mit dem Räuchergefäß von allen Seiten, sowie oberhalb und unterhalb des Schädels.
6. **Reinigung durch Klang:** Klangschalen, Glocken oder Trommeln lassen sich ebenfalls ideal zur Reinigung einsetzen, halten Sie diese oberhalb des Schädels und schlagen Sie sie an bzw. trommeln Sie. Bei stark negativ verunreinigten Schädeln haben sich bei mir auch die sog. Ocean-Drumms bewährt, mit denen man zu Reinigungszwecken einen lauten austreibenden Ton erzeugt.
7. **Reinigung durch planetonische Stimmgabeln:** Durch das Anschlagen der Stimmgabeln über dem zu reinigenden Schädel wird er gereinigt. Es empfiehlt sich hier die Schädel mit allen Frequenzen, die zum Beispiel ein Stimmgabel Chakra-Set hat, zu informieren.
8. **Reinigung durch Besingen/Chanten:** Sollten Sie in der glücklichen Lage sein, über eine klare, heilsame Stimme zu verfügen oder chanten zu können, ist dies ebenfalls eine wunderbare Art Ihren neuen Schädel zu reinigen und ihn damit gleichfalls willkommen zu heißen und in Ihre Energie einzuführen.
9. **Reinigung durch Wasser:** Zum Reinigen kann man Kristallschädel ebenfalls nach draußen in den Regen stellen oder sie in eine gefüllte Badewanne setzen, so werden Fremdenergien abgewaschen. Denkbar ist es auch, die Schädel direkt ins Meer, in einen See, einen Fluss oder Bach zu stellen, um sie zu reinigen. Hierbei ist darauf zu achten, dass der

Schädel fest steht und nicht weggeschwemmt werden kann. Ich habe immer wieder festgestellt, dass meine Schädel es lieben mit Wasser, gleich welcher Art, in Kontakt zu kommen. Man kann Kristalle auch in selbst angesetztes Salzwasser stellen, wenn sie nicht offenporig sind bzw. Schäden und Risse an der Oberfläche aufweisen.

10. **Reinigung durch Heilungsenergie:** Wir können unsere Schädel auch wunderbar reinigen, indem wir ihnen Heilenergie zukommen lassen, entweder direkt durch Energieübertragung per Handauflegen oder auch mittels Energieübertragung und auch durch Reiki.
11. **Reinigung durch Pyramidenenergie:** Indem wir unsere Kristallschädel für einige Zeit unter eine Pyramide stellen, können wir sie gleichsam reinigen und wieder mit Energie aufladen. Dies ist eine sehr kraftvolle Art der Reinigung. Ich selbst habe einen Pyramidenaltar unter dem ich alle neu bei mir ankommenden Schädel für einige Tage stehen lasse.
12. **Reinigung auf einem Altar:** Wenn Sie einen Hausaltar haben, stellen Sie den Neuankömmling für einige Zeit auf den Altar und bitten Sie dessen Schutzheiligen sich der Reinigung des Schädels anzunehmen.
13. **Reinigung durch Symbole der Heiligen Geometrie:** Stellen Sie den Kristallschädel auf Symbole der Heiligen Geometrie, die Sie auf Papier aufgemalt oder ausgedruckt haben und lassen Sie diese dort für einige Zeit stehen.
14. **Reinigung mit Erzengel Michael und Erzengel Raphael:** Bitten Sie Erzengel Michael Ihren Schädel von allen negativen Energien zu befreien und Erzengel Raphael ihn danach mit grüner Heilenergie zu umhüllen.
15. **Reinigung durch frische oder getrocknete Heilkräuter:** Legen Sie den Schädel für einige Stunden auf ein Bett aus frischen oder getrockneten Heilkräutern, diese werden negative Energien transformieren und ihn mit neuer Lebenskraft aufladen.
16. **Reinigung durch Kristalle:** Man kann einen Kristallschädel auch in einer Amethystdruse oder einem Kreis aus Amethystspitzen reinigen. Ich würde diese Methode allerdings nur anwenden, wenn die Verunreinigungen nicht zu groß sind, da man sonst Gefahr läuft, dass der Reinigungskristall selbst verunreinigt ist. Amethyst entzieht negative Energie und speichert sie, das heißt er muss regelmäßig selbst gereinigt werden.
17. **Reinigung durch Kristallschädel:** Man kann Kristallschädel ebenfalls mit Hilfe ihrer Artgenossen reinigen. Ich favorisiere diese Methode für mich allerdings nicht, aus unter Punkt 16 genannten Gründen, sondern ziehe es vor, die Kristallschädel zum Aktivieren heranzuziehen nachdem die Neuankömmlinge bereits gereinigt sind.

Dies sind bei weitem nicht alle Methoden der Reinigung, aber wohl die geläufigsten, die auch am meisten Anwendung finden.
Während des gesamten Reinigungsprozesses ist es sehr hilfreich, wenn Sie Ihrem neuen Freund immer wieder positive, liebevolle und unterstützende Gedanken schicken und ihn mit Liebkosungen, wie einem dicken Kuss auf die Stirn oder einem liebevollen Streicheln aufmuntern und unterstützen. Das Aufstellen einer Kerze für seine glückliche Ankunft ist ebenfalls eine gleichsam freundliche, wie unterstützende Geste.

Wie eingangs schon erwähnt, sollte man für sich durch Ausprobieren die Methode der Wahl ermitteln, sehr effizient ist hierbei auch die Kombination aus verschiedenen Reinigungsarten. Sehr kraftvoll ist es zum Beispiel, wenn man den neuen Kristallschädel in einer Pyramide, in die man ebenfalls eine Räucherung gestellt hat, platziert, eine angenehme, beruhigende Meditations- oder Heilungs-CD auflegt und sich vor die Pyramide setzt, den Schädel betrachtet und ihn auf energetischem Wege einer Reinigung unterzieht.

Wie auch immer Ihre favorisierte Reinigungsmethode aussehen mag, ich kann Ihnen versichern, dass alle Kristallschädel es genießen werden im Mittelpunkt zu stehen und Ihre ungeteilte Aufmerksamkeit und Liebe zu erfahren.

Hat ein Schädel schon sehr viel Negatives mitgemacht, ist energetisch zu negativen Handlungen missbraucht worden oder wurde einfach nur jahrelang unbeachtet irgendwo vergessen, kann es vorkommen, dass er anfangs auf Ihre Behandlung und Fürsorge mit Abstand reagieren wird und sich eher zurückzieht, fahren Sie trotzdem fort ihm Ihre Liebe wohldosiert zu zeigen und er wird sich langsam aber Stück für Stück den für ihn neuen Energien öffnen. Nicht selten ist aus derartig vorbelasteten Schädeln der eigene Lieblingsschädel geworden oder eine sehr enge persönliche Beziehung zwischen Hüter und Schädel entstanden.

Abhängig davon wie sehr ein Schädel traumatisiert und mit negativer Energie verschmutzt ist, kann es notwendig sein ihn mehrmals einer gründlichen Reinigung zu unterziehen.
Nach einiger Zeit des Sich-an-einander-Gewöhnens werden Sie wissen, wann Ihr Schädel vollständig gereinigt und somit einsatzbereit ist. Sie werden ebenfalls sofort merken, wenn er wieder neue Energien aufnimmt und gereinigt werden muss.
Alle Menschen, die Kristallschädel bei Sitzungen mit Klienten einsetzen, haben eine moralische Verpflichtung dafür Sorge zu tragen, dass die Schädel vor bzw. nach jedem Einsatz am Klienten sofort gereinigt werden um damit sicherzustellen, dass keine unerwünschten Energien von einem Klienten auf

den Nächsten übertragen werden. Machen Sie es sich zur Gewohnheit jeder Behandlung eine Reinigung folgen zu lassen. Entscheidet man sich hierbei für eine energetische Reinigung ist diese in wenigen Minuten gemacht und man schließt jedes Risiko einer Fremdenergiekontamination aus.
Das Reinigungsritual sollte uns in Fleisch und Blut übergehen, sodass wir es niemals vergessen.

Generell ist zu sagen, dass man versuchen sollte die Schädel so schnell wie möglich nach der Aufnahme von Fremdenergien oder negativen Energien zu reinigen. Durch die Vernetzung unserer Schädel untereinander würde sonst auch das Risiko bestehen, dass diese negativen Energien von einem Schädel zum nächsten weitergegeben würden.

Sollten Sie mal in die Situation kommen, dass einer Ihrer Kristallschädel Ihnen klar und deutlich zu verstehen gibt, dass er oder sie mit einer bestimmten Klientin oder einem Klienten nicht arbeiten will oder er während des Behandlungsverlaufs plötzlich aussteigen möchte, respektieren Sie diesen Wunsch und ermöglichen ihm sogleich die Erfüllung dessen, auch wenn es Ihnen ungewöhnlich vorkommen sollte. Vertrauen Sie Ihren Schädeln, sie wissen genau, was gut für sie ist und was nicht, auch wenn Sie selbst es in dem Augenblick nicht verstehen sollten.

Hat man in einer bestimmten Situation, zum Beispiel während eines Workshops, bei einem Vortrag oder in einem Seminar, plötzlich den Eindruck, dass jemand aus dem Publikum bewusst versucht, den Schädel zu manipulieren oder ihm negative Energien schickt, können Sie den Schädel schnell mit einem energetischen Schutz-(Schild) versehen, indem Sie ihn in schützendes Licht hüllen oder eine energetische Pyramide aus goldenem Licht um ihn herum visualisieren und ihre göttliche Führung bitten, dass der Schädel nur zum höchsten Nutzen aller eingesetzt werden kann.

Einweihungszeremonie

Nachdem Sie nun Ihren neu eingetroffenen Freund gründlich gereinigt und mit den ersten Zuneigungsbekundungen versehen haben, ist es an der Zeit in einer Willkommenszeremonie in die Energie des anderen einzutauchen und eine gegenseitige energetische Verbindung zu schaffen.
Der Idealfall wäre in einer Einweihung, zum Beispiel durch den vorherigen Kristallschädelhüter oder durch einen anderen erfahrenen Kristallschädelhüter, in die Energie des Schädels eingeweiht zu werden. Ist dies jedoch nicht

möglich, sollten Sie es auf keinen Fall versäumen eine eigene Willkommenszeremonie für Ihren neuen Schädel zu machen.
Nehmen Sie sich Zeit und stellen Sie sicher, dass Sie während des Rituals nicht gestört werden. Schaffen Sie für sich und den Schädel eine angenehme, gemütliche und ruhige Atmosphäre, legen Sie eine meditative CD auf, zünden eine Kerze an, machen vielleicht eine Räucherung.
Nachdem die Vorbereitungen erledigt sind, setzen Sie sich entspannt hin, zentrieren sich und nehmen den Schädel in beide Hände. Fühlen Sie seine Energie und lassen Sie ihn Ihre Energie aufnehmen. Oft ist es einfacher, wenn man hierbei die Augen geschlossen hält. Lassen Sie sich Zeit und fühlen Sie in die Energie des Kristallschädels hinein.
Oftmals wird er Ihnen bereits in dieser ersten gemeinsamen intensiven Kontaktaufnahme seinen Namen, seine Aufgabe, sein energetisches Muster und sogar auch Bilder zeigen, die an vergangene Leben anknüpfen, aber auch eine Vorschau auf eine gemeinsame Zukunft bringen können.
Wichtig ist, dass Sie offen sind und ohne jegliche Erwartungshaltungen mit ihm in Verbindung treten.

Geben Sie ihm mental oder auch laut zu verstehen, dass Sie sich freuen ab sofort mit ihm gemeinsam durch das Leben gehen zu dürfen, von ihm zu lernen und an und mit ihm wachsen zu dürfen.

Dann sprechen Sie laut die folgenden Worte oder formulieren sinngemäß ein Gebet in Ihren eigenen Worten:

> Ich danke dafür, dass mir dieser Schädel zugeführt wurde und gelobe ihn ausschließlich zum höchsten Wohle aller in Liebe einzusetzen, auf dass Harmonie und Einheit für uns alle entstehen wird.
> Ich bitte darum, dass nur die feinsten, klarsten und dem Höchsten dienenden Energien und Frequenzen durch den Schädel geleitet werden mögen und durch ihn arbeiten.
> Möge dieser Schädel zu jeder Zeit allen Menschen, die mit ihm und seinen Energien in Berührung kommen, zu ihrem höchsten Wohle dienen und ihnen Licht und Liebe auf ihrem Weg bringen, damit sie ihren nächsten Entwicklungsschritt erreichen können.
> So sei es, so sei es, so sei es. Amen. Amen. Amen.

Bleiben Sie solange in diesem gemeinsamen Zustand der Einheit und inneren Angebundenheit, wie es sich für Sie stimmig anfühlt. Diese ersten Momente mit Ihrem Kristallschädel sind wichtig und wunderschön und werden so nie wiederkommen, deshalb sollte man sie genießen.

Wenn Sie beide bereit sind in das Tagesbewusstsein zurückzukehren, bedanken Sie sich nochmals bei Ihrer göttlichen Führung und bei dem Kristallschädelbewusstsein, dass man Sie als Hüter für diesen Schädel bestimmt hat und bei dem Schädel, dass er zu Ihnen gefunden hat.

Nach der Begrüßungszeremonie ist es schön, wenn man dem Schädel die Möglichkeit gibt, die anderen bei Ihnen befindlichen Schädel kennen zu lernen (falls es noch andere Schädel im Haus gibt) und sich mit ihnen zu verbinden. Ich genieße es, mich bei dieser ersten Kontaktaufnahme der Schädel untereinander zu den Schädeln zu setzen und einfach die Energien, die fließen, aufzunehmen und zu beobachten. Nicht selten kommt es bereits in den ersten Minuten, die die Schädel miteinander verbringen, zu Situationen gegenseitigen Wiedererkennens und es entstehen sehr enge Verbindungen und Freundschaften, was wunderschön zu beobachten ist. Genießen Sie es.

Aktivierung von Kristallschädeln

Nun möchte ich Ihnen einige Methoden zur Aktivierung von Kristallschädeln nahebringen. Dies ist notwendig da fast alle modernen Kristallschädel, die in heutiger Zeit geschliffen wurden, natürlich noch nicht aktiviert wurden, da sie direkt aus den Schleifereien zu uns kommen.
Nur bei Schädeln, die Sie aus der Hand eines anderen Kristallschädelhüters übernehmen, von dem Sie wissen, dass er mit ihnen bereits gearbeitet hat und sie in Ritualen und Zeremonien eingesetzt wurden, kann man sicher sein, dass bereits eine Aktivierung vorliegt. Der Grad der Aktivierung steigt parallel zu der Häufigkeit mit der mit den Schädeln gearbeitet wird bzw. durch den Grad der Aufmerksamkeit, die sie genießen.
Bei allen Arten der Aktivierung ist es von essentieller Wichtigkeit auf mentalem Wege unsere Intention klar auf der Aktivierung zu halten. Energie folgt dem Bewusstsein, also ist es unerlässlich unsere Absicht klar und rein zu halten, wie bei jeder anderen Art der energetischen Arbeit auch.
Im Folgenden werden wir uns einige Aktivierungsmethoden anschauen und kurz erläutern:

1. **Aktivierung durch Aufmerksamkeit und Liebe:** Je mehr Liebe und Aufmerksamkeit Ihr Schädel genießt, desto mehr wird er Schritt für Schritt aktiviert werden. Kristallwesen sind, wie wir, sehr offen und empfänglich für die Schwingungsfrequenz der Liebe und werden sie gerne aufnehmen und speichern. Von zahlreichen Kristallschädelhütern weiß ich, dass sie ihre neu angekommenen Kristallschädel nicht selten für einen gewissen Zeitraum in der Eingewöhnungsphase sogar mit ins Bett nehmen, sodass auch

nachts die Verbindung gefestigt werden kann und ein Austausch an Informationen stattfinden kann.

2. **Aktivierung durch Vernetzung mit anderen aktivierten Schädeln:** Eine weitere sehr kraftvolle Art der Aktivierung wird durch die Vernetzung mit anderen bereits aktivierten Kristallschädeln gegeben. Kristallschädel fühlen sich in der Gesellschaft von anderen Schädeln wohl, hier findet ein intensiver Schwingungsaustausch statt, bei dem Energien empfangen, ausgesendet, verstärkt und gespeichert werden.
3. **Aktivierung durch Einsatz in Ritualen und Zeremonien:** Jedes Ritual und jede Zeremonie, an der wir mit unserem Kristallschädel teilnehmen bzw. die wir mit unserem Kristallschädel und anderen Kristallschädeln durchführen, tragen zur weiteren Aktivierung des Schädels bei. Sämtliche Informationen, die währenddessen fließen, werden in den Schädeln abgespeichert und können zu jedem beliebigen späteren Zeitpunkt wieder abgerufen und eingesetzt werden.
4. **Aktivierung durch regelmäßige Meditationen:** Durch häufige Meditationen mit Ihrem Kristallschädel, in denen Sie sich mit seiner Energie verbinden, Ihr Herz öffnen und Liebe fließen lassen, können Sie ebenfalls kraftvoll zu dessen Aktivierung beitragen. Das größte Glück in einer Meditation ist der Zustand der absoluten Einheit und Liebe zwischen Schädel und Schädelhüter, in diesem Zustand fließen ganz wichtige Informationen, die uns auf unserem Weg weiterführen und den Schädel aktivieren.
5. **Aktivierung durch Erdheilungsarbeit:** Gibt man einem Schädel die Möglichkeit sich während einer Erdheilung (am besten in freier Natur ausgeführt) ganz mit Mutter Erde und ihrer Energie wieder zu verbinden, wird viel Liebe fließen und Aktivierung stattfinden. Hier sei angemerkt, dass alle Kristallschädel es lieben in der Natur zu sein und in die Energien von Mutter Erde, den Bäumen und Pflanzen, dem Wind, Wasser etc. einzutauchen und mit ihnen zu verschmelzen. Es wird auch für Sie immer wieder eine wundervolle Erfahrung sein, gemeinsam mit Ihrem Schädel draußen zu arbeiten und alle Energien in sich aufzunehmen, hierbei geschieht oft sehr viel Heilung.
6. **Aktivierung durch Arbeit an heiligen Plätzen:** Arbeiten wir mit unseren Kristallschädeln an heiligen Plätzen, wie zum Beispiel den Pyramiden oder Tempeln in Ägypten, den Maya-Pyramiden in Südamerika, in Steinkreisen usw. laden wir unsere Schädel mit der Energie und damit der Information dieser heiligen Orte auf und aktivieren sie über diesen Weg auf sehr potente Weise. Belem, einer meiner Kristallschädel, ist ein absoluter Ägyptenliebhaber, er kann es kaum erwarten in die Energie der heiligen Orte dieses Landes einzutauchen und an den Plätzen zu arbeiten. Obwohl er nicht ge-

rade der Leichteste ist, schafft er es immer wieder, mich davon zu überzeugen, dass ich sein Gewicht außer Acht lasse und ihm seinen Wunsch mein Reisebegleiter zu sein, erfülle.

7. **Aktivierung durch den Einsatz in energetischen Sitzungen:** Nicht zuletzt können wir unsere Kristallschädel natürlich auch bei jeder Heilbehandlung und energetischen Sitzung, in der wir mit ihnen arbeiten, aktivieren.

All diese Methoden werden im Laufe der Zeit dazu führen, dass Ihre Schädel Schritt für Schritt voll aktiviert werden. Die Schädel werden immer nur so weit aktiviert werden, wie es Ihnen möglich ist damit umzugehen und damit zu arbeiten.

Programmierung von Kristallschädeln

Abschließend möchte ich noch ein paar Worte zu dem Thema Programmierung von Kristallschädeln sagen. Einige Kristallschädelhüter programmieren ihre neu eingetroffenen Kristallschädel während der ersten Kontaktaufnahme für eine bestimmte Aufgabe und Funktion, die sie dem Schädel zugedacht haben. Beispielsweise kann man einen Schädel zu Heilungsaufgaben zum Einsatz an Klienten vorsehen, einen anderen für den persönlichen Einsatz, den nächsten zu Erdheilungszwecken, wieder einen anderen zu Herzöffnungszwecken, den nächsten zu Channelings einsetzen etc. – Möglichkeiten gibt es hier unendlich viele.

Wenn wir bewusst einen Kristall oder wie in diesem Fall einen Kristallschädel programmieren, heißt das auch, dass wir ihn nach unserem Willen anwenden, ich sehe es deshalb als essentiell bei der Programmierung hinzuzufügen, dass dies nur geschehen mag, soweit es zum höchsten Wohle und zur besten Entwicklung aller dient und nur dann geschehen mag, wenn meine Wünsche hinsichtlich der Programmierung richtig und hilfreich sind.

Ich selbst programmiere meine Kristallschädel nicht für eine bestimmte Aufgabe, sondern lasse mir von ihnen zeigen, wo ihr energetischer Einsatzbereich liegt und setze sie dann dementsprechend ein. Mehrfach habe ich festgestellt, dass sich die Einsatzbereiche eines Schädels durch das Ändern ihrer Bezugsperson oder auch durch die Person, an der man mit ihnen arbeitet, verändern können, was ich auch sehr logisch finde, da ja jeder von uns ein völlig eigenes energetisches Resonanzmuster aufweist.

Entscheiden Sie selbst wozu Sie tendieren, prüfen Sie aber in jedem Fall vor einer Programmierung immer, dass es sich nicht um eine Frequenz des Egos handelt, die Sie zu der Entscheidung geführt hat.

8. Einsatz Ihres Kristallschädels zu Selbsterfahrungs- und Selbstheilungszwecken

Nachdem wir unseren Kristallschädel gründlich gereinigt, ihn in einer Willkommenszeremonie begrüßt und ersten Kontakt mit ihm aufgenommen haben, ist es an der Zeit die Arbeit mit ihm aufzunehmen.
Bevor wir näher auf den Einsatz des Kristallschädels eingehen, möchte ich auf zwei wichtige und grundlegende Dinge hinweisen, über die wir uns immer bewusst sein sollten, wenn wir mit Kristallen oder Kristallschädeln arbeiten.

Der erste wichtige Punkt: Wenn wir bei uns oder bei einem Klienten Anzeichen einer Krankheit vermuten oder diese offensichtlich sind, hat das Aufsuchen eines Arztes oberste Priorität.
Unsere Arbeit ersetzt in keiner Weise die Konsultation und Behandlung eines Arztes oder Therapeuten und wir sollten uns ebenfalls niemals dazu erheben, Diagnosen zu stellen oder Heilversprechen abzugeben.
Unsere Arbeit ist rein spiritueller Natur, sie dient der Selbsterforschung und Selbstwahrnehmung, wodurch die Selbstheilungskräfte aktiviert werden und Heilung geschehen kann.

Der zweite wichtige Punkt ist, dass wir uns bewusst darüber sein müssen, dass wir mit einem Kristallschädel ein kraftvolles energetisches Werkzeug in den Händen halten, welches niemals leichtfertig oder zu Show-Zwecken eingesetzt werden sollte. Generell sollten wir erst einmal selbst mit unserem neuen Schädel und seiner Energie vertraut sein, bevor wir ihn an anderen Menschen einsetzten.

Kristallschädel sind in der Lage auf unsere physischen, mentalen und emotionalen Körper gleichsam einzuwirken. Jeder Schädel verfügt über seine eigene ihm spezifische Bandbreite an Schwingungsfrequenzen und hat damit sein eigenes Resonanzmuster beim Menschen, mit dem er arbeitet. Erkunden und studieren Sie deshalb Ihren neuen Partner genau, bevor Sie ihn in Sitzungen mit anderen Menschen verwenden.

Nicht weniger wichtig ist auch die Tatsache, dass man sich vor jeder Sitzung gut schützt. Bei jeglicher Art spiritueller Arbeit öffnet man sich sehr weit für Energien, ist damit natürlich auch für Energien leichter angreifbar, die nicht aus der Quelle kommen, sondern interferieren wollen.
Man braucht keine Angst vor Fremdenergien zu haben, sollte jedoch sehr wohl darauf achten immer geschützt zu sein, wenn man arbeitet. Ich möchte sogar so weit gehen zu empfehlen, sich regelmäßig täglich, auch ohne anste-

hende spirituelle Sitzung, zu Tagesbeginn zu schützen. Schutz sollte zu unserer täglichen Routine werden.

Für den Fall, dass Sie mit diesem Thema nicht vertraut sein sollten, an dieser Stelle kurz einige Sätze dazu.

Schützen (auf energetische Art und Weise)

Da unser Körper jederzeit für die Aufnahme von Energien von außen offen ist, sollten wir uns täglich zu Beginn des Tages schützen.
Auch ganz wichtig, sobald wir uns in Situationen begeben, deren Energien wir nicht abschätzen können oder nicht aufnehmen wollen, z. B. öffentliche Verkehrsmittel, Behandlungen und Clearings, diese bringen oft abgenutzte oder angespannte, nicht selten auch negative Energien.

Sich zu schützen bedeutet nicht, sich vor den positiven Energien abzuschotten oder von der Welt abzutrennen, es ist lediglich ein Filter, der nur positive Energien durchlässt, negative oder für uns schädliche Energien aber herausfiltert.

Für Heiler ist es ganz wichtig, sich immer vor Sitzungen zu schützen und diesen Schutz auch gegebenenfalls während der Behandlung zu erneuern, wenn man den Eindruck hat, dass einen entweder negative Energie versucht anzugreifen oder aber auch, wenn man merkt, dass ein Klient versucht uns unsere Energie abzuziehen und, ob bewusst oder unbewusst, sich unserer Energie bedienen will.

Wichtig ist, dass man sich, nach dem Schützen, des Schutzes voll bewusst ist und weiß, dass nur Liebe und positive Energie eintreten können. Insgesamt stellt sich ein besseres Grundgefühl ein, wenn man weiß, dass man nicht allem schutzlos ausgeliefert ist.

Der einzige Weg, wie man negative Energien trotz Schutz annimmt ist, dass man sie selbst zulässt, das soll heißen, dass man sich zum Beispiel permanent vor den Angriffen von dunkler Energie fürchtet, dadurch gibt man ihnen nach dem Gesetz der Resonanz erst die Chance voll zuzugreifen.

In negativen Situationen sollte man sich seines Schutzes bewusst werden, sich dann in die Situation begeben und man wird 100 % effektiv geschützt sein.

Will man sich effektiv schützen, sollte man sich immer zuerst zentrieren und erden.

Danach visualisiert man sich selbst umgeben (3-dimensional) von Energie.

Eine sehr kraftvolle Art des energetischen Schutzes ist es, sich in einer goldenen Pyramide vorzustellen. Hiermit vereinigt man die Kraft der heiligen Geometrie mit dem schützenden Effekt von Gold. Gold kanalisiert Energie und reflektiert negative Energie zurück.

Man kann sich auch selbst von einer gigantischen Spirale umgeben sehen, die eine Verbindung zwischen Himmel und Erde darstellt und von Schutzengel-Energie in ständigen spiralförmigen Bewegungen umgeben ist.

In meinen Augen ist eine der effizientesten Methoden des energetischen Schutzes, sich in einem goldenen Oktaeder (doppelte Pyramide) zu visualisieren, den Oberkörper im oberen Teil und von der Hüfte abwärts im unteren Teil. Der Oktaeder ist eine Verbindung zwischen Himmel und Erde, verbindet uns gleichzeitig mit dem Himmel und erdet uns in Mutter Erde, so werden wir zum Bindeglied zwischen Himmel und Erde und erfüllen unsere eigentliche Funktion. Hierbei kann man den Oktaeder entweder in goldener Farbe wählen, aber auch weiße ins goldene gehende Energie ist sehr hilfreich.

Viele Menschen empfinden es auch als angenehm und effizient, sich in einer goldenen Kugel zu visualisieren, die sich quasi mit ihnen durch die Welt bewegt.

Ich empfehle Ihnen einige Methoden auszuprobieren und die für Sie stimmigste und effizienteste herauszufiltern. Am Anfang fällt es einem oft noch schwer sich selbst zu visualisieren und der Schutz nimmt einige Minuten in Anspruch, aber nach einiger Zeit des Übens werden Sie feststellen, dass Ihnen Ihr energetischer Schutz in Sekunden gelingt.

Verlassen wir aber nun dieses Thema und widmen uns den verschiedenen Methoden der Kristallschädelarbeit für uns selbst.

Gemeinsame Meditation mit einem Kristallschädel

Die wohl bekannteste Art, mit seinem Kristallschädel in Verbindung zu treten, ist die gemeinsame Meditation.

Dazu setzen wir uns entspannt hin, schließen die Augen und atmen 3 Mal tief ein und aus, beim Ausatmen lassen wir all unsere Sorgen und Ängste, alle Probleme des Alltag ziehen, bringen unsere Gedanken zum Schweigen und konzentrieren uns nur noch auf unseren Atem.

Wir verbinden uns in Gedanken mit dem Geist von Mutter Erde und auf der anderen Seite mit der göttlichen Ebene, bis in uns das Gefühl aufkommt, ein Bindeglied zwischen Himmel und Erde zu sein. Wir bitten unsere göttliche Führung um Schutz und Führung bei der folgenden Meditation, damit diese heilsam und stimmig für uns sein wird, um unseren nächsten Entwicklungsschritt zu erreichen und der Energiefluss auf dem Level gehalten wird, wie er für uns in dieser Situation stimmig und heilsam ist. Nun öffnen wir energetisch unser Kronenchakra und unser Herzchakra bis es sich richtig und gut für uns anfühlt (im Folgenden *Einleitung* genannt).

Jetzt nehmen wir unseren Kristallschädel, den wir vor Beginn der Meditation in bequem erreichbarer Nähe platziert haben, greifen ihn mit beiden Händen und stellen ihn in unseren Schoß, so dass er sicher und gut steht. Das Gesicht des Schädels sollte uns zugewandt sein. Unsere Hände belassen wir locker auf dem Schädel, wo auch immer es sich stimmig anfühlt. Sobald wir so die Verbindung zu dem Schädel hergestellt haben, bitten wir mental darum, dass die Heilenergie fließen möge und nehmen diese in uns auf.
Wir öffnen uns ganz für sämtliche Informationen, Bilder, Gefühle etc., die der Schädel uns während der gemeinsamen Sitzung zeigen wird.

Nun sitzen wir ganz still da, genießen das Gefühl des durch den Schädel potenzierten Energieflusses, den stattfindenden Informationstransfer, sind offen für neue Erfahrungen, Visionen und Energien. Alles dies ist Teil unseres Heilungsprozesses und aktiviert unsere körpereigenen Heilungskräfte.

Stellen wir fest, dass sich der Energiefluss deutlich verlangsamt oder haben das Gefühl einer energetischen Sättigung, beenden wir die Sitzung, indem wir uns bei der göttlichen Quelle, unserer göttlichen Führung, dem Kristallschädelbewusstsein und dem oder den an der Sitzung beteiligten Schädeln für die erhaltene Energie und Information bedanken.
Nun schließen wir visuell unser Kronen- und das Herzchakra bis es sich stimmig und richtig anfühlt.

Wenn wir bereit sind, öffnen wir langsam die Augen und kehren wieder in den Raum zurück.

Wichtig nach jeder Art von energetischer Arbeit ist es, langsam wieder ins Alltagsbewusstsein zurückzukehren, sich nach jeder Sitzung noch genügend Zeit zum Ausruhen zu gönnen und daran zu denken, genügend –vorzugsweise Wasser – zu trinken. In jeder Sitzung können tiefe Reinigungsprozesse in Gang gesetzt werden, die man durch das Trinken unterstützen und die Ausscheidung ankurbeln sollte.

Denken Sie immer daran, Ihr Körper benötigt Zeit die erhaltenen Energien und Informationen zu integrieren. Eine energetische Sitzung ist nicht mit dem Zurückkehren in das Alltagsbewusstsein beendet, sondern dadurch, dass in der Sitzung Blockaden und alte Muster gelöst, verhärtete Strukturen geknackt

und tiefsitzende Ängste gehoben worden sind, somit beginnt die eigentliche Integrationsarbeit erst nach der Sitzung.
Achten Sie auf die Zeichen Ihres Körpers und folgen Sie ihnen. Empfehlenswert nach jeglicher energetischer Arbeit ist, entweder ein Schläfchen oder aber ein Spaziergang in der Natur mit viel frischer Luft.

Meditation mit zwei Kristallschädeln

Sollten Sie sich in der glücklichen Situation befinden Hüter mehrerer Kristallschädel zu sein, ist die folgende Meditation mit zwei Schädeln sehr zu empfehlen.
Zu Beginn machen wir die oben beschriebene Meditationseinleitung, sobald wir uns in geistiger Ruhe befinden, nehmen wir unsere Schädel zur Hand, die wir vorher jeweils rechts und links von uns platziert haben. Die Schädel können aus unterschiedlichen Mineralien sein, sollten aber so weit möglich, etwa die gleiche Größe aufweisen.
Wir nehmen einen Schädel in unsere linke Hand mit dem Gesicht zu uns und den 2. in die rechte Hand, mit dem Gesicht von uns weg gerichtet.
Die Heilungsenergie wird nun von der göttlichen Quelle durch den linken Schädel in unseren Körper eingeleitet, durchflutet ihn vollständig, löst Blockaden, alte Muster, tiefsitzende verhärtete Strukturen etc. auf, um ihn dann durch den rechten Schädel samt eventueller disharmonischer, störender, negativer und blockierenden Energien, die sich in unserem Körper befunden haben, wieder zu verlassen.
Wir verbleiben in Ruhe und Meditation bis wir das Gefühl haben, dass die Sitzung abgeschlossen ist, dann beenden wir die Meditation, indem wir unsere Chakren schließen bis es sich angenehm anfühlt und mit unserem Dank an die Geistige Welt, wie zuvor beschrieben.

Sitzung mit einem Kristallschädel an unserem Kopfende stehend

Für die folgende Sitzung verwenden wir vorzugsweise einen etwas größeren Schädel aus der Quarzfamilie, ideal wäre ein lebensgroßer Kristallschädel.

Wir bereiten uns einen Platz, an dem wir uns gerade ausgestreckt auf den Rücken legen können, wichtig ist, dass genügend Platz über unserem Kopf vorhanden ist, so dass der Schädel dort sicher platziert werden kann. Behandlungsbänke sind für diesen Zweck oftmals zu kurz, vor allem, wenn wir mit einem sehr großen Schädel arbeiten. Legen Sie sich in diesem Fall besser auf den mit Decken oder Fellen vorbereiteten Fußboden. Angenehm ist oft eine Nackenrolle unter die Kniekehlen zu legen und somit den Rücken zu entlasten, da die Sitzung doch mindestens 30 Minuten, eher längere Zeit in Anspruch nehmen wird.

Im Laufe der Zeit werden Sie feststellen, dass Ihnen bei der Arbeit mit Kristallschädeln im wahrsten Sinne des Wortes, die Zeit abhandenkommt. Nach einer Sitzung hat man oftmals das Gefühl vielleicht eine halbe Stunde meditiert zu haben, der Blick auf die Uhr zeigt dann allerdings, dass eine Stunde und mehr an Zeit vergangen sind. Es ist anzuraten vor allen Sitzungen, vor allem aber bei Sitzungen mit Klienten, Telefone und andere Störfaktoren auszuschalten, damit man sich ganz der Energie des Schädels hingeben kann.

Nun aber wieder zurück zu unserer Sitzung, nachdem wir unseren Platz vorbereitet und bereits den Kristallschädel an das Kopfende mit dem Gesicht zu unserem Kopf bzw. zum Kronenchakra gerichtet aufgestellt haben, beginnen wir mit der Meditationseinleitung und legen uns vor den Schädel. In der Regel ist sofort ein sehr großer Energiestrom spürbar, der direkt in unser Kronenchakra geht. Wir entspannen uns, geben uns dem Energiefluss hin und genießen.
In den meisten Fällen werden Sie feststellen, dass Sie den Eindruck haben, dass der Kristallschädel zu Beginn der Sitzung jede Menge Energie/Information aus unserem Kronenchakra in seine Richtung zieht, nach einiger Zeit läuft der Energiefluss dann in die entgegengesetzte Richtung und Sie werden das Gefühl haben durch das Kronenchakra massiv energetisch versorgt zu werden. Man könnte meinen, dass der Schädel während der Sitzung alte Energien, die sich in unserem energetischen System befunden haben, reinigt und sie uns dann in gereinigtem hoch energetisiertem Zustand wieder zuführt.
Durch den in der Regel sehr hohen Energiefluss während dieser Sitzung kann es zur Öffnung des 3. Auges, einer generellen Reinigung und Weitung unserer Pranaröhre und anderen energetischen Effekten, die in direktem Zusammenhang mit unserer spirituellen Weiterentwicklung stehen, kommen.

Sobald wir merken, dass der Energiefluss abnimmt oder ganz zum Stillstand gekommen ist, beenden wir die Sitzung, indem wir unser Kronen- und Herzchakra schließen bis es sich angenehm anfühlt, danach sprechen wir unseren Dank an die Geistige Welt.

Machen Sie es sich zum Prinzip sich nach jeder Sitzung bei Ihrem Schädel bzw. seinem Kristallschädelwesen für seine Unterstützung zu bedanken und denken Sie daran, den Schädel gleich nach der Sitzung zu reinigen, so geht man sicher, dass er, sobald man ihn braucht oder mit ihm arbeiten möchte, sofort einsatzbereit ist.

Sitzung mit zwei Schädeln

Zu dieser Sitzung verwenden wir 2 Kristallschädel, einen am Kopf und den anderen an den Füßen. Der Schädel am Kopf sollte, wenn möglich, ein Mitglied der Quarzfamilie sein, während der 2. Schädel ein beliebiges Mineral, aber natürlich auch ein Angehöriger der Quarzfamilien sein kann.

Die verwendeten Schädel sollten sich in der Größe vorzugsweise nicht zu sehr unterscheiden.

Der Schädel, der über dem Kopf platziert wird, ist mit dem Gesicht zu Ihnen gerichtet, der Schädel zu Ihren Füßen schaut mit seinem Gesicht in Richtung seines Mitschädels.

Nachdem Sie Ihren Platz so vorbereitet haben, dass die Schädel so aufgestellt sind, dass Sie sich bequem dazwischenlegen können, beginnen sie mit der eingangs beschriebenen Meditationseinleitung und legen sich flach auf den Rücken zwischen die beiden Kristallschädel.

Sobald Sie sich bequem hingelegt haben, so dass Sie den Energiestrom wahrnehmen können, werden Sie merken, dass der über Ihnen stehende Schädel Energie in Ihr Kronenchakra einleitet, welche durch den 2. Schädel an Ihren Füßen unterstützt (gezogen) durch Ihren Körper strömt und an den Füßen Ihren Körper Richtung Schädel verlässt. Auf diese Art und Weise werden energetische Störstellen effizient aus dem Körper ausgeleitet. Man merkt relativ schnell, dass die Energie in unserem Körper, in den Meridianen und Nadis wieder ungehindert fließen kann.

Sie werden ebenfalls feststellen, manch einer sehr verwundert, dass der Gedankenstrom in Ihrem Kopf vollständig zum Erliegen gekommen ist und Sie sich ganz dem Energiefluss hingegeben haben.

Nicht selten kann man sowohl bei sich selbst, als auch bei Klienten beobachten, dass man zeitweise tief und fest einschläft.

Eine ganz liebe Freundin von mir schläft mir regelmäßig in den ersten 5 Minuten der Behandlung fest ein, so dass wir es uns schon zur Gewohnheit gemacht haben, die Behandlungen abends im Bett zu machen, damit sie dann einfach weiterschlafen kann. Am nächsten Morgen ist sie dann immer frisch und munter und neu energetisiert.

Wir beendigen die Sitzung in der gleichen Weise wie alle vorangegangenen Sitzungen.

Chakrenreinigung und Harmonisierung mit einem oder mehreren Kristallschädeln

Diese Art der Behandlung ist sehr schön als Abschluss des Tages zur Harmonisierung unserer Chakren und deren Reinigung, von eventuell während des Tages aufgenommenen Energien. Man sollte sie mindestens 2 Mal pro Woche mit in seinen Zeitplan integrieren. Gönnen Sie sich selbst als Abschluss des Tages etwas Gutes, Ihrem Schädel bzw. Ihren Schädeln machen Sie damit ebenfalls eine Freude.
Man kann diese Art der Chakrenreinigung sowohl mit einem, als auch mit mehreren Schädeln gleichzeitig machen. Ideal ist ein Citrinschädel, man kann bereits mit Schädeln ab 100 Gramm gut arbeiten.
Zu Beginn steht wieder unsere Meditationseinleitung, wobei man hier die Bitte dahingehend formulieren kann, dass eine Chakrenreinigung und Harmonisierung durchgeführt werden möge, wie sie zum derzeitigen Zeitpunkt heilsam und stimmig für uns ist.
Besitzt man einen Kristallschädel, legt man diesen mit dem Wurzelchakra beginnend für ca. 10 Minuten pro Chakra auf und arbeitet sich langsam von Chakra zu Chakra nach oben vor.
Steht Ihnen nur wenig Zeit zur Verfügung, legen Sie Ihren Kristallschädel intuitiv auf das Chakra auf, welches sich sofort meldet.
Mit mehreren Schädeln kann man entweder gleichzeitig mehrere Chakren bearbeiten oder aber Chakra für Chakra nach oben gehen und nur den entsprechenden Schädel je nach Chakra wechseln.

Im Idealfall stehen Ihnen auch 7 oder mehrere kleinere Schädel in den Chakren zugeordneten Farben zur Verfügung, sodass Sie auf einmal alle Chakren bearbeiten können.

Wie auch immer Sie arbeiten werden, hat keinen Einfluss auf das Ergebnis. Eine Chakrenreinigung mit einem Schädel ist genauso effizient und effektiv wie eine mit 7 Schädeln. Auch wenn man eine größere Kristallschädelfamilie zur Verfügung hat, sollte man auf die eigene Intuition hören und genauso arbeiten. Es ist ein Irrglaube, dass auf das Herzchakra immer ein rosafarbener oder grüner Kristall aufgelegt werden sollte, es kann die Wahl genauso gut auf einen Sodalith fallen.

Mit dem Dank an die geistige Welt schließen wir die Behandlung ab. Sollten wir die Möglichkeit gehabt haben, abends als Abschluss des Tages unsere Chakren zu klären, beenden wir unseren Tag in Ruhe oder bleiben direkt im Bett.

Abschließend wollen wir uns nochmals dem Thema **Schutz zuwenden, diesmal mittels eines Kristallschädels.** Generell wird Schädeln aus schwarzem Turmalin oder Obsidian, Amethystschädeln, roten Jaspisschädeln und Rauchquarzschädeln eine direkte Schutzfunktion zugeschrieben. Sollten Sie also vorhaben sich in eine Situation zu begeben, in der Sie verstärkten Schutz benötigen, oder einfach nur mit einem guten Gefühl durch den Tag gehen wollen, ist es empfehlenswert einen dieser Schädel während des Tages mit sich zu führen. Vorzugsweise wählt man einen kleineren Schädel mit wenigen hundert Gramm damit man ihn in die Hosentasche oder Handtasche stecken kann.

Es besteht aber auch die Möglichkeit sich mit Hilfe eines Kristallschädels energetischen Schutz aufzubauen. Dazu benötigen Sie im perfekten Fall einen mittelgroßen bis lebensgroßen Bergkristallschädel. Nachdem Sie die Einleitung gemacht haben, setzen Sie sich vor den Schädel, so dass Sie ihm direkt ins Gesicht schauen. Dazu bietet es sich an, den Schädel auf einen Tisch vor sich zu stellen und visualisieren, wie aus dem Schädel zum Beispiel violettes Licht austritt und sich um Sie herum verteilt, sich in Ihnen bis in jede Zelle ausbreitet und darüber hinaus sich in all Ihre energetischen Körper verteilt und diese vollständig ausfüllt, bis Sie sich vollständig geschützt wiederfinden. Diesen Prozess kann man mit allen Farben wiederholen, wie einem in diesem Moment intuitiv als angebracht erscheinen (siehe bei Farbenzuordnung im Anschluss).

Abschließend bedanken Sie sich für Ihren vollständigen Schutz und gleichen die Chakren an.

Im Folgenden finden Sie einige der wichtigsten Farben, mit denen man sich spezifisch schützen kann, mit ihren zugeordneten Einsatzbereichen.

Weißes Licht

Klare, liebevolle Energie um sich selbst und andere zu heilen und zu schützen. Visualisieren Sie sich selbst oder die andere Person umgeben von weißem Licht und halten dabei die Absicht – Heilung, Schutz.

Weißes Licht ist auf der physischen Ebene ein sehr starker und kraftvoller Schutz.
Darüber hinaus kann man weißes Licht auch sehr wirkungsvoll als Schutz bei Flügen und Reisen generell, sowie als Schutz für jeden, der sich außer Haus „auf der Straße“ bewegt, einsetzen. Bei Flügen kann man sich zum Beispiel die ganze Flugzeit eingehüllt in weißem Licht vorstellen und so einen Schutz herstellen.

(*Randbemerkung*: auf Flügen sollte man immer einen schwarzen Turmalin mitführen, zum einen als sehr starken generellen Schutz und zum anderen, um elektromagnetische Kriechströme zu neutralisieren).

Grünes Licht

Grünes Licht ist das absolute Heilungslicht und zwar auf allen Ebenen, sowohl physisch als auch psychisch und mental.
Grünes Licht kann effektiv dazu eingesetzt werden, mental an Kranke gesendet zu werden, besser visualisiert man die Person jedoch darin.
Wird man z. B. Zeuge eines Unfalls dessen Opfer man nicht kennt und damit nicht visualisieren kann, schickt man ihm einfach gedanklich grünes Licht und bittet zusätzlich Erzengel Raphael um Hilfe für das Opfer.

Des Weiteren kann man grünes Licht einsetzen, um die Kraft und Energie von Heilern und allen anderen Personen die im Gesundheitswesen arbeiten, Doktoren, Pfleger, Krankenschwestern, Heilpraktiker etc. zu verstärken

Violett / Lila Licht

Die Schutzfunktion von violettem Licht liegt speziell im spirituellen Bereich. Sehr gut einsetzbar in Kombination mit dem energetischen Schützen vor schlechten bzw. negativen Energien. Dabei spielt es keine Rolle, ob man davon weiß, dass schlechte Energien geschickt werden oder nicht.
Es bietet sich also an, seinen energetischen Schutz vor einer Behandlung immer in Kombination mit violettem Licht zu machen. Hierbei sei angemerkt, dass man beim energetischen Schutz eine Kombination aus unendlich vielen verschiedenen Farben machen kann, ganz wie es sich stimmig und heilsam anfühlt. Denkbar wäre demnach, sich grundsätzlich in weiß als generellem Schutz zu hüllen, darüber eine Kappe grünes Licht für die Heilungstätigkeit und zur eigenen Energieverstärkung als Heiler, dann eine Schicht lila für den spirituellen Schutz und um alles herum eine Schicht goldenes Licht … dies ist eine sehr potente und kraftvolle Art des Schutzes.

Ebenfalls gut einsetzbar ist Violett gegen Ärger und Eifersucht, nicht zu vergessen seine transformierende Wirkung.

Kobaltblaues Licht

Die Hauptfunktion von kobaltblauem Licht ist es, uns gegen Geistwesen, Geister mit sehr schlechter, unheilsamer Energie zu schützen. Bereits die alten Ägypter und die Mayas haben ihre Tempel mit Kobaltblau gegen derartige Fremdenergien wirkungsvoll geschützt.

Kobaltblau ist ebenfalls sehr kraftvoll als genereller Schutz von Häusern und Gebäuden, entweder indem man diese in tiefem Kobaltblau visualisiert oder aber indem man etwas Kobaltblaues nahe dem Eingang positioniert.

Pinkfarbenes Licht

Pinkfarbenes Licht ist ein sehr kraftvoller Energie-Filter, der alles Negative herausfiltert und nur positive, liebevolle Energie durchlässt, deshalb sehr zu empfehlen, wenn man sich an Orte mit großen Menschenansammlungen begibt, deren Energie man nicht einschätzen kann.

Pinkfarbenes Licht ist auch sehr gut einsetzbar bei Personen die viel Zeit in ihrem niederen Selbst, „Ego“, verbringen und dazu neigen, eher negative Gedanken zu hegen und wenig Liebe leben können.

* * *

Ich wünsche Ihnen viel Freude und wundervolle Erfahrungen beim Ausprobieren der verschiedenen besprochenen Kristallschädelsitzungen.

Lassen Sie die Energien auf sich wirken, aktivieren Sie kraftvoll Ihre Selbstheilungsenergien und wachsen Sie in jeder Sitzung mehr mit Ihrem Kristallschädel zusammen.

Die Vielfalt der Sitzungen, die man für sich selbst mit einem Kristallschädel machen kann, ist keineswegs auf die oben angeführten begrenzt. Seien Sie offen, hören Sie auf Ihre innere Stimme, vertrauen Sie und probieren Sie aus was Ihnen auf den Geist gelegt wird.

9. Kristallschädelsitzungen für andere

Nachdem wir uns mit unserem/unseren Kristallschädel/n und deren Energien bzw. Wirkungsweisen in eingehender persönlicher Studie vertraut gemacht haben und im Umgang mit ihnen eine gewisse Normalität eingetreten ist – ich möchte bewusst nicht Routine sagen, denn im Zusammenleben und Zusammenarbeiten mit einem Kristallschädel wird es zwar eine große Vertrautheit, aber niemals Routine geben, weder im Einsatz für uns selbst, noch an anderen – können wir uns daran machen, sie in Sitzungen mit anderen Menschen einzusetzen.
Auch hier würde ich vorschlagen, erst einige Probesitzungen mit Menschen zu machen, die uns nach der Sitzung genau beschreiben können wie sie die Sitzung empfunden haben, wie und wo die Energien gewirkt haben und was sich sonst zugetragen hat. Dies ist ein großes Lernpotential für uns selbst und führt uns immer mehr in die Kristallschädelarbeit ein.

Auch hier noch einmal der Hinweis, den man gar nicht oft genug sagen kann, wenn wir bei uns oder bei einem Klienten Anzeichen einer Krankheit vermuten oder diese offensichtlich sind, hat das Aufsuchen eines Arztes oberste Priorität.
Unsere Arbeit ersetzt in keiner Weise die Konsultation und Behandlung eines Arztes oder Therapeuten und bitte, niemals Diagnosen stellen oder Heilversprechen abgeben!
Unsere Arbeit ist rein spiritueller Natur, sie dient der Selbsterforschung und Selbstwahrnehmung, wodurch die Selbstheilungskräfte aktiviert werden und Heilung geschehen kann. Wer zu uns kommt ist sich dessen bewusst und sucht uns aus freien Stücken (Willen) auf, eventuelle Interpretationen, die aus Informationen oder Botschaften während der Sitzung gemacht werden, hat der Klient selbst zu verantworten und Reaktionen daraus selbst zu vertreten.

Es gibt viele verschiedene Möglichkeiten der Kristallschädelarbeit für andere Menschen, mit den, wie ich finde, wichtigsten und effizientesten, möchte ich Sie hier bekanntmachen. Probieren Sie alle selbst aus und entscheiden Sie selbst, welche die für Sie stimmigste Methode ist. Wenn man häufiger mit anderen Menschen mit Kristallschädeln arbeitet, wird man erfahren, dass wir von unserer geistigen Führung und der geistigen Führung der Person, mit der wir arbeiten, so geleitet werden, dass die für den jeweiligen Menschen in der jeweiligen Situation am stimmigsten Methode ausgewählt wird. Seien Sie offen und vertrauen Sie.

Halten Sie sich bei jeglicher Art der energetischen Arbeit immer wieder die folgenden Merksätze vor Augen:

1. Das göttliche Licht heilt, ich bin nur der Kanal für das göttliche Licht!
2. Das göttliche Bewusstsein/die Quelle weiß exakt was benötigt wird, heilsam und stimmig ist!
3. Meine Aufgabe ist es, einfach nur klarer und offener Kanal für das göttliche Licht und die bedingungslose, allumfassende Liebe zu sein, sie fließen zu lassen!
4. Ich bin ein hohler Bambus/Rohr (Kanal), durch mich strömt das göttliche Licht klar und kraftvoll, um dem empfangenden Menschen die Unterstützung und Heilung zu schenken, die er braucht, um seinen nächsten Entwicklungsschritt im Einklang mit dem ganzen Universum gehen zu können, so wie es stimmig und heilsam ist.

A. Kristallschädelsitzung mit einem Kristallschädel

Diese Art der Kristallschädelarbeit können Sie bereits in dem Moment durchführen, wo Sie nur Schädelhüter von einem Kristallschädel sind.
Sollten Ihnen mehrere Kristallschädel zur Verfügung stehen, empfehle ich Ihnen für diese Sitzung einen möglichst großen Kristallschädel aus der Quarzfamilie zu wählen.
Generell empfiehlt es sich, für jede spirituelle Sitzung mit anderen Menschen, genügend Zeit einzuplanen. Es sollten mindestens 1 bis 1,5 Stunden zur Verfügung stehen, alles andere artet in Hektik aus und genau diese können wir nicht gebrauchen, zumal sie auch noch sehr kontraproduktiv sein kann.
Bei der Planung eines Termins erachte ich es als sehr wichtig und wertvoll, dass der Klient auch nach der Sitzung noch mindestens 1 weitere Stunde Zeit hat, in der er sich ausruhen und die Sitzung nachwirken lassen kann. Man sollte bedenken, dass man nach jeder Kristallschädelsitzung sehr offen und durchlässig ist. Würde man sich beispielsweise sofort in das Getümmel eines Supermarktes stürzen, würde man unnötig Energien von außen aufnehmen, die man gar nicht im System haben möchte.

Zu den Vorbereitungen für unsere Kristallschädelsitzung gehört es, den Raum in dem wir arbeiten wollen, energetisch zu reinigen, zum Beispiel durch eine Salbeiräucherung oder einen Weihrauchreinigungsspray. Danach bereiten wir einen Platz, an dem sich unser Klient gerade ausgestreckt auf den Rücken legen kann. Wichtig ist, dass genügend Platz über seinem Kopf vorhanden ist, sodass der Schädel dort sicher platziert werden kann. Vergessen Sie nicht, dass Sie noch in der Lage sein sollten sich bequem von allen Seiten um den

Klienten herum zu bewegen. Behandlungsbänke sind für diesen Zweck oftmals zu kurz, vor allem, wenn wir mit einem sehr großen Schädel arbeiten. Lassen Sie Ihren Klienten in diesem Fall besser auf dem mit Decken oder Fellen vorbereiteten Fußboden liegen, aber bedenken Sie, dass Sie dann in der Lage sein sollten, auch auf dem Fußboden zu arbeiten. Angenehm ist oft eine Nackenrolle unter die Kniekehlen zu legen und somit den Rücken zu entlasten, da die Sitzung doch mindestens 30 bis 45 Minuten, eher längere Zeit in Anspruch nehmen wird.

Nun legen Sie alle nötigen Gegenstände, Kristallschädel und etwaige andere Dinge, wie Öle, Räucherungen etc. bereit und stellen sicher, dass alles energetisch gereinigt ist.
Denken Sie immer daran, sowohl für sich selbst als auch für Ihren Klienten, genügend Wasser bereit zu halten, da es wichtig ist während und nach energetischem Arbeiten ausreichend zu trinken und auszuleiten.

Die Kristallschädel lieben es, wenn Sie auch für Behandlungen einen kleinen Altar mit Kerzen, Blumen, Räucherung, z. B. einer Statue, Kristallen, Ästen oder anderen Naturmaterialien etc., aufbauen und auch Ihr Klient wird diese Energie sehr zu schätzen wissen. Vertrauen Sie Ihrer Intuition und erlauben Sie Ihrer Kreativität die Führung zu übernehmen.

Nachdem alle Vorbereitungen erledigt sind, die Person mit der Sie arbeiten möchten, eingetroffen ist und Sie in einem kurzen informativen Teil erklärt haben, wie die Sitzung in etwa aussehen wird, ist die Zeit gekommen in der Sie sich beide in den Raum der Behandlung zurückziehen können. Sämtliche Störquellen wie Telefone, Handys, Uhren, Türklingeln usw. sollten ausgeschaltet werden.

Wichtig: Alle Schmuckstücke, die den freien energetischen Fluss behindern könnten oder die Fremdenergien tragen könnten, sollten vor Beginn der Sitzung abgelegt und zur Seite gelegt werden.

Wenn Sie beide bereit sind, zentrieren und erden sich beide, bitten sowohl Sie als auch Ihr Klient, Ihre jeweilige geistige Führung, um Schutz und Führung für die nun bevorstehende Sitzung, damit Ihr Klient die Energie empfängt, die für ihn heilsam und stimmig ist.

Nun bitten Sie Ihren Klienten sich bequem hinzulegen und wenn möglich die Augen zu schließen.

Sie selbst beginnen mit der Einleitung, die man bei jeder Sitzung voranstellen sollte.

Einstimmung für alle Arten von spirituellen Sitzungen:

- Sprechen Sie mental oder laut eine Fürbitte, klarer und reiner Kanal für die Göttliche Heilungs- und Lichtenergie sein zu dürfen.
- Öffnen Sie Ihr Kronenchakra geistig, wie eine Lotusblüte.
- Lassen Sie goldenes Licht erst einmal in sich selbst einströmen, bis es den ganzen Körper bis in jede Zelle erfüllt.
- Öffnen Sie nun das Herzchakra und das „Dritte Auge" und lassen Sie bedingungslose, allumfassende Liebe und Mitgefühl, sowie Heilungsenergie durch diese beiden Chakren fließen.
- Vertrauen Sie in die göttliche Quelle und beschließen während der Sitzung absichtslos zu bleiben. Absichtslosigkeit heißt nicht durch unser Ego die Energie z. B. an bestimmte Stellen lenken zu wollen oder die Absicht in die Sitzung zu geben, bestimmte Muster zu lösen. Halten Sie sich stets vor Augen, es sind nicht wir, die dies zu entscheiden haben.

Haben wir die Einleitung beendet, stellen wir den Kristallschädel langsam mit dem Gesicht zum Klienten bzw. zum Kronenchakra des Klienten über seinen Kopf. Nun lassen wir die Energie für einige Minuten fließen und geben dem Behandelten die Möglichkeit sich an die Energie des Kristallschädels zu gewöhnen. Sobald wir den Impuls bekommen, dass wir zusätzlich mit Handauflegen bzw. mit zusätzlichen energetischen Gaben die Sitzung unterstützen sollen, lassen wir uns führen und unterstützen mit Energie die unseren Körper via unserem Kronenchakra erreicht und von uns durch unser Herzchakra bzw. beide Handchakren zum Patienten geleitet wird.

Wir legen die Hände dort auf oder lassen die Energie über den Stellen fließen, zu denen wir geführt werden, ohne darüber nachzudenken oder zu bewerten. Wir sind ausschließlich Kanal, der seine Anweisungen ausführt.
Wenn eine Stelle gesättigt ist, gehen wir weiter zu der nächsten bis wir merken, dass der Energiefluss langsam nachlässt oder ganz zum Stehen kommt.
Das kann zwischen 30 und 60 Minuten dauern, aber sie werden während der Sitzung kein wirkliches Zeitgefühl haben, sondern erst danach merken wie lange sie gedauert hat.

Wie auch bei den Einzelsitzungen für uns beenden wir die Sitzung, indem wir unsere Chakren in der Vorstellung, wie eine Blume am Abend, wieder so weit schließen, bis es sich stimmig anfühlt. Danach bedanken wir uns bei der göttlichen Urquelle, unserer geistigen Führung und dem Kristallschädel für die erhaltene Energie.

Ich persönlich finde es eine wundervolle Geste sich kurz zu verbeugen, als Zeichen dafür, dass wir der Schöpfung zum Wohle aller Wesen in Hingabe und Liebe dienen wollen.

Als letztes führen Sie eine sogenannte **„Magnet-Meditation“** (nach Hahl) durch, dabei Hände in Richtung des Partners halten:

1. Stellen Sie sich vor, Sie sind ein Magnet und ziehen jetzt alle evtl. von Ihnen übergeflossenen, persönlichen Energien wieder zu sich zurück, wie ein Magnet die Eisenspäne anzieht. Während Sie diese Vorstellung halten, mehrmals kräftig einatmen.
2. Nun stellen Sie sich vor, Ihr Behandlungspartner ist ein Magnet und zieht jetzt alle evtl. von ihm zu Ihnen geflossenen persönlichen Energien zu sich zurück, wie ein Magnet die Eisenspäne. Dabei mehrmals kräftig ausatmen.
3. Hat man das Gefühl, das sehr negative, dunkle oder kranke Energien zu einem übergeflossen sind, beide Handflächen auf den Boden legen und mehrmals kräftig ausatmen, während man sich vorstellt, dass diese Energien in das reinigende Feuer der unterirdischen Magma von Mutter Erde abfließen, dort verbrannt und transformiert werden.

Machen Sie es sich zur Gewohnheit, diese einfache und effiziente Meditation als Abschluss einer jeden Sitzung durchzuführen, sowohl zu Ihrem als auch zum Schutz Ihres Klienten oder Partners.

Lassen Sie Ihren Klienten ganz langsam wieder ins Tagesbewusstsein zurückkehren. Geben Sie ihm/ihr die Möglichkeit für einige Minuten in sich zu ruhen, bevor Sie mit ihm/ihr die Sitzung besprechen und eventuell erhaltene Botschaften austauschen oder Fragen zu klären versuchen.

Nun ist es auf jeden Fall an der Zeit zu trinken und die Erdung zu überprüfen. Eine einfache Methode der Erdung ist am Ende der Sitzung die Energie mit den Händen vom Kopf runter zum Bauch bzw. den Füßen auszustreichen. Es empfiehlt sich jedoch immer, nach einer Sitzung eine Kleinigkeit zu essen, das darf auch mal ein Keks oder ein Stück Schokolade sein.

* * *

An dieser Stelle möchte ich noch ein paar generelle Informationen und Hinweise zu Sitzungen mit Kristallen bzw. Kristallschädeln geben.
Kristallschädel unterstützen bei dem Behandelten die emotionale Heilung, fördern die eigene Bewusstwerdung, helfen sich selbst im richtigen Licht zu sehen – Prozess der Selbsterkenntnis –, verbinden uns mit unseren wahren

Wurzeln und führen uns neue Sichtweisen vor Augen, die wir bislang nicht annehmen konnten.
Oft sind Sitzungen, deren Fokus auf der emotionalen Heilung des Klienten liegt, von starken emotionalen Prozessen begleitet, in denen es nicht selten dazu kommt, dass ein Klient weint, aufgeregt ist, friert und zittert, Angst verspürt und sogar in Rückführungen gelenkt werden kann, in denen er Bilder und Informationen erhält, die er längst vergessen, weit verdrängt und gut abgeschlossen hatte.
Heilung geht nicht nach dem Lustprinzip. Allerdings geschieht alles so, wie es richtig, heilsam und stimmig für den Klienten ist, auch wenn er es in diesem Moment noch nicht sieht oder verstehen kann.

Der Heilungsprozess bringt alles hoch, was nicht im freien Fluss ist, wir arbeiten direkt am energetischen System des Menschen, deshalb sind heftige Reaktionen genauso normal, wie freudige und liebevolle Erfahrungen während der Sitzung. Bleiben Sie im Vertrauen und unterstützen Sie Ihren Klienten liebevoll und sicher.

Zur Arbeit mit Kristallschädeln, die vom Ansatz her quasi so etwas wie riesige Heilsteine sind, sollte man wissen, dass Quarze unsere Energiefelder aktivieren und unseren Energiefluss heben, sobald man sie in das menschliche Energiefeld einbringt.
Das menschliche Bindegewebe besteht aus Silizium, Quarze aus Siliziumdioxyd, deshalb können die elektromagnetischen Ströme gut durch das Bindegewebe laufen und von uns aufgenommen werden.

Die Behandlung des Kopfes bzw. vom Kopfbereich aus, wie bei der vorangegangenen Form der Sitzung, ist sehr effektiv und auch zeitsparend, da alle Probleme im Kopf anfangen und auch dort behoben werden müssen.

Viele von uns haben von ihren Familien Strukturen, Verhaltensmuster, sowie psychische Strukturen mitbekommen. DNA ist auflösbar, wenn diese alten Muster und Strukturen aufgelöst werden, und genau diese Themen werden in Kristallschädelsitzungen sichtbar gemacht und hochgeholt, damit sie abgelöst werden können.

Oftmals bekommen sowohl wir als Behandler, als auch unsere Klienten während den Sitzungen zusätzliche Informationen, Botschaften und Hinweise.
Diese machen auf den ersten Blick nicht selten einen unsinnigen oder wirren Eindruck, können sich aber schon im anschließenden Gespräch mit dem Klienten als äußerst hilfreich und aufschlussreich für dessen Entwicklung erwei-

sen oder werden sich im Verlaufe der Zeit als wertvolle Hilfestellung herausstellen.
Ganz wichtig in diesem Zusammenhang ist es, die von uns empfangenen Botschaften genauso an den Klienten weiterzugeben, wie wir sie bekommen haben, ohne sie vorher zu filtern oder unserem Ego auch nur die Spur einer Chance zu lassen bewertend einzugreifen. Ganz egal wie unsinnig das Erhaltene auch für uns aussehen mag.
Ich sage immer, es ist weitaus einfacher mit einem Klienten zu arbeiten, von dem man absolut gar nichts weiß. Da kann sich unser Ego nicht einschalten und uns vorgaukeln, dass die Information, die wir bekommen haben, nicht stimmen kann, weil wir gewisse Vorinformationen haben, die dagegen sprechen könnten.
Sagen Sie klar heraus, was Sie bekommen haben, ohne darüber nachzudenken, was der Klient von Ihnen denken könnte, das ist nur eine Egofalle.

Sollte ein Klient eine Botschaft bekommen oder Bilder empfangen haben, die er mit „Fühlt sich an, als ob …“ kommentiert, deutet diese Feststellung sehr oft auf karmische Dinge hin, also auf Erfahrungen, die der Mensch bereits in einem früheren Leben gemacht hat. Ein Beispiel hierzu: Zu mir sagte eine Klientin mal, „ … das hat sich genauso angefühlt, als ob ich gehängt worden sei …“, im Folgenden beschrieb sie dann dieses Gefühl mitsamt seinen körperlichen Folgen und Schmerzen sehr genau. Dies zusammen mit den empfangenen Bildern deutete darauf hin, dass sie bereits in einem Vorleben gehängt worden ist. Wie kann man sonst auch sagen, fühlt sich an als ob ich gehängt worden wäre, wer kennt dieses Gefühl schon aus diesem Leben so genau.

* * *

Abschließend noch ein Wort zu einer sehr selten bis kaum auftretenden Situation. Sollte ein Patient, der zwar bewusst zu Ihnen gekommen ist um eine Sitzung zu bekommen, die Behandlung unbewusst nicht annehmen und nicht wollen, kann es dazu kommen, dass sich die Energie zu Ihnen, als dem Behandler, zurückstaut und Ihnen davon heiß oder sogar schwindlig werden kann. Bitten Sie in diesem Fall Ihre geistige Führung darum, diesen Zustand zum Wohle aller Beteiligten abzustellen. Sollte sich keine sofortige Besserung einstellen und Sie sich unwohl fühlen, brechen Sie die Sitzung ab und informieren den Klienten über das Vorgefallene. Man kann dann erneut einen Versuch starten, es sollten jedoch einige Tage zwischen den Sitzungen liegen, damit der Klient die Chance hat, erst alles zu integrieren.

B. Kristallschädelsitzung mit zwei Kristallschädeln

Kommen wir noch kurz zu Kristallschädelsitzungen mit zwei Kristallschädeln. Die Vorbereitungen des Behandlungsraums und der Umgebung entsprechen den Angaben zur Kristallschädelsitzung mit einem Schädel.
Auch die Einleitung in die Sitzung mit Zentrieren, Erden, Fürbitte, Chakren öffnen, die geistige Welt um Beistand und Schutz bitten, sind hier entsprechend und sollten generell als Einführung in jede spirituelle Arbeit absolviert werden.

Zu Sitzungen mit zwei Kristallschädeln verwenden wir, wenn möglich zwei, in etwa gleichgroße, mittel- bis lebensgroße Kristallschädel der Quarzfamilie. Steht uns nur ein Quarzkristallschädel zur Verfügung, platzieren wir diesen auf jeden Fall über dem Kopf des Klienten, mit Gesicht des Schädels zum Kronenchakra des Klienten hin. Sind die beiden verwendeten Schädel sehr ungleich in ihrem Größenverhältnis zueinander, vertrauen wir auf unsere Intuition um den geeigneten Platz für den jeweiligen Schädel zu bestimmen. Es muss nicht sein, dass der kleinere Schädel am Kopf steht, es könnte genauso gut sein, dass seine Position bei den Füßen ist.

Sobald unser Partner sich bequem hingelegt hat und wir beide zentriert, geerdet und verbunden sind, können wir damit beginnen die beiden Schädel langsam in das Energiesystem unseres Gegenübers einzubringen. Während ich diese Zeilen schreibe, habe ich gerade darüber nachgedacht, mit welcher Position ich in der Regel beginne und kann sagen, dass ich ausnahmslos mit der Kopfposition anfange, also erst den Quarzkristallschädel über dem Kopf platziere, bevor ich den 2. Schädel unterhalb der Füße abstelle.
Generell kann man sagen, dass die Kristallschädel in einem Abstand von bis zu 50 cm, in vereinzelten Fällen sogar bis zu 70 cm vom Körper entfernt in das Energiesystem des Klienten eingeführt werden können. Das heißt, ein Schädel muss nicht direkt mit wenigen Zentimetern Abstand hinter dem Patienten stehen, um seine volle Wirksamkeit zu entfalten. Hören Sie hier ebenfalls auf Ihr Bauchgefühl und die Durchgaben.

Nachdem beide Schädel positioniert worden sind, geben Sie dem Energieempfänger genügend Zeit sich an die neuen Energien zu gewöhnen.
In der Regel werden alle bestätigen können, dass sie einen starken Energiefluss durch das Kronenchakra eintretend gespürt haben. Anfänglich hat man oft das Gefühl, dass all unsere störenden Gedanken und Energien in den über dem Kopf stehenden Schädel gesaugt werden, um dort transformiert zu werden, bevor sie uns wieder zugeführt werden.

Wenn Sie feststellen, dass diese Prozedur abgeschlossen ist und Ihr Partner bereit ist, zusätzliche energetische Unterstützung zu erhalten, beginnen Sie damit Ihre Hände aufzulegen oder über die entsprechenden Stellen zu halten, die eine energetische Versorgung erfordern. Nicht selten wird es passieren, dass Sie hierbei merken, dass sich Ihre Hände ohne Ihr Zutun zu den Chakren bewegt haben, um auch diese energetisch zu reinigen und zu harmonisieren. Halten Sie die Positionen jeweils so lange, wie es sich stimmig anfühlt und gehen Sie dann weiter.

Sitzungen mit einem Schädel am Kopf und einem an den Füßen eignen sich hervorragend dazu, größere Energieblockaden zu beheben, die den freien energetischen Fluss im Körper verhindern. Auch zur Entfernung von energetischen Blockaden aus der Pranaröhre und zu deren Erweiterung ist diese Methode ideal geeignet.

Oft stellt es sich als sehr empfehlenswert heraus, während der Sitzung beide Fußchakren mit zusätzlicher Energie zu versorgen, um so die Energiebahnen frei zu bekommen. Die Fußchakren ziehen die Energie aus Ihren Handchakren geradezu heraus, wenn der Klient einen erhöhten Energiebedarf haben sollte. Gestatten Sie es in diesem Falle, dass die Energie so lange läuft bis eine vollständige Sättigung eintritt. Während der „Energieinfusion“ halten Sie mental den Energiefluss von Ihrem Kronenchakra eintretend bis hin zum Patienten.

Erfahrungsgemäß dauert eine Sitzung mit zwei Kristallschädeln zwischen 45 und 60 Minuten. Schließen Sie die Session mit dem schon mehrfach besprochenen Abschluss – Dank, Chakren schließen und Magnet-Meditation – ab.

Es ist am Ende einer Sitzung auch immer eine schöne Geste, wenn sich der Klient ebenfalls bei den Kristallschädeln bzw. den Kristallschädelwesenheiten für die erhaltene Unterstützung bedankt.
Lassen Sie sich so viel Zeit, wie benötigt wird, um das Erfahrene nachwirken zu lassen und die Botschaften auszutauschen bzw. zu besprechen.

Kristallschädelanwendungen sollten nicht häufiger als einmal in der Woche gemacht werden, damit der Empfangende die Zeit hat, die erhaltenen Energien zu integrieren, die Botschaften zu verarbeiten und an den Dingen zu arbeiten, die nochmaliger Betrachtung bedürfen.
Selbstverständlich gilt dies nicht für Notfälle, wie Unfälle, OP's und andere akute Situationen, in der Ihr Klient zusätzliche Heilenergietransfusionen benötigt.

C. Chakrenarbeit mit Kristallschädeln

Bevor wir uns den Sitzungsverlauf einer Chakrenreinigung und Harmonisierung mit Kristallschädeln ansehen, möchte ich kurz auf die Chakren und ihre Funktion eingehen, sowie Sie mit den, den einzelnen Chakren zugeordneten, Farben und Mineralien vertraut machen.

Chakren sind Energiebahnen, die sich durch unseren Körper ziehen, aber genauso wenig wie unsere Seele, organisch nachweisbar sind. In Europa ist das Chakrenwissen in den letzten Jahrhunderten durch die Christianisierung verlorengegangen. In Asien jedoch hat es seit Jahrtausenden seinen Stellenwert und Einsatzbereich, in Heilsystemen wie TCM, Ayurveda, Reiki etc. Seit einigen Jahren findet die Chakrenarbeit auch bei uns wieder zu ihrem Einsatz, zum Beispiel in Körpertherapien wie Bioenergetik, der Alexander-Technik, Reiki und der Engeltherapie.

Sieben Chakren werden als Hauptenergiezentren des Menschen angesehen und befinden sich entlang der Wirbelsäule bzw. senkrechten Mittelachse des Körpers.

Man kann sich die Chakren als Energiewirbel vorstellen, die die Aufgabe erfüllen, Energien von außen aufzunehmen und dem menschlichen Energiesystem zuzuführen. Die Chakren sind in der Lage aus dem feinstofflichen Körper des Menschen, der Natur und der Umgebung Lebensenergien aufzunehmen und diese umzuwandeln, so dass der physische Körper sich damit weiter entwickeln kann. Der Mensch nimmt dies unter anderem als Gedanken, Gefühle oder physische Empfindungen wahr.

Wir verfügen über einen Energiekanal entlang der Wirbelsäule, welcher die von den Chakren zugeführte Energie im Organismus verteilt. Die Chakren sind miteinander verbunden, wobei jedes Chakra einen bestimmten Bereich des Körpers mit Energie versorgt. Sogenannte „Kanäle" stellen Verbindungslinien her, je nach Entwicklungs- und Bewusstseinszustand sind sie unterschiedlich ausgebildet. Die Beschaffenheit dieser Kanäle bestimmt, wie viel Lebensenergie in unserem Körper fließen kann. Je mehr Energie in uns fließt, umso frischer und lebendiger fühlen wir uns. Durch traumatische Ereignisse, Schocksituationen oder andere schmerzhafte Erlebnisse können unsere Energiekanäle blockiert werden, was zur Folge hat, dass bestimmte Bereiche unseres Energiesystems an einer Unterversorgung leiden.

Ohne die Funktion der Chakren ist unser Energiehaushalt in den einzelnen Körperregionen gestört und bei einer vollkommenen Aufgabe der Energiezentren nicht mehr lebensfähig.

Jedes der sieben Hauptchakren steht für einen bestimmten Lebensbereich. Wenn alle Chakren einwandfrei und gleichmäßig arbeiten, fühlen wir uns

gesund und zufrieden, hierbei ist es wichtig, dass die Chakren in einem harmonischen Schwingungsverhältnis zueinander stehen.
Alle Chakren sollten in etwa gleich weit geöffnet sein, sodass sie in einem harmonischen Verhältnis zueinander stehen. Tun sie dies nicht, treten Unter- bzw. Überfunktionen auf, die störend bzw. unangenehm sind und sich negativ auf unser energetisches System auswirken, und damit Grundstein für Krankheiten sein können. Um es nicht so weit kommen zu lassen, ist eine regelmäßige Chakrenarbeit ein wichtiges Mittel.
Chakrenarbeit fördert unsere Lernprozesse und den nachfolgenden Bewusstwerdungsprozess.
Neben den sieben Hauptchakren verfügt unser Körper über eine Vielzahl an Nebenchakren, die wir allerdings hier nicht näher beschreiben wollen, da sie für unsere Arbeit nicht von Wichtigkeit sind.
Jedes der 7 Hauptchakren schwingt in einer seiner Aufgabe entsprechenden Frequenz und weist eine ihm gleichschwingende Grundfarbe auf und steht mit bestimmten Organen und Körperbereichen in Verbindung. Die sieben Hauptchakren entsprechen darüber hinaus den sieben Hauptdrüsen des endokrinen Systems (das Endokrine System ist die Gesamtheit aller hormonbildenden Organe und Zellen).
Jedes der 7 Chakren steuert einen spezifischen Aspekt des menschlichen Verhaltens und der menschlichen Entwicklung und wird seinerseits davon geprägt. Die unteren Chakren, deren Energien langsamer schwingen, stehen mit den Grundbedürfnissen und Emotionen des Menschen in Verbindung. Die feineren Energien der oberen Chakren entsprechen den höheren geistigen und spirituellen Bestrebungen und Fähigkeiten des Menschen.

Das erste Chakra, das Wurzelchakra, befindet sich zwischen Anus und Genitalien. Die ihm zugeordnete Farbe ist rot. Seine Themen sind ursprüngliche Lebenskraft, grundlegende Überlebensbedürfnisse des Menschen, körperliche Ebene der Sexualität, Urvertrauen, Verbundenheit mit der Erde, Beziehung zur materiellen Ebene des Lebens, Stabilität und Durchsetzungskraft.
Die dem 1. Chakra zugeordneten Heilsteine sind roter Jaspis, rote Koralle, Rubin, Granat, Hämatit, Onyx, Rhodonit und schwarzer Turmalin.

Das zweite Chakra, das Sakralchakra, befindet sich etwa eine Handbreit unter dem Bauchnabel. Die ihm zugeordnete Farbe ist orange. Seine Themen sind sinnliche Ebene der Sexualität, Erotik, ursprüngliche Gefühle, sowie die innere Verbundenheit mit den befruchtenden und empfangenden Energien in der Natur, den schöpferischen Kräften. Aber auch Loslassen, und mit dem Leben fließen.

Die dem 2. Chakra zugeordneten Heilsteine sind, oranger Beryll, oranger Jaspis, Karneol, Orangencalcit, Bernstein, Tigerauge und Rutilquarz.

Das dritte Chakra, das Solarplexuschakra, liegt direkt über dem Sonnengeflecht, etwa in Höhe des Magens. Es ist ein zentraler Knotenpunkt der Nervensysteme des Körpers. Die ihm zugeordnete Farbe ist gelb. Seine Themen sind Sitz der Persönlichkeit, bewusste Gestaltung des Lebens, Kraft und Fülle, Einfluss und Macht. Verarbeitung und Transformation der vitalen Antriebe und Wünsche. Integration von Gefühlen und Lebenserfahrungen.
Die dem 3. Chakra zugeordneten Heilsteine sind Tigerauge, Goldtopas, gelber Trumalin, Citrin, Bernstein und Goldpyrit.

Das vierte Chakra ist das Herzchakra, es liegt in Höhe des Herzens. Die ihm zugeordneten Farben sind rosa und grün. Seine Themen sind Liebe, Hingabe, Selbstlosigkeit, Heilung, Mitgefühl. Wahrnehmung der Schönheit und Harmonie in Natur und Kunst. Die dem 4. Chakra zugeordneten Heilsteine sind grüne Steine: Aventurin, Chrysokoll, Jade, Moosachat, Olivin, Smaragd, Turmalin.
Rosa Steine: Rosenquarz, Rhodonit, Rhodochrosit, Rubellit, Rubin in Zoisit, sowie der Fluorit.

Das fünfte ist das Kehlkopf- oder Halschakra und liegt über unserem Kehlkopf. Die ihm zugeordnete Farbe ist hellblau bis blau. Seine Themen sind Kommunikation, Ausdruck unserer Gedanken und Gefühle, Kreativität, Wahrnehmung der inneren Stimme, Inspiration, Kontakt mit dem innewohnenden Geist, Selbstbestimmung, Unabhängigkeit und Offenheit für feinstoffliche Dimensionen.
Die dem 5. Chakra zugeordneten Heilsteine sind Aquamarin, Chalzedon, Coelestin, Chrysokoll, Mondstein, Opal, Perle, Türkis, blauer Topas und Spektrolith.

Das sechste Chakra, 3. Auge oder auch Stirnchakra genannt, befindet sich zwischen den Augenbrauen. Die ihm zugeordnete Farbe ist dunkelblau bis indigo. Seine Themen sind die Erkenntnisfunktionen, Sitz des Geistes und des Verstandes, die Entwicklung außersinnlicher Wahrnehmung und die Intuition. Die Fähigkeit zur Visualisierung, Projektion unseres Willens und Manifestation durch Gedankenkraft.
Die dem 6. Chakra zugeordneten Heilsteine sind Sodalith, Amethyst, Saphir, Azurit, Lapislazuli und Fluorit.

Das siebte Chakra, genannt Scheitel oder Kronenchakra liegt einige Zentimeter über dem Scheitelpunkt unseres Kopfes. Die ihm zugeordneten Farben

sind violett, weiß und gold. Sein Thema ist die Verschmelzung mit dem universellen Sein, höchste Vollendung, Einheitsbewusstsein, sowie das Erkennen der eigenen Lebensaufgabe, sowie die Verbindung zur Urquelle.
Die dem 7. Chakra zugeordneten Heilsteine sind Amethyst, Bergkristall, Diamant, violetter Fluorit, Sugilit und Lepidolith.

Das achte Chakra, der energetische Eintrittspunkt kosmischer Energie, befindet sich über unserem Kopf, genauer gesagt etwa 20 cm über unserem Kronen- oder Scheitelchakra. Seine Farbe ist weiß.
Weiß ist die Farbe der ursprünglichen göttlichen Ursprungsenergie, die bei Reinigungsprozessen und Auflösungen unterstützt.
Die dem 8. Chakra zugeordneten Heilsteine sind Bergkristall, Apophyllit und Danburit.

Die Öffnungen der Chakren befinden sich jeweils an der Vorder- und Rückseite des Körpers mit Ausnahme des Wurzel- und Kronenchakras, welche nach unten bzw. oben geöffnet sind.
Den Chakren werden ebenfalls unterschiedliche universelle Qualitäten des menschlichen Lebens zugeordnet, aus denen sich wiederum positive und negative Ausdrucksformen ableiten. Wissen steht für das Kronenchakra, Wahrnehmung für das Stirnchakra, Ausdruck für das Halschakra, Beziehung und Liebe für das Herzchakra, Wille und Macht für den Solarplexus, Sexualität und Gefühle für das Sakral- bzw. Sexualchakra und Überleben und unsere Instinkte für das Wurzelchakra.
Mit Hilfe verschiedener Techniken, wie zum Beispiel Heilsteinarbeit, Kristallschädelarbeit, Reiki, Kinesiologie, Mudra können wir unsere Chakren positiv beeinflussen, um eine Harmonie zwischen den energetischen Körpern, der „Lebensenergie“, und dem physischen Körper herzustellen.

Bei der Kristall- oder Heilsteinchakrenarbeit stellt man grundsätzlich bei etwa 60 % aller Austestungen fest, dass die bunten Steine auf dem Körper in Höhe des farblich entsprechenden Chakras gelegt werden sollen. Diese Kristalle scheinen also mit Hilfe ihrer Farbe bzw. der Frequenz dieser Farbe ein Energieloch bzw. einen Energiemangel des entsprechenden Chakras auszugleichen und aufzufüllen.
Nur 40 % der ausgetesteten Kristalle kommen auf einen Bereich, wo man sie farblich nicht zuordnen würde, um dort einen Energieausgleich herbeizuführen (z. B. blaue Steine auf das Wurzelchakra bei Blasenentzündung und Unterleibsproblemen, statt der Farbe rot, die eigentlich mit dem Wurzelchakra korrespondiert).

Ähnliche Ergebnisse werden wir auch bei der Kristallschädelarbeit an den Chakren feststellen.

Wer sich für weitere Einzelheiten zu den Chakren und deren Zuordnung zu bestimmten Krankheitsbildern interessiert, dem steht eine vielfältige Auswahl an entsprechender Literatur zur Verfügung. Wir wollen uns jetzt aber zu unserem eigentlichen Thema der Arbeit an den Chakren mit Kristallschädeln begeben.

Im Idealfall stehen Ihnen 7 kleinere Kristallschädel in den Farben und Mineralien der einzelnen Chakren zur Verfügung, sowie 2 größere Quarzkristallschädel. Die Kristallschädel, die zum Auflegen auf die einzelnen Chakren gedacht sind, sollten eine Größe von 100 bis 1000 Gramm aufweisen. Es sei angemerkt, dass ein kleiner Schädel von 100 Gramm in seiner Wirksamkeit einem Schädel von 1 Kilo in nichts nachsteht.
An Stellen, wie dem Kehlkopfchakra ist es sogar weitaus angenehmer für den Klienten, wenn ein kleinerer Schädel verwendet wird, da man einen größeren erstens wegen seines Gewichts an dieser Stelle kaum einsetzen kann und zum anderen eine sichere Platzierung hier gar nicht möglich wäre.
Ist es nicht möglich einen Kristallschädel direkt auf ein Chakra zu stellen, da er entweder zu schwer ist oder aber der Klient es als unangenehm empfindet, weil er in diesem Chakra massive Blockaden hat, kann man den Schädel in einem Abstand von 20 bis 50 cm neben dem Chakra in den energetischen Körper einbringen. Die Wirksamkeit bleibt die gleiche, wie in allen anderen Fällen.
Auch am Wurzelchakra ist es ratsam den Kristallschädel zwischen den Beinen direkt vor das Chakra, in den energetischen Körper einzubringen, um den Klienten nicht zu belästigen und zu stören.
Am Scheitel bzw. Kronenchakra wird der Kristallschädel generell über den Kopf auf Höhe des Chakras platziert und das Gesicht des Schädels in Richtung des Chakras gerichtet.

Stehen Ihnen nur ein größerer Kristallschädel und wenige kleinere Schädel, wie zum Beispiel ein Rosenquarz, ein Citrin, ein Rhodonit, ein grüner Aventurin oder ein Rauchquarz als Arbeitsmittel zu Ihrer Unterstützung bereit, decken Sie die einzelnen Positionen ab, indem Sie den bzw. die Ihnen zur Verfügung stehenden kleineren Schädel von Chakra zu Chakra schieben und jeweils so lange dort belassen, bis die jeweilige Position abgedeckt ist, sich das Chakra gereinigt, harmonisiert und angeglichen anfühlt.

Sollten Sie erst Besitzer eines Kristallschädels sein (ich sage „erst" weil ich weiß, dass kein Kristallschädel lange alleine bleibt) ist es Ihnen trotzdem möglich eine Chakrenbehandlung auszuführen. Sie machen dies, indem Sie mit diesem einen Schädel beim Wurzelchakra beginnend nach oben arbeitend alle Chakren, Position für Position durchgehend abdecken und jeweils so lange verweilen, bis diese energetisch vollständig versorgt sind.
Eine weitere Möglichkeit mit einem Kristallschädel eine Behandlung des gesamten Chakrensystems vorzunehmen, besteht darin, zusätzlich zu dem Kristallschädel mit Heilsteinen in den jeweiligen Farben der Chakren zu arbeiten oder sich ein Chakrenset zu Hilfe zu nehmen.
Ich liebe es beispielsweise ein Pyramiden-Chakrenset mit meinem Rauchquarzschädel Kasper zu kombinieren. Das hat den Vorteil, dass man zusätzlich noch den kraftvollen und interessanten energetischen Aspekt, den Pyramiden aufweisen, mit in die Sitzung einbauen kann.

Nachdem Sie die Vorbereitungen des Behandlungsraums und der Umgebung entsprechend den Angaben weiter oben im Kapitel abgeschlossen haben, Ihr Klient eingewiesen und aufgeklärt worden ist, Sie sich beide zentriert und geerdet haben, beginnen Sie die Sitzung mit der Einstimmung mit Fürbitte und eigener Chakrenöffnung, wie bereits beschrieben.

Hat Ihr Partner sich bequem hingelegt, können Sie damit beginnen den oder die beiden größeren Quarzkristallschädel langsam in das Energiesystem Ihres Gegenübers einzubringen. Sie beginnen an der Kopfposition, sollten Sie 2 größere Schädel haben, stellen Sie den 2. Schädel an die Fußposition.

Nachdem der oder die Schädel positioniert worden sind, geben Sie dem Energieempfänger genügend Zeit sich an die neuen Energien zu gewöhnen.
In der Regel braucht dieser ca. 5 bis 10 Minuten um sich mit der Energie anzufreunden und sich dem Energiefluss hinzugeben.
Nun bringen Sie die kleineren Schädel, einen nach dem anderen, auf die Chakren auf. Dies muss nicht in einer bestimmten Reihenfolge geschehen, verlassen Sie sich auf ihre Intuition. Es kann vollkommen normal sein mit dem Wurzelchakra zu beginnen und bereits als nächstes das Herzchakra zu versorgen. Wichtig ist die Schädel in Längsrichtung in das energetische System einzubringen, d. h. der Kopf der Schädel zeigt immer Richtung Kopf oder Richtung Füße des Klienten, nie in Querrichtung. Wir arbeiten als Kanal und sollten auf die Botschaften, die uns gemacht werden, hören.

Wie wir oben erfahren haben, ist es auch nicht zwingend notwendig die jeweiligen Chakren mit Schädeln in den ihnen zugeordneten Farben zu belegen,

sondern es kann gut der Fall auftreten, dass auf dem Kehlkopfchakra ein Citrin-Schädel zu liegen kommt, was auf eine Blockade in diesem Bereich hindeuten würde.
Sollte bei der Legung ein Chakra dabei sein, welches nicht von einem Schädel belegt werden will, akzeptieren Sie dies wertungsfrei und versuchen nach einigen Minuten nochmals mit dem Chakra in Resonanz zu treten, um abzuklären, ob es jetzt bereit für die Schädelenergie ist.

Sollte es beim Einbringen der einzelnen Schädel auf die Chakren zu heftigen Reaktionen seitens des Klienten kommen, wie Zusammenzucken, Aufstöhnen, Loslachen, Weinen oder was auch immer, beobachten Sie die jeweilige Reaktion, versuchen Sie aber erst einmal nicht diese zu unterbinden. Es kann zu plötzlichen Rückführungen, Déjà-vu-Erlebnissen Erinnerungen, Gefühlsaufwallungen etc. kommen, die man nicht unterbinden sollte, da sie dadurch nur erneut zu Blockaden führen würden. Vertrauen Sie Ihrer geistigen Führung, Sie und Ihr Klient sind geschützt und es wird nichts geschehen, was ihm oder Ihnen schadet. Viele dieser heftigen Reaktionen brauchen einige Minuten bis sie wieder abebben bzw. aufgelöst worden sind. Sollte es wider Erwarten einmal zu einer Begebenheit kommen in der sich Ihr Gegenüber nicht mehr beruhigen will und sich immer mehr in die Situation hineinsteigert, sollte man selbst vollständig ruhig und geerdet bleiben. Man kann derartige energetische Prozesse im Notfall immer beenden, indem man den Schädel aus der Längsrichtung, wie wir ihn eingebracht haben, in die Querposition bringt und damit an dieser Stelle den Energiefluss stoppt. Danach wird sich die Situation sehr schnell auflösen. Bitten Sie zusätzlich Ihre und die geistige Führung Ihres Klienten, darum, die zugrundeliegenden Muster aufzulösen und die Situation energetisch zu beenden. Sprechen Sie nach der Sitzung jedoch nochmals an, in welcher Situation sich Ihr Partner befunden, welche Bilder er gesehen hat, damit Sie den Prozess auf diese Weise ablösen können.

Nachdem alle Kristallschädel ihre Position gefunden haben, lassen Sie Ihrem Klienten wieder genügend Zeit sich an die neue energetische Situation zu gewöhnen.

Wenn Sie feststellen, dass Ihr Partner bereit ist zusätzliche energetische Unterstützung zu erhalten, beginnen Sie damit Ihre Hände aufzulegen oder über die entsprechenden Stellen zu halten, die eine energetische Versorgung erfordern. Das kann direkt über den Chakren, d. h. über den Schädeln sein, aber auch an völlig anderen Stellen, wie z. B. den Kniekehlen oder Fußchakren. Nicht selten wird es passieren, dass Sie hierbei merken, dass sich Ihre Hände ohne Ihr Zutun bewegen und ihren Weg wie ferngesteuert finden. Halten Sie

die Positionen jeweils so lange, wie es sich stimmig anfühlt und gehen Sie erst weiter wenn die Positionen gesättigt sind.
Schauen Sie auch nach, ob die Fußchakren mit zusätzlicher Energie versorgt werden wollen, um so die Energiebahnen frei zu bekommen und zu weiten.
Halten Sie während der gesamten Sitzung mental den Energiefluss von Ihrem Kronenchakra eintretend, über Ihr Herzchakra, bis hin zu den Handchakren zum Patienten im Fluss.
Es kann der Fall auftreten, dass ein Chakra vollkommen unverbunden mit den anderen ist. Sollte Ihnen dies auffallen, reinigen und harmonisieren Sie es, wie alle anderen auch, danach verbinden Sie es mit dem jeweils über und unter ihm liegenden Chakra, indem Sie dabei mit der einen Hand das Chakra abdecken, mit der anderen das darunter- bzw. darüberliegende Chakra. So stellen Sie eine Brücke zwischen den beiden Chakren her und verbinden Sie auf diese Art wieder. Lassen Sie hierbei die Energie einige Minuten laufen.

Erfahrungsgemäß dauert eine Chakrensitzung etwa 60 Minuten. Sobald alle Chakren in gereinigtem, harmonisiertem und angeglichenem Zustand sind, beenden Sie die Session mit dem schon mehrfach besprochenen Abschluss – Dank, Ihre eigenen Chakren schließen und Magnet-Meditation.

Bedanken Sie sich beide ebenfalls bei den Kristallschädeln bzw. den Kristallschädelwesenheiten für die erhaltene Unterstützung.
Lassen Sie sich so viel Zeit wie benötigt wird, um das Erfahrene nachwirken zu lassen und die Botschaften auszutauschen bzw. zu besprechen. Achten Sie darauf, dass Ihr Klient nun genügend Wasser zu sich nimmt, um den Reinigungsprozess zu unterstützen.

Die Platzierung der einzelnen Schädel kann wichtige Hinweise auf Blockaden und unterbrochenen Energiefluss aufzeigen. Merken Sie sich an welcher Stelle die jeweiligen Schädel gestanden haben.

Eine Chakrenharmonisierung sollte regelmäßig durchgeführt werden, mindestens einmal im Monat, besser allerdings häufiger.
Ich selbst habe es mir angewöhnt, in jede Behandlung in der Regel auch eine Chakrenreinigung zu integrieren bzw. die Behandlung damit zu beginnen, da die Energien besser fließen können, wenn die Chakren frei und harmonisch sind.

Eine wunderbare Unterstützung bei der Chakrenharmonisierung können uns auch planetare Stimmgabeln liefern. Die einzelnen Stimmgabeln haben unterschiedliche Frequenzen. Zum Beispiel entspricht das Kronenchakra einer Frequenz von 172,06 Hertz, auch das platonische Erdenjahr genannt, oder der

Solarplexus entspricht einer Frequenz von 126,22 Hertz, auch Sonne genannt. Wir können die Stimmgabeln während der Sitzung entweder auf die entsprechenden Chakren oder auch intuitiv auf die auftretenden Chakren aufbringen, nachdem wir sie angeschlagen haben. Dabei können wir sie entweder direkt über das Chakra halten oder auch über den auf dem Chakra stehenden Kristallschädel.

Kristallschädel sind generell von Stimmgabeln, Klangschalen, Trommeln etc. und deren Einsatz begeistert und nehmen die Frequenzen gerne auf.

10. Erdheilung mit Kristallschädeln

Was ist Erdheilung und kann jeder Mensch als Erdheiler tätig werden?
In den letzten Jahren erwachte das Bewusstsein der Menschen in Mutter Erde ein eigenständiges Lebewesen zu sehen, welches über ein Bewusstsein verfügt, Gefühle und Bedürfnisse hat, immer mehr. Mutter Erde denkt, fühlt, atmet, spricht und leidet. Sie leidet unter den Verletzungen, die wir ihr seit Jahrtausenden zugefügt haben und noch heute täglich zufügen, ohne uns über das wirkliche Ausmaß bewusst zu werden.
Wir sollten uns darüber klar werden, dass die Erde ohne uns leben kann, wir aber niemals auch nur einen Tag ohne sie. Sie ist es, die uns nährt und trägt, die uns liebt und heilt. Ohne sie und ihre Energien gäbe es kein Leben (siehe Abbildung 33).
Jeder von uns kann Mutter Erde als Dank für all das, was sie für uns tut, seine Liebe, Zuwendung und Fürsorge zeigen, sich ihr zuwenden und sie mit Heilungsenergie versorgen, um so zu ihrer Heilung auf allen Ebenen und damit zu ihrem Aufstieg in die 5. Dimension beizutragen.
Um Erdheilung zu praktizieren braucht man keine große Ausbildung. Man kann nichts falsch machen, solange man sich mit der göttlichen Urquelle verbindet, sich von ihr führen lässt und ihren Anweisungen gemäß als Kanal arbeitet. Je mehr Menschen sich öffnen und an Erdheilungen gemeinsam teilnehmen, desto mehr können wir erreichen. Zu diesem Zweck veranstalte ich seit Jahren wöchentlich eine Erdheilungsmeditation, in die sich Menschen rund um die Welt auf mentalem Wege einstimmen können. Hierbei verstärken wir die Energien sowohl mit Erdenhüterkristallen, als auch mit Kristallschädeln.
Die Erde ist ein gigantisches Energiesystem, durchzogen von mehr oder weniger starken Energielinien, in denen die zur Verfügung stehende Energie geleitet wird. Diese sind durch menschlichen Missbrauch, Umweltverschmutzung und Zerstörung beeinträchtigt. Unser Planet leidet, kann sich und seine Bewohner nicht mehr ausreichend energetisch versorgen.
Auf mentale Art und Weise ist es uns möglich, energetische Störungen zu beheben, den Energiefluss wiederherzustellen und Mutter Erde Heilung zukommen zu lassen. Zeigen Sie ihr Ihre Liebe und Dankbarkeit. Es gibt verschiedene effiziente, einfach erlernbare Methoden der Erdheilung. Sie fangen alle damit an, dass wir unser Bewusstsein auf Mutter Erde richten, sie in den Fokus stellen, dazu ist es notwendig innezuhalten, zuzuhören und zu erfühlen.
Wir müssen wieder lernen in die Natur zu gehen, uns mit Mutter Erde zu verbinden, auf ihre Botschaften zu hören, ihre Schönheit und ihre unglaubliche Schöpfungsvielfalt anzuerkennen und zu lieben.

Wer hat nicht schon von ihm gehört „Meinem Freund dem Baum“, gehen Sie hinaus und suchen Sie Ihren Freund den Baum, begleiten ihn durch die Jahreszeiten, nehmen Sie ihn mit allen Sinnen wahr, erfühlen Sie ihn und nehmen Sie ihn in sich auf. Wer jemals das Gefühl hatte, dass sein Freund der Baum ihn mit Liebe empfängt, ihn mit seiner Kraft unterstützt und ihn wenn nötig mit seiner Weisheit tröstet, für den wird nichts mehr so sein wie es vorher war. Haben wir erfahren, dass Einheitsbewusstsein mehr als nur ein modernes Wort ist, werden wir diese Erde mit all ihrer Schöpfung lieben und ehren.
Auf diese wundervolle Weise sensibilisiert, stehen uns diverse Methoden der Erdheilung zur Verfügung. Erdheilung mittels Erdenhüterkristallen, Erdheilungsarbeit mit Medizinrädern, Erdheilungsmeditationen mit dem weißen Büffelschädel und der Energie der weißen Büffelfrau, Errichtung von Erdheilungstempeln, Einweihung von Kraftplätzen, energetische Unterstützung des kleinen Volkes, Erdheilungsarbeit durch Ausbringen von Heilsteinen und deren Vernetzung mit einem Generatorkristall, Landschaftsheilung um Plätze und Landschaften von Störungen zu befreien, um nur einige Erdheilungsarten anzuführen.
Wir wollen uns im Anschluss mit der Erdheilung mittels Fernenergieübertragung mit einem Kristallschädel beschäftigen, bevor wir auf das Ausbringen von Kristallen und deren Vernetzung mit Kristallschädeln eingehen.

Fernenergieübertragung bei der Erdheilung und Erdheilungsmeditation mit Kristallschädeln

Eine Erdheilungsmeditation kann man mit einem, aber auch mit mehreren Kristallschädeln gleichzeitig machen. Man kann dabei alleine arbeiten, aber sich auch als Gruppe zusammenschließen.
Der Kristallschädel, der bei der Energiesendung quasi als Generatorkristall fungiert, sollte aus der Quarzfamilie stammen, am besten ein Citrin, Amethyst, Rauchquarz oder Bergkristall sein.

Wie bei allen anderen Fernenergieübertragungen und energetischen Sitzungen verwenden wir auch bei der Erdheilungsmeditation die uns bekannte Basiseinleitung. Nachdem wir uns verbunden und die Einstimmung beendet haben, nehmen wir den Kristallschädel, der uns als Generatorkristall dienen soll, auf den Schoß und umfassen ihn mit beiden Händen oder wir stellen ihn so vor uns, dass wir ihn mit den Händen umfassen bzw. die über ihn halten können. Die anderen an der Erdheilung beteiligten Schädel stehen in unmittelbarer Umgebung, zum Beispiel auf unserem Altar.

Haben wir die richtige Position für den Schädel ermittelt, können wir damit beginnen Lichtenergie aus dem Dritten Auge und Liebesenergie aus dem Herzchakra zu dem Generatorkristall (Schädel) hin, fließen zu lassen.
Im nächsten Schritt visualisieren wir eine Lichtsäule/Flamme aus violettem, grünem und goldenem Licht um den Schädel herum.
Jetzt stellen wir nacheinander alle Wesen, die uns einfallen bzw. die sich geistig melden, in der Vorstellung in diese Lichtflamme aus Heilungsenergie und nennen dabei laut Namen und Wohnort der betreffenden Personen (falls möglich), es folgen Landschaft, Länder, Orte, Flüsse, Meere, Gegend, Gruppen.
Dieser Vorgang setzt sich solange fort, wie sich Menschen und Orte geistig bei uns melden.
Bei mehreren Teilnehmern an der Erdheilung können gleichzeitig Namen, Orte, Länder etc. genannt werden und Wesen ins Licht des zentralen Kristallschädels gestellt werden. Wichtig ist es, sich immer wieder zwischendurch auf den Strom der Licht- und Heilungsenergien zu konzentrieren, der durch das Kronenchakra einströmt und durch das Dritte Auge bzw. das Herzchakra zum Generatorkristallschädel strömt und von dort zu den Wesen, die geistig in ihn hineingestellt werden.
Es können Freunde, Familienangehörige, Feinde oder Personen mit denen man Konflikte hat, Mitarbeiter, Nachbarn, Tiere, Pflanzen, Naturwesen, verstorbene Seelen, Plätze, Flüsse, Seen, Berge, Landschaften, Kriegsregionen, Städte, Nationen, etc. mit einbezogen werden. Ganz wichtig dabei ist, immer sein Mitgefühl und bedingungslose Liebe fließen zu lassen.
Abschließend die gesamte Erdkugel in der Vorstellung in das Licht stellen und dem Wesen von Mutter Erde Heilungsenergie zukommen lassen, wie sie heilsam und stimmig für sie ist.

Am Ende der Erdheilungsmeditation ein Gebet, wie das Folgende (sinngemäß, verwenden Sie ruhig Ihre eigenen Worte, somit lernen Sie Gebete zu formulieren), sprechen und in die Lichtsäule stellen:

„Mögen alle Wesen wahrhaft glücklich sein. Möge alles Leid in uns und auf diesem Planeten beendet sein. Mögen wir kraftvoll, liebevoll und weise unseren Anteil zur Heilung aller Wesen beitragen dürfen und darin tiefe Erfüllung finden! So sei es! Amen. Amen. Amen."

Wir beschließen die Fernenergieübertragung mit der Abschlusssequenz, die wir bei allen energetischen Sitzungen abschließend verwenden und verbeugen uns als Zeichen unserer Demut und Liebe der gesamten Schöpfung gegenüber.

Vergessen Sie nicht Ihre Erdung zu überprüfen, etwas zu trinken und gegebenenfalls eine Kleinigkeit zu essen, um so ihre Erdung zu festigen.

Eine Erdheilungsmeditation dauert in der Regel zwischen einer halben und einer Stunde, lassen Sie sich führen und vertrauen auf Ihre Anbindung und alles wird so geschehen, wie es im große Plan vorgesehen ist.

Erdheilungsarbeit mit einem Kristallschädel in der Natur

Eine wunderbare Art der Erdheilungsarbeit mit Kristallschädeln ist die Erdheilung in freier Natur.

Schauen Sie welcher bzw. welche Ihrer Schädel sich melden, um Sie zu begleiten und Ihnen bei Ihrer Erdheilungsarbeit zur Verfügung stehen wollen.

Öffnen Sie sich, sodass Ihre göttliche Führung Sie zu einem Ort, der Ihre Hilfe benötigt, geleiten kann. Schauen Sie sich dort um, erfühlen Sie den Ort energetisch und erspüren Sie den geeigneten Ort um Ihre Erdheilung auszuführen.

Nachdem Sie sich dort zur Meditation zurückgezogen haben, setzen Sie sich bequem an einen Platz, der Ihnen die direkte Verbindung mit Mutter Erde erlaubt, und platzieren Ihre Kristallschädel direkt vor sich. Am besten ist es dabei eine Position zu wählen, die es Ihnen ermöglicht mühelos beide Hände über den Schädel zu halten bzw. diese direkt auf ihn aufzulegen, um so die Energien durch ihn hindurchzuleiten.

Beginnen Sie Ihre Erdheilungsarbeit mit der Basiseinleitung.

Sind Sie zentriert, geerdet, angebunden und Ihre Chakren sind geöffnet, lassen Sie die Energien der göttlichen Quelle zuerst in Ihren eigenen Körper einfließen und diesen auffüllen, bevor Sie diese über den Kristallschädel als Generator an die Umgebung abgeben. Dabei können Sie die Energien vom Kristallschädel in die Umgebung abströmen lassen, er taktet hierbei quasi die Energie in die Umgebung.

Sie können auch eine Glocke oder eine Pyramide über dem Ort visualisieren und die Energie über den Kristallschädel einfließen lassen. Wichtig ist es, sich immer wieder zwischendurch auf den Strom der Licht- und Heilungsenergien zu konzentrieren, der durch das Kronenchakra einströmt und das Dritte Auge bzw. das Herzchakra zum Generatorkristallschädel hinfließt und von dort an die Umgegend abgegeben wird.

Halten Sie den Energiefluss so lange am Laufen, wie es sich stimmig und heilsam anfühlt.

Wenn Sie fühlen, dass der Ort energetisch abgedeckt ist und der Energiefluss abnimmt, fragen Sie, ob es noch etwas gibt, was Sie für ihn tun können, um ihm Heilung zukommen zu lassen.

Schließen Sie die Erdheilung mit einem Gebet, ähnlich dem nach der Erdheilungsmeditation, ab.
Nicht selten kann es auch vorkommen, dass Ihr Kristallschädel noch eine Botschaft für die Matrix des Ortes hat. Lassen Sie ihm Zeit mit dem Bewusstsein des Ortes in Kommunikation treten zu können.

Hierauf folgt dann der Basisabschluss, der allen energetischen Sitzungen gemein ist.

Schauen Sie sich nach der Arbeit um, erfühlen Sie die Energie des Ortes nach der Heilung, lauschen Sie auf das kleine Volk, hören Sie auf die Melodie des Ortes und genießen Sie es zu eben diesem Zeitpunkt an eben diesem Ort zu sein.
Diese Verbundenheit und Liebe wird in das Allgemeinbewusstsein eingespeist und hebt die Frequenz an.

Nicht selten kommt es vor, dass wir direkte Zeichen des Dankes und der Liebe zurückbekommen. Es zeigen sich Tiere und nähern sich uns neugierig, ein Wald beginnt plötzlich mit uns zu reden, ein Regenbogen zeigt sich, es fällt eine Feder direkt vor uns auf den Boden, eine besonders schöne Blume fällt uns wie zufällig ins Auge, wir finden einen Stein, der uns begleiten möchte. Die Möglichkeiten sind sehr vielfältig, seien Sie offen und nehmen Sie alles dankbar an.

Bei jeder Art der energetischen Sitzung oder Heilarbeit bleibt immer ein gewisser Prozentsatz der Energie (2 bis 5 % würde ich schätzen) bei uns selbst. Wir werden uns danach gut und erfrischt fühlen und dankbar sein, etwas für Mutter Erde getan zu haben.

Für Wolfgang Hahl, den bekannten Erd- und Landschaftsheiler ist es bei Erdheilungen das Allerwichtigste bei der Arbeit, alle intellektuellen Systeme die man im Kopf hat, loszulassen und sich meditativ auf den jeweiligen Ort einzustimmen. Jeder Platz hat ein übergeordnetes Bewusstsein, jeder seriöse Landschaftsheiler sollte sich, so Hahl, als erste Handlung tief auf dieses Bewusstsein einstimmen und geistigen Kontakt mit ihm aufnehmen. Dabei muss energetisch erspürt, sowie visuell wahrgenommen werden, was die Hauptstörungen des Platzes oder der Landschaft sind, die den natürlichen und freien Energiefluss behindern oder ausbremsen.

Hahl weiter, es geht letztendlich auch nicht immer darum, den Platz wieder in seinen früheren energetisch „gesunden“ Zustand zu versetzen, denn alles auf Erden ist im Fluss und auch die Erde insgesamt sowie einzelne Landschaftsbereiche erfahren, genauso wie wir Menschen, eine geistige Weiterentwicklung sowie Bewusstseinsanhebung, wenn die Voraussetzungen dafür gegeben sind.
Deshalb ist es das Wichtigste überhaupt, sich geistig an die göttliche Quelle, der höchsten Bewusstseinsschwingung des Universums zu wenden und zu erfragen, was überhaupt an einem Platz oder in einer Landschaft vom göttlichen Entwicklungsplan vorgesehen und erwünscht ist.
Vergegenwärtigen Sie sich zu jedem Zeitpunkt Ihrer Arbeit, dass Sie ein Kanal für die göttliche Energie sind, gleich einem hohlen Bambus, der die Energie leitet. Nicht Sie entscheiden, wo Heilung benötigt wird, die göttliche Quelle arbeitet durch Sie gemäß dem großen Plan.

Ausbringung von Pflanzsteinen zur Erdheilungsarbeit mittels Kristallschädel

Eine wunderbare Art der Erdheilung, die wie ich finde immer wieder Freude bereitet und uns die Wichtigkeit unserer Verbindung zu Mutter Erde aufzeigt, ist es, Pflanzsteine auszubringen.

Was versteht man unter Pflanzstein-Ausbringung?
Pflanzsteine sind Rosenquarz-Rohsteine, Amethyst, Rauchquarz, Citrin oder Bergkristallspitzen, die wir in der Natur an Plätzen und Orten, z. B. an Bäumen, in Seen oder Flüssen ausbringen, nachdem wir sie erst gereinigt und dann mit Liebes- und Heilungsenergie aufgeladen haben.
Wichtig ist es, dass die von uns ausgebrachten Pflanzsteine der Quarzgruppe angehören und somit über piezoelektrische Eigenschaften verfügen. Dies gibt uns die Gewissheit, dass sie die Informationen mit denen wir sie informiert haben, an ihre Umgebung abgeben. Des Weiteren haben wir bei piezoelektrischen Kristallen die Möglichkeit, diese miteinander zu vernetzen und an einen Generatorkristall anzuschließen, d. h. wir können sie, nachdem die Ausbringung stattgefunden hat, jederzeit wieder energetisch anfunken und sie über den Generatorkristallschädel mit Energie aufladen. Eine weitere Möglichkeit ist es, einen Kristallschädel mit den ausgebrachten Pflanzsteinen zu vernetzen und diesen so zu programmieren, dass dieser ständig Energie an die mit ihm vernetzten Kristalle taktet. Wir laden unsererseits den Kristallschädel täglich auf.

Bevor wir uns in die Natur begeben, um unsere Pflanzsteine dort auszubringen, benutzen wir unsere Basiseinleitung, um uns zu öffnen und zu verbinden. Die Pflanzsteine wurden bereits zu Hause auf eine im Kapitel Reinigung und Aktivierung beschriebene Art gereinigt und mit Energie aufgeladen.
Wir lassen uns führen an welchen Orten wir die Pflanzsteine ausbringen sollen bzw. wie und wo wir sie dort platzieren. In Bächen, Flüssen, Seen, Meeren können wir die Pflanzstein, je nach durchgegebenem Standort/Position, entweder per werfen einbringen oder aber sie von einem Boot aus ins Wasser lassen.
Bei Bäumen kann es vorkommen, dass die Kristalle entweder in Löcher im Stamm eingebracht werden sollen oder auch etwas tiefer an seinen Wurzeln vergraben werden müssen. Öffnen Sie sich und Sie werden die entsprechenden Botschaften bekommen, bitten Sie dabei auch Ihren Kristallschädel, den Sie bei sich haben, Sie zu führen.
Verfahren Sie in jedem Fall gemäß den Informationen und lassen Sie sich nicht von Ihrem Ego in die Irre führen, was an die Kosten der ausgebrachten Kristalle erinnern will oder Ihr Tun zu belächeln scheint.

Testen Sie an den Stellen aus, die Ihre geistige Führung Ihnen zur Pflanzsteinauslegung durchgegeben hat, welche Kristallart benötigt wird, um hier zur Heilung beizutragen. Dies kann man durch Pendeln tun, man kann aber auch einfach seiner Intuition folgen, was auch immer sich für Sie stimmig anfühlt.
Bevor Sie die Kristalle ablegen bzw. ausbringen, halten Sie diese noch einmal kurz auf Herzchakrahöhe in der Hand, laden sie mit Liebes- und Heilungsenergie auf, vernetzen sie mental mit dem Kristallschädel und legen sie dann an ihren Bestimmungsort.

Verfahren Sie so mit allen Kristallen, die Sie zur Ausbringung bei sich führen. Wenn Sie sich bei einer Stelle nicht wirklich sicher sind, können Sie diese auch per Pendel nochmals nachprüfen, um sicherzustellen, dass alles stimmig ist.

Nachdem alle Kristalle ausgebracht sind, suchen Sie sich einen Platz, an dem Sie sich mit Ihrem Schädel hinsetzen können. Meist ruft der Ort Sie schon, wenn Sie sich umschauen. Von hier aus fahren Sie nochmals mittels des Kristallschädels alle ausgebrachten Kristalle an und verstärken die Vernetzung. Bei der nun folgenden Erdheilung schicken Sie an alle Kristalle Heilungsenergie, die von diesen wiederum an Ihre direkte und weitere Umgegend abgegeben werden. Lassen Sie die Energie solange fließen, wie es sich stimmig und heilsam anfühlt.

Danach erfragen Sie, ob es noch etwas gibt, was Sie für den Ort tun können, sprechen Ihr Gebet und beenden die Sitzung dann mittels des Basisabschluss.

Sie können später zu weiteren Erdheilungen bzw. Aufladungen dieser Kristalle entweder an den Ort zurückkehren, aber auch von zu Hause aus mit Ihrem Kristallschädel mental die Aufladung durchführen oder aber den Kristallschädel eigenständig Heilungsimpulse takten lassen und den Schädel regelmäßig aufladen. Entscheiden Sie selbst, was sich für Sie am stimmigsten anfühlt. Sollten die Orte und Kristalle irgendwann immer mehr aus Ihrem Fokus verschwinden, liegt das daran, dass dort derzeit keine Heilenergie mehr benötigt wird und Sie Ihren Fokus nun auf neue Plätze ausrichten können.

Generell sei angemerkt, dass man während aller Erdheilungsarbeiten das energetische Niveau hervorragend erhöhen kann, wenn zusätzlich zu den Kristallen und dem Schädel, Räucherungen, Klangschalen, Trommeln und Ähnliches zum Einsatz kommen.

Ein wundervoller Abschluss, wie ich finde, ist eine Opferung für Mutter Erde als Dank für all das, was sie für uns tut. Erlauben Sie es sich, diese tiefe Verbundenheit und Liebe die zwischen Mutter Erde und uns besteht, zu fühlen, sich in diese hineinzubegeben und darin aufzugehen.

Sehr kraftvoll sind Rituale, Zeremonien und Erdheilungen stets, wenn wir sie mit mehreren Menschen begehen. Hierbei potenzieren sich die Energien, nicht nur die von uns ausgebrachten, sondern auch die, die zu uns zurückkehren.

Nun wünsche ich Ihnen viel Freude mit dieser wichtigen, befriedigenden und höchst sinnvollen Arbeit. (Siehe Abbildung 34 und 35).

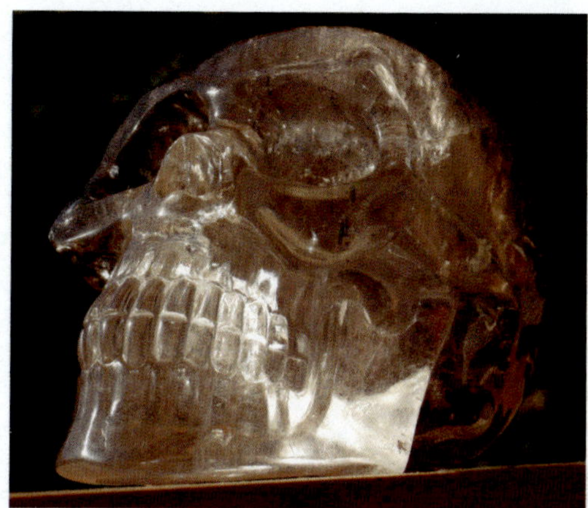
Abbildung 1: Foto von Kasper

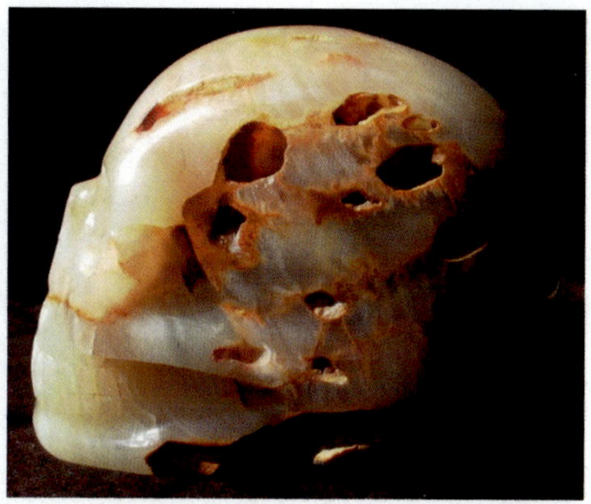
Abbildung 2: Schädel aus Achat

Abbildung 3: Grüner Turmalin in Lepidolith (Foto: Sven Görlich)

Abbildung 4: Jaspis (Foto: Sven Görlich)

Abbildung 5: Tigerauge aus Brasilien

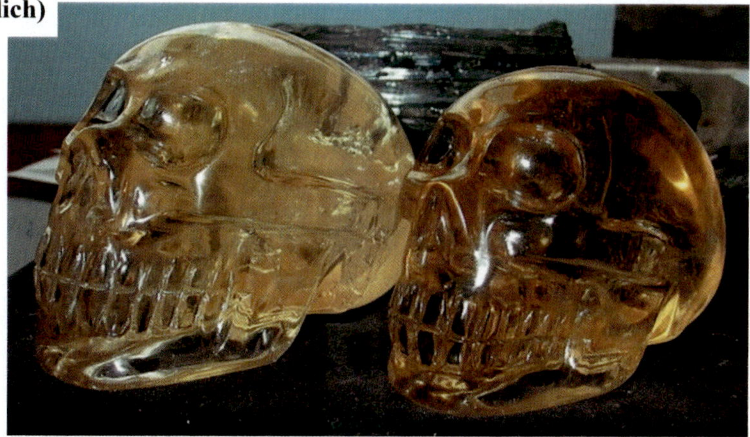
Abbildung 6: Citrin und Rauchquarz aus Brasilien

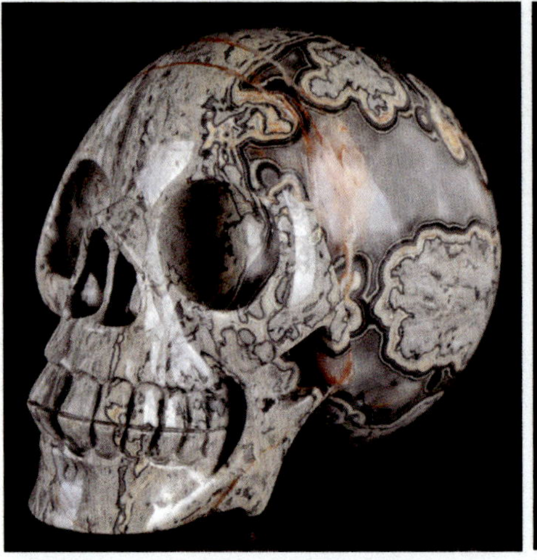

Abbildung 7: Achat-Schädel aus China

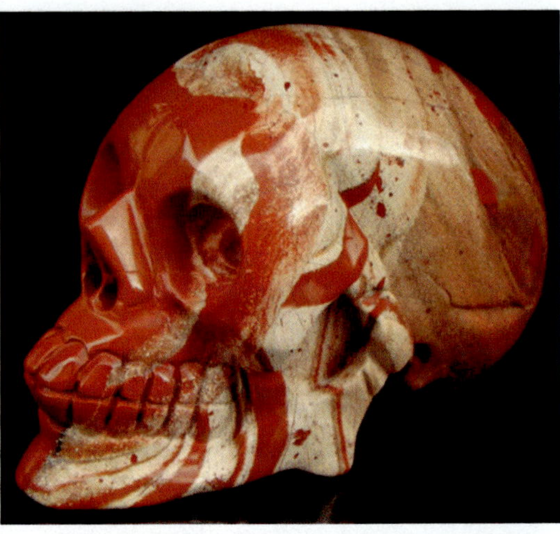

Abbildung 8: Jaspis-Schädel aus China

Abbildung 9:
Amethyst mit abnehmbarem Unterkiefer

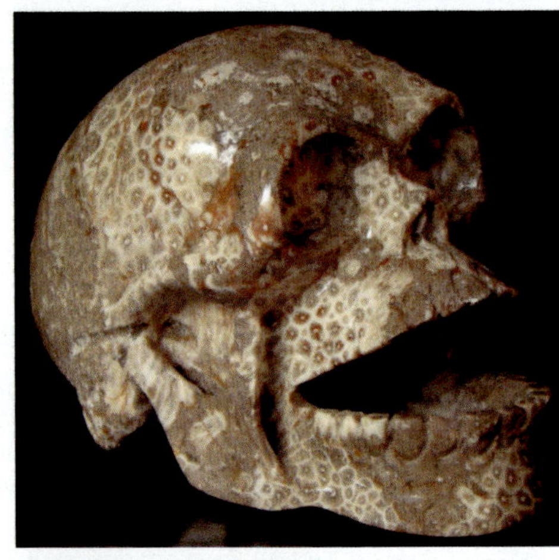

Abbildung 10: Singing Skull aus China

Abbildung 11:
Kristallschädel
gemischt

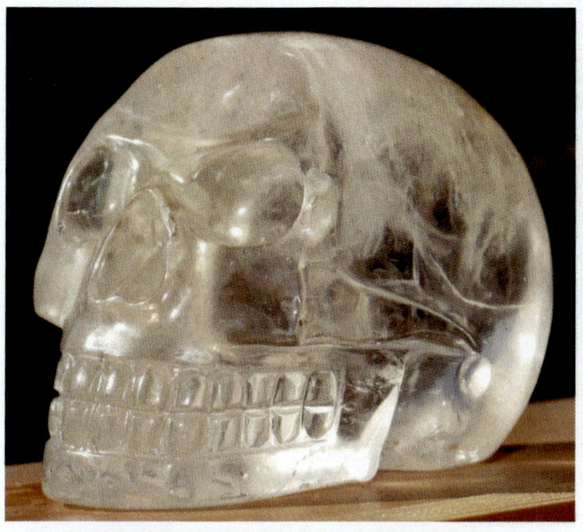

Abbildung 12: Bergkristall klar

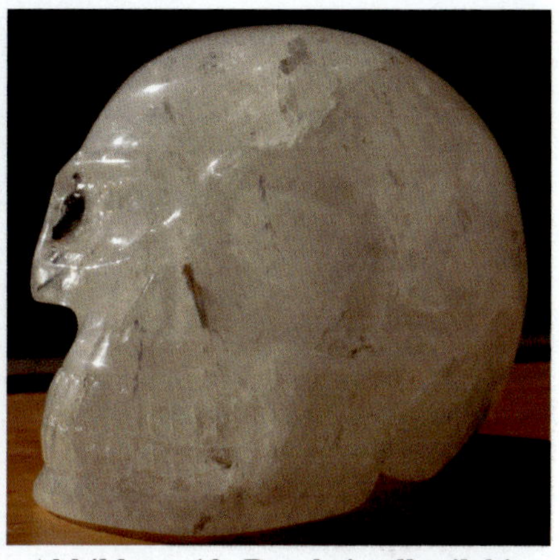

Abbildung 13: Bergkristall milchig

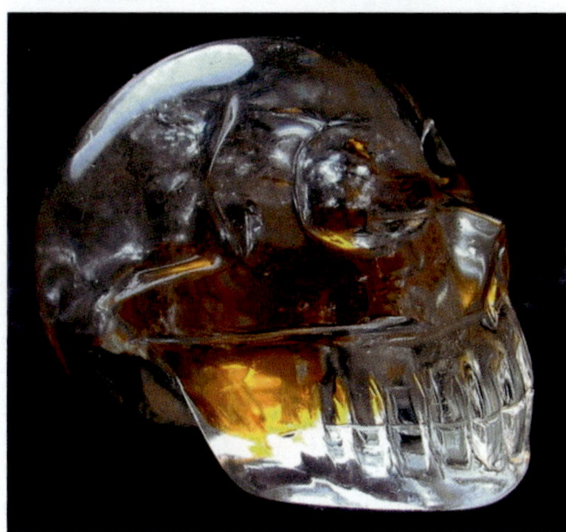

**Abbildung 14:
Bergkristall mit Hämatiteinlagerungen**

**Abbildung 15:
Bergkristall mit Einschlüssen**

**Abbildung 17:
Amethyst
(Foto: Sven Görlich)**

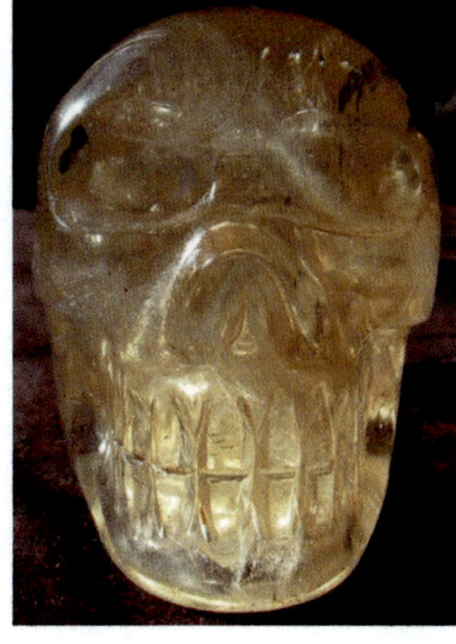

**Abbildung 16:
Citrin**

Abbildung 18: Amethyst und Citrin

Abbildung 19:
Rauchquarz mit Rutilnadeln

Abbildung 20: Rauchquarz

Abbildung 21: Rosenquarz

Abbildung 22:
Erdbeerrosenquarz

Abbildung 23:
Rhodonit

Abbildung 24: Smaragd

Abbildung 25: Rubin

Abbildung 26: Goldpyrit

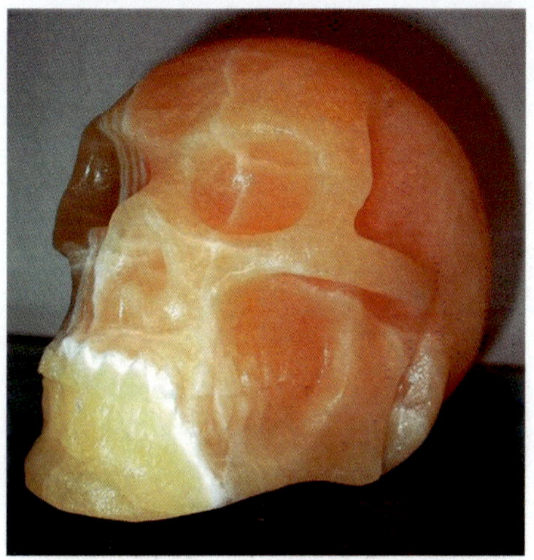

Abbildung 28: Orangencalcit

Abbildung 27: Hämatit

Abbildung 29: Sodalith

Abbildung 30: Fluorit

Abbildung 31: Bird Eye Jaspis

Abbildung 34: Kristallschädel-Erdheilung auf dem Nil, Ägypten

Abbildung 32: Mahagoniobsidian

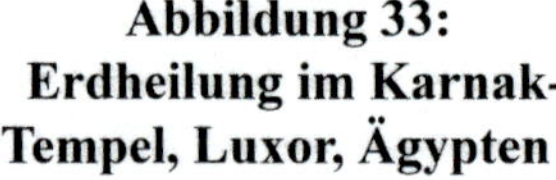

Abbildung 33: Erdheilung im Karnak-Tempel, Luxor, Ägypten

Abbildung 35: Kasper bei Erdheilungsarbeit

Abbildung 36: Kasper und Freunde

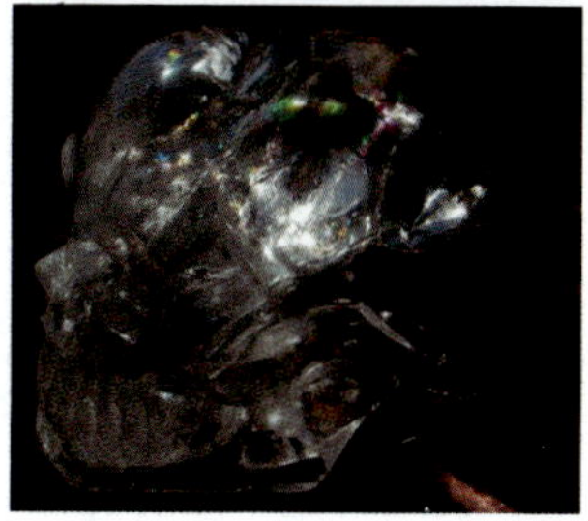

Abbildung 37:
Bergkristall

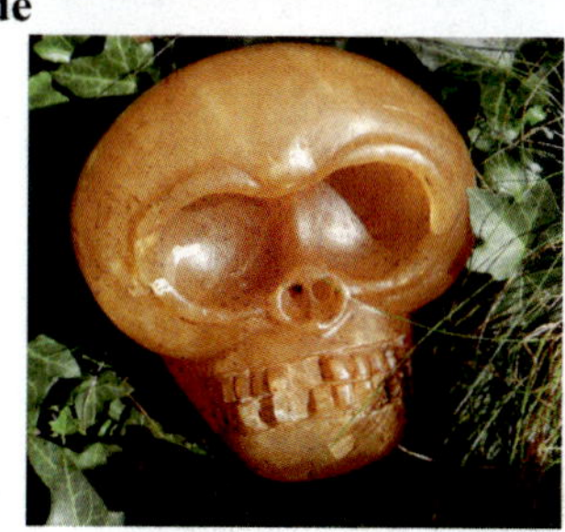

Abbildung 38:
Sadeh Jannat
ancient mongolian
skull Orangencalcit

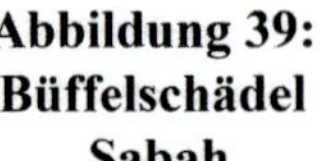

Abbildung 39: Büffelschädel Sabah

Abbildung 40: Kreisform (Foto: Adele Sands)

Abbildung 41: Herzform (Foto: Adele Sands)

Abbildung 42: Kasper

11. Einsatz von Kristallschädeln in Ihrem Umfeld

Die einfachste Art des Einsatzes eines Kristallschädels in unserem Umfeld kommt schon alleine dadurch zum Tragen, dass wir einen oder mehrere Kristallschädel in unserer direkten Umgebung aufstellen bzw. ihnen in unserem Haus/unserer Wohnung/unserem Garten einen Platz aussuchen und sie dort hinstellen. Wir sollten uns hierbei bewusst sein, dass es eigentlich nicht wir sind, die den Schädeln den Platz zuweisen, sondern die Schädel suchen sich ihren Platz aus und lassen sie uns dort platzieren.
Bereits nach kurzer Zeit werden wir feststellen, dass sich das energetische Niveau des Raums, in dem sich der oder die Schädel befinden, verändert und eine Anhebung der Energie stattgefunden hat.
Dies liegt zum einen daran, dass die Schädel über eine hohe Energie verfügen, die sie an ihren Standort bringen und dort an die Umgebung abgeben, zum anderen aber sind sie in der Lage die Energien in ihrer Umgebung zu klären und zu reinigen, d. h. sie transformieren Negativenergien und alte Problemfelder.
Es tritt eine generelle Harmonisierung der Energie und ein Anhebung des energetischen Niveaus ein, sobald man einen Kristallschädel über einige Zeit an einem Ort belässt, dies kann man sowohl im privaten Bereich, als auch in freier Natur beobachten. Man kann sich diese Phänomene auch bei Clearings von Räumen, Gebäuden und Landschaften zunutze machen.
Diesen Effekt können wir nochmals um ein Vielfaches potenzieren, wenn wir unsere Schädel in sogenannte „Grids", ich würde das mal salopp mit Mustern übersetzen, auslegen. Gerne werden hierzu Grundformen aus der heiligen Geometrie, wie zum Beispiel der Oktaeder, die Merkaba, die Pyramide etc. herangezogen. Man kann aber genauso gut Muster selbst co-kreieren, indem man sich einfach öffnet und Muster auslegt, die man empfängt. Hierbei entstehen oft Strukturen, die aus Kristallschädeln kombiniert mit anderen Kristallen, Naturmaterialien etc. bestehen. Gerne werden auch Klangschalen, Glocken, Trommeln oder auch Bilder, Fotos und Mandalas mit integriert. Alles ist richtig und kraftvoll, wenn es sich stimmig anfühlt und in Liebe und klarer Intention entstanden ist.

Hervorragend lassen sich Kristallschädel auch im Freien, zum Beispiel in Energiepyramiden und Medizinrädern oder andere Steinlegungen integrieren. Hier erfährt die Energie, die die Kristallschädel per se mitbringen, nochmals eine Erhöhung durch die Verwendung in einer kraftvollen energetischen Form. Versuchen Sie sich einfach und erfahren Sie selbst, was sich für Sie und Ihre Umgebung am besten anfühlt.

Bedingt durch die generelle Harmonisierung und Energieanhebung kommt es auch bei den Menschen, die sich in der Umgebung der Schädel bzw. in dem harmonisierten Raum aufhalten zur allgemeinen Harmonisierung. Mehr innere Ruhe ist fühlbar, Streitigkeiten werden nachlassen, äußere Störfaktoren werden ausgeschaltet und es kommt mehr Klarheit in das Leben des Einzelnen.
Wunderbar sehen kann man das auch bei Kindern, die in der Gegenwart von Kristallschädeln deutlich ausgeglichener und ruhiger sind, sich weitaus besser konzentrieren und lernen können. Auch wenn wir nicht in der Lage sind alle subtilen Energien, die mit Kristallschädeln verbunden sind, zu verstehen und diese auch bei weitem noch nicht hinreichend untersucht wurden, können wir doch eine Tatsache nicht von der Hand weisen: Kristallschädel haben einen Effekt auf das subtile Energiesystem, sowohl beim Menschen, als auch bei der Erde selbst und es findet eine Interaktion statt.
So hat Jaap van Etten in seinem Buch „Crystal Skulls – Interacting with a Phenomenon" beschrieben, dass Kristallschädel in der Lage sind die Energielinien und Vortexes der Erde in signifikanter Weise zu erhöhen.
Bei Versuchen hat Jaap van Etten sich Energielinien und Vortexes ausgesucht, die nicht optimal energetisch versorgt waren und diese mit Kristallschädeln aktiviert. Er kam zu dem Ergebnis, dass nicht nur eine deutliche Aktivierung festzustellen war, sondern dass sich der energetische Zustand der Linien und Vortexes sogar in gravierendem Maße erhöht haben.
Er hat sich ebenfalls mit den indirekten Effekten beschäftigt, die die Kristallschädel auf ihre Umgebung haben und konnte dabei feststellen, dass wenn in der näheren Umgebung einer Erdenergielinie eine Meditation mit einem Kristallschädel abgehalten wird, die nicht zur Aktivierung der Erdlinien gedacht ist (also eine andere Intention aufweist) die Vortex oder Erdenergielinie trotzdem aktiviert wird.

In Meditationen mit Kristallschädeln kann man bewusst ein Energiefeld aufbauen, das sowohl positiven, als auch steigernden Effekt auf die Erdenergien hat. Jaap van Etten geht sogar davon aus, dass wir Menschen mit diesen Erdenergien interagieren, sie zu der Erhaltung unserer Gesundheit, unserer Balance und zu unserem spirituellen Wachstum benötigen.
Er verweist in diesem Zusammenhang auch auf eine Studie, die belegt, dass wenn nur ein Prozent der Bevölkerung in einer Stadt sich in transzendentaler Meditation befindet, sich die Kriminalitätsrate dieser Stadt verringert (www.tm.org/charts/chart_46.html).

Das heißt, durch Meditationen mit Kristallschädeln sind wir in der Lage die natürlichen Erdenergien zu erhöhen und zu verbessern, was wiederum unser Wohlbefinden und unsere Gesundheit fördert. (Siehe Abbildung 36).

12. Energieformen mit Kristallschädeln

Neben den in den vorangegangenen Kapiteln besprochenen Methoden zur Behandlung am Menschen und zur Erdheilung stehen uns weitere sehr kraftvolle und energetisierende Einsatzmöglichkeiten mit Kristallschädeln zur Verfügung, auf die wir im Folgenden näher eingehen werden.

Wie bei vielen Kristallschädelhütern ist meine Kristallschädelfamilie von der Ankunft Kaspers bis zum heutigen Tag sehr gewachsen, während ich diese Zeilen schreibe, zählt sie in etwa 130 Köpfe, im wahrsten Sinne des Wortes. Wobei sich die nächsten 3 bereits auf dem Weg aus Brasilien hierher befinden. Bis Sie das Buch in den Händen halten, ist unsere Familie sicherlich weiter angewachsen.

Eines Tages, während ich vor meinem Altar mit den Schädeln saß, bekam ich die Durchsage, ich möge sie doch mal in einer Spirale anordnen. In das Centrum der Spirale kam ein etwa lebensgroßer Bergkristallschädel, ihm folgten verschiedene andere Schädel bis etwa 40 Schädel in Form einer Spirale vor mir standen. Ich war erstaunt, wie sehr diese spezielle Anordnung in der Lage war, die Energie der Kristallschädel nochmals zu verstärken. Diese Energie wirkte sich auch auf die Meditationen aus, die ich alleine oder mit einer Gruppe vor den Schädeln abhielt. Bei Klienten, die sich eine Weile in Ruhe, vor die Kristallschädel-Spirale setzten und sich der Energie hingaben, konnte ich feststellen, dass eine Öffnung stattgefunden hatten, die der Einzelne oftmals nicht in Worte fassen konnte. Tiefgreifende emotionale Prozesse sind in Gang gekommen, Blockaden wurden gelöst, alte Muster hochgeholt und verhärtete Strukturen aufgebrochen.

Durch diese Beobachtungen angeregt, habe ich in der folgenden Zeit immer wieder verschiedene Energieformen mit meinen Kristallschädeln aufgestellt, so wie sie mir von den Schädeln durchgegeben wurden, um ihre Wirkung auszuprobieren. Nachdem ich die Spiralenform ausgetestet hatte, galten die nächsten Legungen Formen der heiligen Geometrie, danach kam die Legung in einer Herzform, sowie später auch sogenannte Freestyle-Formen.

Zusammenfassend ist zu sagen, dass sämtliche Energieformanordnungen sehr kraftvoll und energetisierend sind. In allen Energieformen wird die ohnehin schon kraftvolle Energie der Kristallschädel bzw. die Energie, die sich aus ihrem Zusammenwirken ergibt, nochmals um ein Vielfaches potenziert.

Man kann sich zur Behandlung in oder vor die Energieform begeben und diese einfach auf sich wirken lassen. Man kann aber auch seinen Klienten zusätzlich, zum Beispiel durch Handauflegen, behandeln. Eine Behandlung kann ebenfalls direkt in der Energieform stattfinden.

Energieformen haben eine sehr große Wirkung und bringen, sowohl für den Menschen, der sich in ihrem Energiefeld befindet, als auch für die Umgebung, in der die Energieform kreiert wurde, tiefe Heilung.
Dabei ist es nicht von Wichtigkeit, ob sich der Mensch im Centrum der Form sitzend befindet oder aber diese außerhalb sitzend oder stehend auf sich wirken lässt. Eine einzige Ausnahme hierzu gibt es allerdings, die Herzform. Bei der Herzform habe ich festgestellt, dass sie um einiges kraftvoller wirkt, wenn sich der Mensch direkt in ihrem Zentrum befindet.
Die schönste Herzform, die ich je in meinem Leben gesehen habe und die direkt ins Herz geht, ist von einer Kristallschädelhüterin aus Sedona in den USA, die ich während der Arbeiten am Kristallschädel-Kartendeck kennen gelernt habe.
Sie werden begeistert sein, wenn Sie selbst einen Blick auf ein Foto dieser Herzform werfen können und werden sofort seine potente Wirkung feststellen, aber dazu etwas später.
Erst möchte ich Ihnen die Frau vorstellen, die zusammen mit ihren Kristallschädeln dieses Energiewunder co-kreiert hat, Adele Sands.
Zufällig hat sich in unserer Konversation ergeben, dass Adele ebenfalls mit verschiedenen Anordnungen in Energieformen arbeitet und diese große Heilarbeit bei ihren Klienten und ihr selbst leisten.
Adele war bereit uns Einiges über ihre Erfahrungen zu berichten, wofür ich ihr ganz herzlich im Namen von uns allen danken möchte.

Kristallschädel zu Heilungszwecken einsetzen (von Adele Sands, LMT, 15.10.2010)

Ich bin Hüterin von 200 wunderbaren, herrlichen und weisen Kristallschädeln, wir leben in Sedona Arizona. Ich praktiziere verschiedene Arten von Heilungssitzungen, gebe Readings, mache Massage und Reiki, alles mit der Hilfe meiner Kristallschädel. Manchmal finden die Sitzungen in dem Raum neben dem Raum mit den Kristallschädeln statt, der Patient liegt auf dem Behandlungstisch, manchmal begibt sich der Klient während einer Sitzung auch direkt in die Herz-Form aus Kristallschädeln. Chakra-Balance-Sitzungen sind ebenfalls sehr kraftvoll, wenn man sie in einer Form aus Kristallschädeln durchführt.
Jeder Klient, der das Haus betritt, wird zuerst in einem Raum voll mit Kristallschädeln begrüßt! Die Kristallschädel haben mich kürzlich gebeten, sie in einer Herzform aus Kristallschädeln anzuordnen. In dieser Form sind sie wiederum in Gruppen den Chakrenfarben entsprechend angeordnet. Manchmal

wissen meine Klienten vorab über die Anwesenheit der Schädel, bei anderen aber ist es eine totale Überraschung.
Die Reaktionen auf die Schädel haben von Freudentränen und Wiedererkennen bzw. Erinnern, über Erfreuen und Neugier, bis hin zu Unsicherheit und Angst gereicht. Eine Dame hat mir berichtet, dass die Tatsache, dass die Schädel in einer Herzform stehen, ihr geholfen hat sie akzeptieren zu können und nicht mit Angst zu reagieren. Diese Aussage hat mir dazu verholfen zu verstehen, welche große Wichtigkeit diese aktuelle Form hat.

Ich mache die Leute mit der Energie und der Wichtigkeit der Kristallschädel vertraut und frage sie ob sie sich selbst in den Kreis der Schädel begeben mögen.
Wie auch immer sie sich entscheiden, es ist richtig. Die meisten Leute entscheiden sich dafür, die Kristallschädelenergie selbst zu erfahren.
Selbst ohne den Kreis der Kristallschädel physisch zu betreten, wird ihre Energie ganz sicher jede Behandlung, die im Haus abgehalten wird, beeinflussen und unterstützen, ja sogar im ganzen Land.
Eine Klientin hat die Durchsage bekommen, dass das Kristallschädelenergiefeld jede Person, die hereinkommt, sanft abscannt, und ihr dann exakt die Schwingung zukommen lässt, die zu ihrem höchsten und besten Wohl in diesem Moment ist.

Wenn wir eine Behandlung auf dem Behandlungstisch machen, erlaube ich es ihnen vorher bei den Kristallschädeln hereinzuschauen und zu sehen, ob es einen Schädel gibt, der direkt in die Behandlung mit eingeschlossen werden möchte, um zu assistieren. Wenn ja, bringen wir den Schädel bzw. die Schädel, die den Klienten angesprochen/angezogen haben in den Behandlungsraum und platzieren sie unter dem Behandlungstisch, auf dem Körper oder in den Händen, je nachdem wie die göttliche Führung es durchgibt

Ich merke mir die Farben, die der Klient auswählt, und sehe sie als Hinweis auf die Chakren und Energien, die während der Behandlung benötigt werden.
Ich habe auch Chakra Reinigungs- und Ausgleichssitzungen direkt in der Herz-Form selbst gemacht. Der Klient sitzt hierbei auf einem Stuhl in der Mitte des Herzens und wählt einen Schädel für jedes Chakra aus. Während der Klient der Reihe nach jeden Schädel hält, arbeite ich mit der geistigen Führung und der Energie, sowie Intentionen und Tönen zur Heilung jedes einzelnen Chakras.
Handauflegen findet gewöhnlich ebenfalls in den Sitzungen statt. 1,5 Stunden sind, während der letzen Sitzung, so schnell vergangen, dass man das Gefühl hatte es seien nur wenige Minuten gewesen. Die Kristallschädel strahlen

Freude aus, während sie den Klienten in seiner Heilung unterstützen. Man hat das Gefühl, dass sie energetisch lebendig werden, sobald eine neue Person den Herz-Kreis betritt, genauso wenn wir mit ihnen meditieren, sowohl einzeln als auch als Gruppe.

Vor einigen Jahren gab mir meine geistige Führung eindeutig zu verstehen, eine große Gruppe Kristallschädel zusammenkommen zu lassen, ich würde hören, wie sie platziert werden wollen, in welchen Formen, an welchen Stellen im Haus und auch wo im Land. Anfangs wollten sie häufig in einer einfachen Kreisform angeordnet werden, dann hörte ich die Aufforderung sie in eine Spirale zu stellen. Damals waren sie im hinteren Teil unseres Hauses und ich habe regelmäßig mit ihnen meditiert. Ich fühlte einen großen Unterschied in der Energie, je nachdem in welcher Form ich die Kristallschädel angeordnet hatte.

Nachdem sie in der Spiralenform gestanden hatten, wuchs die Gruppe und ich wusste, jetzt ist es Zeit die Schädel in den vorderen Teil des Hauses zu stellen, direkt neben die Eingangstür, dort wo die Klienten das Haus betreten.
Die erste Form, die sie in diesem Bereich einnahmen, war ein Medizinrad, in dem jede der 4 Himmelsrichtungen durch eine bestimmte Gruppierung von Schädeln gewürdigt wurde. Danach wurden Formen der Heiligen Geometrie in verschiedenen Weisen in den Kreis integriert. Dann wurde die Herzform geboren und schließlich entwickelte sich die Gruppierung der Schädel in den Chakrenfarben in der Herzform.

Das kollektive Energiefeld der Kristallschädel war geschlossen und man spürte es über Meilen hinweg ausstrahlen. Es verbindet sich auch mit einem heiligen Steinrad mit einem Energiefeld von 11 Meilen und einem Plejaden Portal hier im Bereich Sedona, genauso wie mit dem kraftvollen, aktivierten Kristallschädelkreis eines Freundes etwas entfernt von hier, in Clarksdale, Arizona. Des Weiteren verbindet es sich mit dem wundervollen Ancient Kristallschädel Synergy in Tuscon (Synergy von Sherry Whitfield).
So stellt es sich uns dar, im Moment können wir es so beschreiben, dass der Einfluss eines solchen großen Kristallschädelkollektivs multi-dimensional ist, und sie beeinflussen das Land und seine Energielinien (Leylines) auf sehr tiefe und kraftvolle Art und Weise.

Oftmals werden sie gereinigt und ausbalanciert durch eine Stimmgabel, die zum Reinigen von Kristallen verwendet wird, reine Pflanzenessence, Aromatherapie Sprays, Chanten, Trommeln und das Setzen von Intentionen. Je mehr ein Kristallschädel persönlich durch Intention und Herzenergie verbunden ist, desto mehr wird er individuell aktiviert, und damit auch kollektiv. Ich behaupte nicht zu wissen, was das Land und jeder Klient benötigt, ich bitte einfach um das höchste Wohl und Unterstützung im Prozess, dann lasse ich die Energie, Führung und Liebe durch mich fließen, um dorthin zu gehen, wo es notwendig ist. Die Kristallschädel begleiten und führen dies auf eine gute Art und Weise.

Jeden Tag wenn ich zu den Kristallschädeln komme, fühle ich intensive Dankbarkeit und sogar ein bisschen unschuldige Verwunderung über ihre Schönheit und Wunderbarkeit, wie sie die Farben des Planeten zu mir reflektieren, wie sie unser menschliches Bewusstsein durch ihre Form reflektieren. Sie drücken für mich so viel aus, durch das volle Farbspektrum und die Texturen, die die Erde uns so großzügig schenkt. Ich danke ihnen, der Mutter Erde, den Schleifern, und diesem wundervollen Leben, dass ich erlaubt habe, dies alles um mich sein zu lassen, in Wahrheit und Schönheit, als Mit-Schöpfer durch den Geist.

Es ist mir sowohl eine große Ehre und ein Segen anderen zu dienen, als auch meinen eigenen Heilungsprozess durch die magischen und mystischen Kristallschädel zu erfahren. Sie lehren uns auf so viele Weisen die Meisterschaft und helfen uns allen unsere Herzen vollständig zu öffnen.

Adele Sands, Sedona Arizona, USA 15-10-2010

(Siehe auch die Abbildung auf dem Cover. Foto: Adele Sands)

Hier sehen wir eine Spiralform von Adele. Im Inneren der Spirale befinden sich kleinere Schädel, die nach außen hin immer größer werden. Man kann diese Form aber genauso auch anders herum aufstellen, d. h. in der Mitte befindet sich der größte Kristallschädel und nach außen hin werden die Schädel immer kleiner. Aber auch eine Form mit einem großen Schädel in der Mitte und dann nur kleineren Schädeln ist denkbar.

Meine Empfehlung ist es, sich bei der Kristallschädelarbeit zu öffnen, auf seine Führung und die jeweiligen Durchgaben zu achten und viel Kreativität einfließen zu lassen. Sie werden von den kraftvollen und heilenden Energien begeistert sein (siehe Abbildung 40).

Eine ebenfalls wunderschöne und kraftvolle Energieform ist die Kreisform. Hier ein Foto von Adele Sands.
Auch bei dieser Form gibt es unendlich viele Möglichkeiten der Anordnung, von einreihig, über doppelreihig bis zu mehrreihig. Man kann die äußere Reihe mit großen Schädeln anordnen, im inneren Kreis kleine Schädel verwenden oder umgekehrt. Auch eine den Chakren zugeordnete Farbanordnung wäre möglich.

Man kann im äußeren Bereich nur mit Bergkristall arbeiten, im inneren Bereich dann mit farblichen Kristallschädeln usw. Lassen Sie sich führen und genießen. Es ist immer wieder spannend die Ergebnisse zu sehen und zu erfühlen.

Und hier nun die versprochene Herzform von Adele Sands, zu der ich eigentlich nichts sagen möchte, lassen Sie die Energie einfach auf sich wirken. Visualisieren Sie sich in dieses Herz und fühlen seine Energie, lassen Sie es auf sich wirken sein (siehe Abbildung 41).

* * *

Neben den Energieformen, die ausschließlich aus Kristallschädeln, entstehen, gibt es Energieformen, die durch das Zusammenwirken von Kristallschädeln, mit anderen Kristallen – Erdenhütern, Kristallspitzen, Kristallkugeln, Kristallherzen etc. – und Naturmaterialen, wie Federn, Knochen, Ästen, Mais etc. entstehen. Man nennt sie im Englischen Grid, im Deutschen ist Muster oder Legung die Bezeichnung.
Lassen Sie sich einfach führen und genießen, sowohl die Arbeit an Ihrem Muster als auch das energetische Ergebnis.

13. Die Heiligen 7

Eine weitere sehr kraftvolle Kristallschädel-Formation nennt sich „Die Heiligen 7“ oder auch „The Sacred 7“.
Um mit dieser hochenergetischen Form zu arbeiten, sollten Sie bereits Erfahrungen im Umgang mit Kristallschädeln und ihrer Energie bzw. ihrer Fähigkeit der Energieerhöhung gesammelt haben und in der Lage sein sich an ihre Energien zu adaptieren.
Wir benötigen 7 in etwa gleichgroße Kristallschädel. Die Schädel sollten ein Mindestgewicht von 3 Kilo aufweisen, am kraftvollsten ist es, wenn man mit 7 lebensgroßen Kristallschädeln arbeitet.
Ich selbst habe für mich die Erfahrung gemacht, dass ein extrem hohes energetisches Niveau aufgebaut wird und eine direkte Anbindung besteht, wenn ich 7 lebensgroße Bergkristallschädel verwende.
Das soll aber nicht heißen, dass das Verwenden von mehreren unterschiedlichen Kristallarten, wie zum Beispiel eine Kombination aus Bergkristall, Citrin, Rauchquarz, Amethyst und Rosenquarz, nicht genauso kraftvoll sein kann.

Hören Sie hierbei auf Ihre geistige Führung, jeder von uns hat ein anderes Resonanzmuster und ist empfänglich für unterschiedliche Energiemuster.
Es macht Freude verschiedene Kombinationen auszuprobieren und herauszufinden, welches die richtige Kombination für einen selbst ist.
Das Gleiche gilt hinsichtlich der Anordnung der Schädel um uns herum. Wir sitzen in der Mitte zwischen den Schädeln, die Schädel blicken mit ihrem Gesicht in unsere Richtung. Wir sollten die Schädel angeordnet haben, bevor wir uns in ihre Mitte begeben. Verlassen Sie sich bei der Anordnung der Schädel auf Ihr Bauchgefühl oder bitten Sie Ihre geistige Führung Ihnen die für sie optimale Anordnung durchzugeben.
Es gibt Kristallschädelhüter, die eine Form bevorzugen, in der sich jeweils 2 Schädel gegenüber voneinander befinden (3 Paare) und der verbleibende Schädel etwas weiter oben mittig angeordnet wird, quasi als Spitze.
Meiner Erfahrung nach sollte man sich aber hier nicht in Vorgaben verrennen, sondern sich stattdessen öffnen und im Vertrauen den Durchgaben für die eigene Person folgen. Dabei wird man feststellen, dass sich auch hinsichtlich der Schädelanordnung für uns selbst, je nach Sitzung, Änderungen ergeben können, sodass wir jedes Mal mit einer unterschiedlichen Anordnung arbeiten.

Nachdem wir die für uns stimmige Formation gefunden haben, beginnen wir die Sitzung mit der Basiseinleitung, wobei wir unser Augenmerk einmal mehr auf unsere Erdung legen.
Arbeitet man mit sehr hohen Energien ist es zwingend notwendig gut geerdet zu bleiben, damit man im wahrsten Sinne des Wortes nicht wegfliegt und nach der Sitzung keine Probleme hat wieder in den Alltag zurückzukehren.
Danach treten wir in den Kreis der Kristallschädel und setzen uns in ihrer Mitte auf den Boden. Es ist nicht empfehlenswert sich hinzulegen, da man dabei leicht schwindelig werden kann.
Eine Schülerin von mir beschrieb das Gefühl bei ihrer ersten Sitzung mit den „Heiligen 7" wie folgt: „Anfänglich hatte ich das Gefühl als ob um mich herum alles schwankt, als sei ich auf einem Schiff bei ordentlich Wellengang. Nach einiger Zeit, im Nachhinein kann ich nicht mal im Entferntesten sagen, wie lange diese Phase gedauert hat, hatte ich mich einigermaßen an das hohe Energieniveau gewöhnt und mein Körper schien sich ebenfalls daran zu gewöhnen. Dann setzte urplötzlich das Gefühl ein als würde ich in eine andere Zeitschiene katapultiert."
Haben wir uns bequem hingesetzt, achten wir nochmals auf unsere Erdung, bevor wir uns den Energien vollständig öffnen.
Wir werden sofort die extrem hohe Energie, die uns umgibt, feststellen und die Verbindung zum Kristallschädelbewusstsein fühlen können.
Es wird mit uns, an uns gearbeitet, die Vortex-Energie baut eine immense Kraft auf, die Blockaden in uns auflöst und uns von karmischen Verstrickungen befreit, damit wir unsere volle Kraft für unseren Weg, unsere wahre Lebensaufgabe verwenden können.
Sobald wir uns einigermaßen an die Energien gewöhnt haben, erhalten wir in der Regel Botschaften aus dem Kristallschädelbewusstsein bzw. von unseren Geistführern, aufgestiegenen Meistern etc., die das Kristallschädelbewusstsein als Transmitter benutzen.
Oftmals nehmen uns die Heiligen 7 mit auf eine Reise in vergangene Leben, zeigen uns altbekannt Orte und Plätze oder gewähren uns einen Blick in die Zukunft. Wir erhalten einen Blick auf verschiedene Dimensionen unseres Selbst. Bekommen die Möglichkeit alte Seelenanteile wieder zu vereinigen.
Wir durchleben die gezeigten Situationen als seien sie Wirklichkeit im Jetzt, Emotionen treten auf und wollen beachtet werden (beobachtet man jemanden während der Sitzung kann man dies deutlich am Gesicht ablesen).
„Es war ein unglaubliches Gefühl, plötzlich sah ich mich mit einer Situation im alten Ägypten zur Zeit der Pharaonen konfrontiert, ich war ein Mann mittleren Alters. Ich erkannte sofort, dass ich dieser Mann gewesen bin, ich fühlte seine Emotionen, ich dachte seine Gedanken, ich kannte seine Reaktionen – er

war ich und ich war er, es war alles völlig real. Ich konnte noch einmal fühlen, wie die Situation damals gewesen ist. Heute habe ich einen Blickwinkel mehr auf das ganze Geschehene. Durch das nochmalige Erleben konnte ich meinen lang vermissten Seelenanteil wieder eingliedern, bin meinen Wurzeln ein ganzes Stück näher gekommen und kann heute freier agieren. Das alles durfte ich in einer einzigen Sitzung erfahren.“ – so der Kommentar einer Klientin nach einer Sitzung.
Die Heiligen 7 sind Portale zu allem was ist, verbinden uns mit allem was ist und heben jegliche Trennung auf.
Auf diese Weise erhöhen sie unsere Frequenz, so können wir uns schneller weiterentwickeln.

„Eigentlich habe ich Schwierigkeiten Botschaften zu channeln, aber sobald ich mich in den Kreis der ‚Heiligen 7‘ begebe und mich öffne, fließen mir die Botschaften nur so zu. Ich habe mir angewöhnt sogar Stift und Blatt zur Hand zu haben, um das Wichtigste zu notieren, da ich bei der Menge der Informationen, sonst die Hälfte vergessen würde. Es handelt sich in der Regel nicht um Botschaften, die nicht für mich alleine gedacht sind, sondern um Botschaften, die für die Weiterentwicklung der Menschheit und den Aufstieg der Erde von größter Wichtigkeit sind. Ich plane meine Sitzungen nicht, das Gegenteil ist der Fall, wenn ich den Ruf vernehme, weiß ich das es an der Zeit für eine neue wichtige Durchsage ist. Es freut mich natürlich, dass ich diese als Kanal für alle empfangen darf.“ sagt Samira K. zu ihren Erfahrungen mit den „Heiligen 7“.

„Ich habe meine eigene Geburt von allen Seiten betrachten können. Ich habe meine eigenen Gefühle als Säugling, der aus der Sicherheit des Mutterleibs in diese fremde, laute, erschreckend helle Welt geschleudert wurde, erfahren. Dann sah ich mich als meine eigene Mutter, hatte plötzlich ihre Gefühle, ihre Ängste und auch ihre Freude vor Augen. Danach fühlte ich, wie mein Vater, am Tag meiner Geburt gefühlt hat. Und bekam sogar einen Einblick in die Gefühle des Rests der Familie. Durch diese einschneidende Erfahrung konnte ich Traumata lösen, die mich mein ganzes Leben lang begleitet hatten. Fühlte mich plötzlich angenommen und geliebt. Dieses Gefühl war überwältigend und hat mein ganzes Leben verändert.“ Erklärte mir Peter O. seine Erlebnisse während der Sitzung.

„Ein solches Erlebnis habe ich noch nie gehabt. Anfangs fühlte ich mich für einige Zeit überrumpelt und konfus, hab schon überlegt ob ich nicht besser abbrechen sollte. Und dann befand ich mich plötzlich auf einem gigantischen Flug über diese Erde, ich war verbunden mit allem, was ist. Konnte fühlen wie sich die Bäume fühlten, dachte die Gedanken der Flüsse, hatte die Emotionen von Tieren, war die Bewohner dieser Erde und die Erde selbst. Ich traute mich kaum zu atmen, aus Angst man könne mich wieder von alle dem trennen. Teilweise waren die erlebten Eindrücke schmerzlich, aber ich wollte sie erleben, wollte alles wissen, mit allem verbunden sein, in allem leben ….. es gibt keine Worte für meine Gefühle und auch nach der Sitzung bin ich im Herzen deutlich fühlbar mit allem verbunden. Es gibt keine Trennung mehr. Alles ist Liebe und Licht. Ich bin Du und Du bist ich. Ich bin unendlich dankbar, dass ich all dies so hautnah erleben durfte und dadurch meinen Weg jetzt klarer denn je sehen kann.“ beschreibt Simon V. das Durchlebte.

Während der Sitzung im Kreis der „Heiligen 7“ scheint die Zeit stillzustehen oder besser gesagt nicht mehr zu existieren, das zeigt sich nicht nur an der Tatsache, dass wir mühelos in jede Zeit getragen werden, die für unsere Entwicklung notwendig ist, sondern auch daran, dass man nach einer Sitzung oftmals das Gefühl hat, es seien seit dem Beginn nur wenige Minuten vergangen, in Realität ist aber eine Stunde oder mehr vergangen.

Da wir uns während der Sitzung in einer sehr hohen Vortex-Energie befinden, kann es vorkommen, dass wir uns schwindelig, leicht übel oder etwas abgehoben fühlen, das ist am Anfang ganz normal. Es kommt zu emotional tiefgreifenden Erlebnissen und kann kurzzeitig zu heftigen Reaktionen kommen. Es ist daher empfehlenswert darauf zu achten, dass wir die ersten Sitzungen dieser Art nicht zu lange ausdehnen, sondern von Mal zu Mal die Zeit erhöhen, die wir mit den „Heiligen 7“ verbringen.
Deshalb ist es ratsam, eine Freundin oder einen Freund zu bitten, anfangs während der Sitzung im Raum anwesend zu sein oder zumindest nach einer vorher ausgemachten Zeit nachzuschauen, damit wir, falls nötig, aufgefangen werden können und nach der Sitzung den notwendigen Beistand bekommen bzw. uns auch ein Zeitrahmen vorgegeben wird.

Ich kann Ihnen versprechen, dass Sie mit den „Heiligen 7“ wundervolle, tiefgreifende, einzigartige, unvorstellbare, fantastische, hochenergetische Erfahrungen machen werden, genießen Sie es und seien Sie dankbar, dies erfahren zu dürfen.

14. Der Kreis der 13 Kristallschädel

Die letzte Kristallschädelform, die ich Ihnen im Rahmen diese Buches vorstellen möchte, nennt sich der Kreis der 13 Kristallschädel.

Erwähnt man 13 Kristallschädel denkt jeder gleich an die Legenden von uralten schamanische Kulturen, Erzählungen aus Lemurien und Atlantis, die von 13 Kristallschädeln sprechen, die uns dabei behilflich sein werden, in ein neues erwachtes Zeitalter überzugehen, nachdem das planetarische Bewusstsein aufgestiegen ist. Viele Menschen glauben, dass dieses neue Zeitalter mit dem Ende des Maya-Kalenders im Dezember 2012 eingeleitet werden wird.

Es gibt die Vorstellung, dass alle Kristallschädel ein lange vergessenes uraltes Wissen und Weisheit tragen, die die Menschheit benötigt, um in das neue Zeitalter aufzusteigen.
Wieder andere glauben, dass 13 originale Ancient-Kristallschädel existieren, die zur richtigen Zeit wieder auftauchen, um wiedervereinigt zu werden und somit ein Herunterströmen von spirituellen Energien ermöglichen.
Es gibt Vermutungen, dass diese 13 Kristallschädel eine Verbindung zu multidimensionalen Wesen von anderen Planeten darstellen, die eine wichtige Rolle für die Entwicklung der Menschheit spielen.
In den zurückliegenden Jahren wurde immer wieder mal behauptet, dass Kristallschädel gefunden wurden, die zu diesem Kreis von 13 Ancient-Kristallschädel gehören würden, aber wie bei allen großen Mysterien, war bislang niemand in der Lage dies auch unzweifelhaft wissenschaftlich zu belegen.
Die Zeit wird uns lehren, wie es wirklich ist.
Für unsere Arbeit und die hier beschriebene Anordnung ist dies auf jeden Fall nicht von Wichtigkeit.

Unser Kreis der 13 Kristallschädel hat nur namentlich mit diesen 13 Kristallschädeln zu tun, bzw. diese Formation von Kristallschädeln weist die gleiche Anzahl von Schädeln auf.
Es ist empfehlenswert mit 13 in etwa gleichgroßen Kristallschädeln zu arbeiten, ideal sind 13 lebensgroße Kristallschädel.
Hinsichtlich der Kristallart habe ich die Erfahrung gemacht, dass sowohl Kreise, die aus 13 unterschiedlichen Mineralien bestehen (die 4 Hauptvertreter der Quarzfamilie sollten enthalten sein), als auch Kreise aus 13 Vertretern der Quarzfamilie bestehend oder Kreise aus 13 Bergkristallschädeln in gleicher Weise hochenergetisch sind.

Es ist ein wahrer Hochgenuss und ein nichtalltägliches energetisches Erlebnis, eine Sitzung im Kreis der 13 Kristallschädel abhalten zu dürfen und als solches sollte man dies auch zelebrieren.
Nehmen Sie sich Zeit schon vor der Sitzung aus der Energie des Alltags herauszutreten, bereiten Sie sich und Ihre Umgebung auf das Erlebnis vor. Gönnen Sie sich eine Zeit der Ruhe und inneren Einkehr in einem stimmigen äußeren Rahmen. Stellen Sie sicher, dass Ihnen auch nach der Sitzung genügend Zeit bleibt um langsam in den Alltag zurückzukehren. Man ist nach der Session sehr offen und für jegliche Art von Energien durchlässig, so dass man Zeit benötigt, um sich wieder dem energetischen Niveau der 3. Dimension anzugleichen.

„Wir treffen uns zu besonderen Tagen, zum Beispiel zu Vollmond oder der Sommersonnenwende etc. mit mehreren Leuten. Jeder bringt seine Schädel mit, sodass wir über 13 gleichgroße Kristallschädel verfügen und zelebrieren dieses Ereignis im Kreise Gleichgesinnter, dass potenziert die Energie gleich noch mal.
Es ist immer ein einmaliges Erlebnis für jeden. Alle steuern etwas bei, jeder hat seinen Part und bringt sich ein, so haben wir am Ende alle ein optimale Erfahrung für jeden von uns." schreibt Peter O., der mit mehreren Kristallschädelhütern gemeinsam den Kreis der 13 Kristallschädel als Zeremonie begeht.

Da nicht jeder das Glück hat über 13 Kristallschädel zu verfügen, ist es eine schöne Idee mit anderen Kristallschädelhütern gemeinsam dieses Ereignis zu planen und zusammen zu zelebrieren. Das hat zusätzlich noch den großen Vorteil, dass man erstens zu keinem Zeitpunkt alleine, sondern immer gut begleitet ist und nach der Sitzung jemanden in seiner Nähe weiß, mit dem man die gemachten Erfahrungen austauschen kann.

Nachdem alle Kristallschädel, die am Kreis teilnehmen, gereinigt sind, platziert man diese so, dass man um einen Zentralenschädel der in der Mitte des Kreises steht, einen Kreis aus den übrigen 12 Kristallschädeln aufstellt. Folgen Sie hierbei Ihrer Intuition und öffnen Sie sich den Durchgaben und Wünschen der Kristallschädel.
Die sich im Kreis befindenden Schädel werden mit ihrem Gesicht zu dem zentralen Schädel hin aufgestellt. Der Kreis sollte hinsichtlich des Platzes so großzügig aufgestellt sein, dass sich vor den Schädeln in der Mitte des Kreises bequem eine Person setzen kann. Als Sitzgelegenheit dient eine Decke oder ein Meditationskissen. Bei Personen, die sich nicht auf den Boden setzen

können, was bei Knieproblemen häufig der Fall ist, kann sich derjenige auch auf einen Stuhl vor den Kristallschädel setzen.

Bevor wir mit der Zeremonie beginnen, sollten wir sowohl den Raum als auch alle beteiligten Personen mit einer Salbei- oder Weihrauch-Räucherung bedampfen, somit energetisch reinigen und gleichzeitig öffnen.
Dieses Reinigungsritual kann man sehr schön durch Trommeln begleiten.
Trommeln haben nicht nur den großen Vorteil, dass sie sich ideal zu Reinigungszeremonien eignen, sondern auch hervorragend dazu geeignet sind uns für einen Dimensionsübertritt zu öffnen und des Weiteren Energien aus anderen Dimensionen zu der Zeremonie herbeirufen.

Wenn ich in meinen Seminaren den Kreis der 13 Kristallschädel als Abschlussritual mache, bringen sich alle Teilnehmer mit ihren Talenten und Vorlieben mit ein, so wird bereits die Vorbereitung zu einem Fest der Synergie für alle.
Sobald wir mit diesem Teil der Sitzung fertig sind, sollten wir nochmals darauf achten, dass wir zentriert, gut angebunden und geerdet sind.
Nun folgt die Basiseinleitung, die jeder Sitzung vorangeht.
Jetzt ist es an der Zeit, dass die erste der teilnehmenden Personen, oder im Falle wir sind alleine, wir uns in den Kreis begeben und uns Face to Face zu dem zentralen Kristallschädel hinsetzen.

„Schon in dem Moment, wo ich den Kreis betreten habe, habe ich gemerkt wie extrem hoch die Energie war, mich hat es fast umgehauen. Habe eine ganze Weile gebraucht die Energien zu integrieren und mich ihnen zu öffnen. Ich hatte den Eindruck, dass plötzlich alle Dimensionen aufgehoben wurden, Zeit und Raum hat nicht mehr existiert, ich habe mich im Kreis von anderen Lichtwesen bewegt. Sie kannten mich und ich kannte sie, wie schon immer. Wir waren eins, sind niemals wirklich getrennt gewesen. Ich wusste ihre Gedanken und sie meine. Ein unbeschreibliches Gefühl der Einheit. So muss vollkommene, bedingungslose Liebe in der Einheit sein.“ beschrieb Juliane M. ihre Erfahrung während der Sitzung.

„Als ich in den Kreis der 13 trat, war ich mächtig aufgeregt. Die ersten paar Minuten habe ich überhaupt nichts gefühlt, sondern hatte mehr als genug damit zu tun meinen Gedankenfluss zu stoppen und bei mir zu bleiben. Ohne es zu merken befand ich mich auf einmal im alten Ägypten. Ich fühlte die Wärme, den Sand an meinen Füßen. Die Gerüche waren so vertraut und heimisch. Ich war mit mehreren Leuten in einem Tempel bei einer Zeremonie. Wir verstanden uns wortlos, ich wusste genau was ich zu tun hatte. Jetzt, nach der

Sitzung, bin ich auf der einen Seite ganz glücklich, dass ich dies alles erleben oder besser gesagt durchleben durfte, es war so real. Auf der anderen Seite bin ich ein bisschen traurig und fühle mich alleine seit ich wieder aus dieser Energie raus bin. Freue mich schon auf das nächste Mal." sagt Rosemarie S. nach der Session.

„Schon bei der Reinigungszeremonie habe ich gemerkt, dass sich mir Energien näherten, die mir etwas zeigen wollten und mich auf sich aufmerksam machten. Kaum war ich im Kreis der 13 und hatte Platz genommen, trat ein großer Außerirdischer mit einem ovalen Kopf, großen sanften Augen und einem scheuen Lächeln zu mir. Er nahm mich an der Hand und erklärte mir, er werde mir etwas zeigen was für alle Menschen ganz wichtig sei, um zu verstehen, dass es in anderen Dimensionen auch Leben gibt und dieses Leben mit uns interagiert. Wir kamen gemeinsam auf einem Planeten an, auf dem viele Wesen lebten, die ihm äußerlich glichen, alle schienen sie mich zu kennen und meine Ankunft als ganz normal zu empfinden. Er zeigte mir wo sie lebten und wie in ihrer Dimension Arbeit aussah. Hier lief alles auf mentaler Ebene, man saß vor riesigen Bildschirmen, hatte allerdings keine Tastatur, sondern bewegte alles auf mentalem Wege, man erschuf sich die Dinge, die benötigt wurden. … Ich war nicht einmal verwundert über das was ich sah.
Mir hat dieses Erlebnis großen Mut gemacht. Ich finde es angenehm zu wissen, dass da draußen, außer uns, noch Leben ist und wir in Zukunft vielleicht wieder gemeinsam agieren werden." so Sam C. zu seinen Erlebnissen.

Während sich eine Person im Kreis der 13 befindet, halten die anderen von außen die Energie, in dem sie in einigem Abstand um den Kreis herum stehen. Wenn man mag kann man sich dabei die Hände reichen, es muss aber nicht sein.
Die Person im Kreis bekommt solange Zeit darin zu verweilen, wie es sich für sie stimmig anfühlt.
Wie auch bei den Heiligen 7 hat man auch hier keinerlei Zeitgefühl während der Sitzung bzw. die Zeit vergeht, im wahrsten Sinne des Wortes, wie im Flug.

Nach der Sitzung sollte man sich die nötige Zeit nehmen, um ganz langsam wieder ins Alltagsbewusstsein zurückzukehren. Denken Sie daran sich nach der Sitzung, sowohl bei Ihrer geistigen Führung, als auch bei allen anwesenden Wesenheiten für die erhaltenen Einsichten zu bedanken.

Achten Sie nach der Sitzung unbedingt auf Ihre Erdung. Es empfiehlt sich genügend zu trinken und auch eine Kleinigkeit zu essen.

Da wir uns während der Sitzung in einer sehr hohen Energie befinden und spielend Zugang zu anderen Dimensionen bekommen bzw. uns in diesen bewegen und die Zeit aufgehoben ist, kann es zu unbekannten emotionalen und körperlichen Reaktionen kommen, wie Schwindel, Übelkeit, Herzklopfen, erhöhte Erzfrequenzen usw., die nach der Sitzung jedoch wieder abklingen.

Oftmals treten heftige Gefühle auf. Nicht selten fühlen wir uns, nach dem in der Sitzung erlebten Einheitsbewusstsein, auch kurzzeitig allein, einsam und abgetrennt.
Die Gruppe wird Sie in einem solchen Falle auffangen und Ihnen zur Seite stehen.
Feiern Sie die vorangegangene Session, indem Sie gemeinsam reden, Ihre Erfahrungen austauschen und bedanken Sie sich nochmals bei der geistigen Welt. Dies kann man herrlich gemeinsam machen, indem man trommelt, singt und chantet.
Auch eine gemeinsam dargebrachte Opferung an die anderen Welten ist eine sehr schöne Geste.

Ich wünsche Ihnen viele unvergessliche Erlebnisse, einmalige Erfahrungen und schöne Überraschungen im Kreis der 13 Kristallschädel. Geben Sie sich hin und genießen, was die Kristallschädel für Sie bereithalten.[8]

---

[8] Wer seine Erfahrungen gerne mit mir teilen möchte, kann dies gerne unter Kirsten@horus-mystery-school.com

15. Channeln mit Kristallschädeln

Das Wort „Channeling“ kommt aus dem Englischen und bedeutet so viel wie „Kanal sein“, um Botschaften zu empfangen. Reiner Kanal zu sein, setzt voraus, dass nicht nur diese Fähigkeit trainiert werden muss, sondern auch Demut, Hingabe und Dankbarkeit jenseits des bewertenden Egos geübt werden müssen.

Je reiner der Kanal ist, desto reiner und klarer werden die übermittelten Botschaften der aufgestiegenen Meister, der Engel, der Geistführer etc. weitergeleitet werden können.

Die Befähigung sich mit geistigen Sphären in Kontakt zu bringen wird, bedingt durch die Schwingungserhöhung auf unserem Planeten, für jeden Menschen immer einfacher. Die geistige Ebene legt ebenfalls großen Wert darauf, sich über reine „Kanäle“, Medien oder Channel mitzuteilen und jedem einzelnen auf dem Weg eine liebevolle und wertvolle Unterstützung zu bieten. Vorrangig ist es dabei, uns alle darauf hinzuweisen, was in der jetzigen Zeit für den Aufstieg von Mutter Erde und all ihren Bewohnern von Wichtigkeit ist.

In diesem Zusammenhang möchte ich darauf hinweisen, dass sich nicht nur die lichtvolle Welt der Meister und Engel mitteilen möchte, sondern die Gegenseite ebenfalls versucht mit ihren eigenen Botschaften die Menschen auf ihre Seite zu ziehen. Man prüfe daher genau, mit wem man sich verbindet, Botschaften der negativen Seite versuchen oft und gerne unserem Ego zu schmeicheln und uns so zu täuschen.

Channeling ist also die Fähigkeit, sich mit unsichtbaren Wesenheiten zu verbinden und die Botschaften und/oder Energien herunter zu transformieren, zu übersetzen und in eine für alle verständliche Form zu bringen. Prinzipiell gesehen channelt jeder Mensch tagein und tagaus. Wir channeln unser eigenes Unterbewusstsein, die Gefühle unseres Emotionalkörpers, unser höheres Selbst, aber unter Umständen auch irgendwelche aus unserer Umgebung aufgenommene Energien.

Channeln ist es auch, wenn wir Energien zum Beispiel als Geistheiler oder Reiki-Praktizierende aufnehmen und an unsere Klienten weiterleiten.

Im allgemeinen Sprachgebrauch meint man aber mit dem Begriff „Channeln“ ein Sprachmedium, das das Empfangene in Worte kleidet und sich energetisch soweit an das Lichtwesen anpassen kann, dass es in der Regel im Anschluss an ein Channeling selbst nicht weiß, was es gesagt hat bzw. überbracht hat.

Es gibt auch Schreibmedien, die sich am besten der geistigen Führung hingeben können, wenn sie sich auf das Schreiben konzentrieren, sie schreiben flüssig und ohne zu überlegen. Sind sich oftmals auch nicht des Geschriebenen bewusst.

Nicht alle erhaltenen Informationen sollten blind angenommen werden, nur weil sie gechannelt sind. Wir sollten vielmehr unterscheiden, ob es sich um Botschaften handelt die uns etwas nutzen, ob es lichtvolle Durchsagen sind, die in uns ein Gefühl der Freude auslösen und uns, sowie der Menschheit dienlich sind.
Zum Channeln kann jeder Kristallschädel verwendet werden, die Größe und auch die Kristallart spielen hierbei keine große Rolle. Es gibt jedoch einige Medien, die es bevorzugen mit annähernd lebensgroßen Kristallschädeln, vorzugsweise aus Bergkristall, zu arbeiten (siehe Abbildung 37).

Als Kristallschädelhüter stellen wir jedoch immer wieder fest, dass wir von unseren Schädeln Durchsagen oder Informationen bekommen, ohne sie darum gefragt zu haben bzw. ohne uns bewusst in eine Channeling-Situation begeben zu haben. Dabei sind es oft die kleinsten Schädel, die am bestimmtesten senden.
Wollen wir uns jetzt aber bewusst in ein Channeling begeben, sollten wir als erstes einen Platz für uns und unseren Schädel vorbereiten, so wie es sich für uns stimmig anfühlt. Dabei kann eine meditative Musik zum Einsatz kommen, Räucherungen verwendet werden, ein kleiner Altar aufgebaut werden. Kreieren Sie die Atmosphäre, die Sie für Ihr Channeling haben möchten. Viele Medien bevorzugen zum Beispiel einen abgedunkelten Raum, entscheiden Sie selbst was sich stimmig anfühlt.
Nachdem der Raum hergerichtet ist, stellt man den Schädel auf den Platz auf dem er während des Channelings verbleiben wird. Dies kann auf einem Tisch vor uns sein. Sollten wir auf dem Fußboden bzw. Kissen sitzen, kann er auch direkt vor uns stehen. Im nächsten Schritt verbinden wir uns wieder unter zur Hilfenahme unserer Basiseinleitung.
Für ein Channeling empfiehlt es sich zusätzlich das Schutzgebet auszudehnen und darum zu bitten, dass sich nur Wesenheiten melden werden, die im Licht arbeiten und von Liebe geleitet sind.
Als nächsten Schritt stellen wir uns eine Lichtsäule vor, die uns vom Kronenchakra ausgehend mit der göttlichen Quelle verbindet und bis zu unserem Erdenstern ca. 30 cm unterhalb unserer Fußchakren geht.
Wir fühlen, wie ein klares Licht von der Quelle kommend unseren Lichtkanal bis zum Erdstern herunterfährt, dabei unseren gesamten physischen Körper ausfüllt, in uns leuchtet und uns gleichsam reinigt.

Nun nehmen wir Kontakt mit unserem Geistführer, der Kristallschädelwesenheit, einem aufgestiegenen Meister, unserem Schutzengel, den Erzengeln oder zu wem auch immer wir eine Verbindung herstellen wollen, indem wir ihn/sie anrufen und bitten mit uns zu kommunizieren.

Wir schließen die Augen, öffnen uns für die Energie und lassen uns davon einhüllen.
Es kann vorkommen, dass ein anderes Wesen erscheint, als das von uns angerufene. Das kann daran liegen, dass es für unseren momentanen Lebensabschnitt besser und stimmiger ist oder, dass es etwas Wichtiges für die gesamte Menschheit durchzugeben hat. In diesem Falle empfiehlt es sich sicherzustellen, dass es sich hierbei um ein Lichtwesen aus der Quelle handelt, das in reiner Liebe handelt.
Hierzu stellt man eine Frage, wie die folgende:

Bist Du hier bei mir aus den Sphären des Lichtes der göttlichen Urquelle, als Diener der universellen Liebe?

Die Antwort sollte ein klares unmissverständliches JA, sein. Bekommen wir nicht sofort eine zufriedenstellende Antwort, wiederholen wir unsere Frage erneut, bis zu 3 Mal. Haben wir auch nach dem 3. Mal keine klare Antwort erhalten, entlassen wir die Wesenheit mit Liebe ins Licht, sehen von einer Zusammenarbeit allerdings zwingend ab.

Haben wir eine positive Antwort erhalten, können wir mit dem Channeling beginnen.

Je nachdem wie wir channeln, stellen wir eine Frage an die erschienene Wesenheit oder wir bitten um eine Durchgabe. Die erhaltene Antwort schreiben wir nun auf oder geben sie an unsere Zuhörer (in einem öffentlichen Channeling zum Beispiel) weiter.
In der Regel wird sich die Wesenheit an unseren Sprachgebrauch anpassen, es kommt jedoch sehr häufig vor, dass Ausdrücke, Worte und Satzgefüge verwendet werden, die nicht unserem Alltagssprachmodus entsprechen. Sollten wir als Sprachchannel fungieren, kann man häufig feststellen, dass sich unsere Stimme und Tonlage deutlich verändern. Das fällt uns als Channel weniger auf, als den anwesenden Zuhörern, denn meist kann sich ein Channel nach getaner Arbeit weder an das Gesagte, noch an seine Stimme erinnern.
Erhaltene Durchgaben sollten von uns weder bewertet, noch korrigiert oder modifiziert werden, sondern 1 zu 1 wiedergegeben werden.
Vielmehr sollten wir alles notieren, alles auf Band sprechen oder an unsere Zuhörer weitergeben.

Anfangs kann es hin und wieder zu Übertragungsproblemen kommen, da wir uns nicht wirklich leer machen können und unsere Gedanken versuchen einzufließen. Stressen Sie sich in diesem Falle nicht, sondern geben nochmals die klare Intention ein und öffnen sich.

Channeln ist letztlich als würde man eine neue Sprache erlernen – je mehr man sie übt, desto schneller kann man sich fließend verständigen.

Am Ende einer jeden Sitzung ist es wichtig, diese Sitzung als beendet zu erklären. Oftmals können wir feststellen, dass sich die Wesenheit zurückzieht bzw. ihre Energie, sobald die Durchsage beendet ist.
Mit der Zeit spüren wir es sofort, wenn die Energie nachlässt und ein Channeling zum Ende kommt.
Wie bei jeder anderen spirituellen Arbeit sollten wir auch hier auf keinen Fall vergessen uns für die erhaltenen Botschaften zu bedanken und der Wesenheit Licht und Liebe für ihren weiteren Weg zu senden.
Nun folgt unser Basisabschluss.

Da wir uns beim Channeln in der Regel sehr weit geöffnet haben, ist es dringend erforderlich auf die nötige Erdung zu achten und unsere Chakren wieder anzugleichen.
Auch eventuell auftretende Kopfschmerzen oder Druck hinter den Augen sind ein Zeichen für schlechte Erdung oder ein zu langes Channeling. In diesem Fall sollte man sofort etwas essen bzw. wenn das alleine nicht ausreicht, nach draußen gehen und sich zum Beispiel durch den Kontakt zu einem Baum erden.
Schwarze Turmaline, die man während der Sitzung im Raum hat, sorgen schon während der Sitzung für Erdung.

Channeln ist in bestimmten Situationen wichtig, um Informationen für unsere bzw. die Weiterentwicklung anderer zu bekommen. Man sollte aber aufpassen, dass man nicht in eine Channelsucht verfällt und ständig meint, jede zur Verfügung stehende Wesenheit channeln zu müssen oder neue revolutionäre Botschaften erhalten zu wollen oder bisher unbekannte Wesenheiten channeln zu müssen. Da man sich damit nicht nur auf eine eindeutige Egoschiene, sondern auch auf eine gefährliche Bahn begibt.

Kristallschädel haben beim Channeln den großen Vorteil, dass erst gar keine Verbindung hergestellt werden wird, wenn es nichts zu channeln gibt.
Meine Erfahrung ist es, dass, wenn wir einen Kristallschädel in ein Channeling integrieren, wir in der Regel immer mit der gleichen Wesenheit in Kontakt treten, oft ist es die Kristallschädelwesenheit, die sich in unserem Schädel verbirgt. Lassen Sie sich nicht verwirren, wenn die Wesenheit Ihnen einen Namen nennt, der nicht der Name Ihres Schädels ist. Die Kristallschädelwesenheit hat häufig einen Namen, der von dem Namen Ihres Schädels abweicht.

In Channelings mit Kristallschädeln werden sehr häufig Durchgaben zu deren Herkunft und früheren Einsatzgebieten gegeben, Botschaften zur Entwicklungsgeschichte der Erde, aber auch Vorausschau gehalten bezüglich des Aufstiegs von Mutter Erde und den auf ihr lebenden Wesen. Wir erhalten Informationen zu Situationen aus früheren Leben bzw. von untergegangenen Kulturen, die für unsere heutige Situation von Wichtigkeit sind und nochmals angeschaut werden sollen.
Aber auch Hinweise für unsere eigene spirituelle Weiterentwicklung sind sehr häufig, es werden Themen gezeigt, die zu bearbeiten sind, Muster und Blockaden die gelöst werden müssen und Fakten, die unsere Weiterentwicklung fördern können, aufgezeigt.

Mit Kristallschädeln gibt es also grundsätzlich zwei Arten des Channelns, entweder wir channeln mit einem Kristallschädel oder wir channeln über Kristallschädel.
Ein weltweit bekanntes Buch in dem Informationen, die im Mitchell-Hedges-Kristallschädel gespeichert sind, durch Carole Davis gechannelt wurden, ist unter dem Titel „The Skull Speaks Through Carole Davis“ erschienen. Hier erhalten wir durch das Trancemedium Carole Informationen, die im Schädel enthalten sind.
Carole gibt allerdings klar zu verstehen, dass sie nicht sicher ist, ob die Information direkt von dem Schädel kommt und nicht garantieren kann, dass die Durchgaben korrekt sind.

Ein weiteres bekanntes Buch, dass durch Channelings entstanden ist, ist „The Divine Spark of Creation: The Crystal Skull Speaks“ von Kathleen Murray.
Kathleen ist Hüterin des Kristallschädels Mahasamatman und gibt ihm ihre Stimme, um die Welt darüber zu unterrichten, was die Aufgabe der Kristallschädel, im Speziellen seine Aufgabe, ist.

Weltweit nimmt die Zahl der Leute zu, die mit Kristallschädeln entweder gezielt für Klienten, aber auch für die breite Öffentlichkeit channeln.
Sollten Sie selbst beim Lesen dieses Kapitels eine Resonanz verspürt haben, dann versuchen Sie es doch einfach selbst einmal.

Ich wünsche Ihnen viel Freude und liebevolle, aufschlussreiche, weiterführende Durchgaben.

16. Dreizehn gechannelte Botschaften

1. *Botschaft von Kasper – lebensgroßer Rauchquarzkristallschädel gechannelt von Kirsten Hilling im Mai 2010*

Viele Menschen haben über die letzten Jahrzehnte, bedingt durch ein ausschließlich expansionsorientiertes und profitausgerichtetes Wirtschaftssystem, die Verbindung zur Erde vollkommen verloren. Wohin das geführt hat, zeigt eindringlich das jüngste Beispiel der Ölkatastrophe im Golf von Mexiko.

Die Menschen müssen dringend umdenken, einlenken und wieder in Verbindung zur Erde treten. Die Erde ist Eure Mutter, die Euch nährt, trägt und unterstützt, Ihr müsst anfangen ihr für das, was sie Euch gibt, zu danken, sie anzuerkennen und zu respektieren und dementsprechend zu handeln.

Die Erde kann ohne die Menschen weiterleben, Ihr jedoch nicht ohne Mutter Erde.

Kristalle sind in einem Prozess über viele Millionen Jahre in der Erde entstanden und somit ein Teil von Mutter Erde.

Solange wie sich ein Kristall in der Erde befindet, ist er in direktem Kontakt mit Mutter Erde, es findet ein direkter Informationstransfer und Energieaustausch statt, der Kristall speichert die Geschichte der Erde.

Wenn sich der Mensch öffnet und Kristalle und Kristallschädel als gleichwertige Wesen mit einem eigenen Bewusstsein anerkennt, sich mit ihnen verbindet und ihre Botschaften hört, hört er die Botschaften von Mutter Erde und es findet eine Wiederverbindung mit ihr und ihrem Bewusstsein statt.

Jeder Kristall bietet Euch unzählige Möglichkeiten Eure Verbindung zu Mutter Erde wieder zu aktivieren, Euch ihrer bewusst zu werden, sie zu respektieren und mit ihr zu leben.

Ihr braucht die Verbindung zu ihr auch, um Eure physischen Körper mit ihren Energiesystemen gesund, zentriert und geerdet zu halten.

Ja, sogar Euer spiritueller Weg und Euer spirituelles Wachstum hängen hochgradig mit dem Grad Eurer Erdung zusammen, nur wer eine gute Verbindung zu seinen Wurzel, zu Mutter Erde hat, kann seinen Weg kraftvoll vorangehen.

Ich bitte Euch, erkennt die Zeichen der Zeit, ehrt Mutter Erde wieder, indem Ihr Euch in die Rückverbindung zu ihr begebt, nur so kann es einen Aufstieg in die 5. Dimension geben.

Name des Schädels: Kasper
Material: Rauchquarz
Herkunftsland: unbekannt
Gewicht: 5,8 kg

Kurzbiografie von Kasper: Bei dem Schädel handelt es sich um einen lebensgroßen Rauchquarzschädel, der weltweit mit vielen Schädeln vernetzt ist, wie zum Beispiel Xamuku und Amakua von Star Johnsen-Moser. Die Energie des Schädels ist männlich, Kasper weist eine sehr kraftvolle, präsente, antreibende, zum Teil sogar bestimmende Energie auf, die gleichzeitig aber auch sehr einfühlsam, verständnisvoll und kraftspendend ist. Kasper war mein erster lebensgroßer Kristallschädel, als ich ihn das erste Mal sah, überkam mich ein tiefes Gefühl der Vertrautheit, des Wiedererkennens und der Liebe, was bis heute geblieben ist. Aktiviert in vielen Zeremonien und Ritualen durch Schamanen, Heiler und Lichtarbeiter wird Kasper nun sowohl in Sitzungen für Menschen, als auch in Channelings und für Erdheilungszwecke eingesetzt. Kaspers spezielle Aufgabe besteht darin, alte Muster und Blockaden, die unseren spirituellen Weg behindern, aufzuzeigen und aufzulösen, um uns sodann entschieden den nächsten Schritten auf unserem Weg zuzuführen. Seine Botschaften sind sehr klar und bestimmt.

2. *Botschaft von Samir – Labradorit gechannelt von Helga Heubing im August 2010*

Hast du Sorgen, Probleme oder körperliche Beschwerden? Verbinde dich mit deinen Ahnen und gehe in die Natur. Lasse dich führen mit offenem Herzen. Erzähle den Bäumen deine Sorgen und fühle ihre Energie, bitte die Pflanzen dir zu helfen und achte auf die Tiere, die dir begegnen. Bedanke dich für ihre Hilfe.
Wenn du der Natur helfen möchtest, höre ihr zu und beobachte sie. Du wirst Antworten bekommen.
Vergesse niemals! – die Pflanzen, die Bäume und Tiere können ohne uns Menschen leben, doch wir brauchen sie zum leben.

Name des Schädels: Samir
Material: Labradorit
Herkunftsland: Brasilien
Gewicht: 0,3 kg

Kurzbiografie von Samir: Bei dem Schädel handelt es sich um einen aus Brasilien stammenden Labradorit-Schädel. Die Energie des Schädels ist männlich.

3. *Botschaft von Sir Henry, brasilianischer Bergkristallschädel gechannelt von Andrea Hartmann, Bonn, Deutschland im Juni 2011*

Ich, Sir Henry, freue mich hier meine Botschaft an Euch weitergeben zu dürfen. Ich bin der Schädel, um Eure Fähigkeiten wieder freizusetzen.

Ihr Menschenkinder, in diesem Zeitalter ist es nun an der Zeit die Herzen und das Bewusstsein zu öffnen, damit Ihr Euch Selbst und Eurer Intuition wieder vertrauen könnt, um endlich das zu leben was Ihr wirklich seid: das „ICH BIN" in Euch.

Ich, Henry, unterstütze jeden dabei dieses Wissen zurück zu erhalten, um wieder in den Einklang Eurer Selbst zu gehen. So sage ich Euch: fragt uns Schädel ab, denn wir sind die besten Berater und Ratschlaggebenden Eurer inneren schöpferischen Kraft. Durch das Loveeeee in Euch werdet Ihr Euch in Eurer eigenen Kraft annehmen und Eure Schöpfung in den Fluss bringen. So werdet Ihr zu Schöpfern Eurer Kraft und wieder in das Bewusstsein gelangen, um alles wieder mit Freude in Eurer jetzigen Inkarnation zu leben.

Ich und meine Schädelbrüder sind für Euch da. Vertraut uns, denn so kommt Ihr in Eurer Vertrauen zurück und werdet die Göttinnen und Götter dieses Planeten Erde.

Euer Sir Henry in Loveeeeeee

Name des Schädels: Sir Henry
Material: Bergkristall
Herkunftsland: Brasilien
Gewicht: 2,5 kg

Kurzbiografie von Sir Henry: Sir Henry ist der Kristallschädel, der das 1. Tor des Absoluten bei den Menschen in den DNS-Strängen öffnet, um die 4 Ursprungsenergien der Kristallschädel empfangen zu können. Er nimmt eine Umprogrammierung der 1. Schicht eines DNS-Stranges vor, in dem er den Siliciumanteil neu strukturiert, der eine ähnliche Konstitution besitzt wie der Bergkristall. Dort erhöht er die Energie des Menschen und erweckt somit die Ursprungsenergien der Kristallschädel, damit der Mensch beginnen kann, diese wieder wahrzunehmen und in der Lage ist, mit den Ursprungsenergien wieder in Kontakt treten zu können. Sir Henry bringt den Menschen somit Klarheit und erweckt das schlummernde magische Wissen, welches in jedem Menschen vorhanden ist und kommuniziert mit jedem.

4. *Botschaft von Bartholomäus – Rauchquarz mit Rutil gechannelt von Helga Heubing am 17. Oktober 2010*

Es ist wichtig, dass wir in dieser Zeit alle zusammenarbeiten. Es gibt kein besser oder schlechter. Jeder hat seine Aufgabe und die ist gut so wie sie ist.
Doch es ist wichtig, dass eine Synergie auf menschlicher Ebene ebenso besteht wie im Kristallbewusstsein und Kristallschädelbewusstsein. Konkurrenzdenken gehört der Vergangenheit an, wenn wir uns in der neuen Energie zu Hause fühlen wollen.
„In der Energie der Liebe zu Allem was ist."
Wir sind alle Schüler und Lehrer des Universums.
In Liebe Bartholomäus

Name des Schädels: Bartholomäus
Material: Rauchquarz
Herkunftsland: Brasilien
Gewicht: 3,25 kg

Kurzbiografie von Bartholomäus: Bei dem Schädel handelt es sich um einen aus Brasilien stammenden Rauchquarzschädel mit goldenen Rutilnadeln. Die Energie des Schädels ist männlich.

5. *Botschaft von Ku – Roter Jade-Schädel gechannelt von LionFire –David R. Leonard, Four Corners, Colorado, USA; im August 2010*

Weisheit ist ein „Meer des Wissens" jenseits von Worten; Verständnis dessen, was wahr und beständig ist.
Die Kristall- und Steinschädel channeln den Fluss der Weisheit.
In der Weisheit besteht keine Notwendigkeit mehr, die Geschlechter zu trennen. Weisheit wird ermächtigt durch die Balance zwischen weiblichen und männlichen Energien, die uns alle mit dem Göttlichen im Inneren verbinden. Die Weisheit der Ahnen kehrt zurück mit der Wiedererweckung der Energien der Göttin. Die Dualität der männlichen Matrix schwindet und verändert sich, bringt uns in ein neues Modell der Einheit. Dies ist eine Zeit der Vereinfachung; aufstrebend und strahlend, erneut, in bedingungsloser Liebe.
Strebt nach Führung durch die Visionäre, Lehrer und Meister, die diese uralte Weisheit halten. Ehrt und respektiert sie, kümmert euch um sie und liebt sie, denn sie wissen, was wahr und beständig ist in dem „Meer der Weisheit"

Name des Schädels: Ku
Material: Rote Jade
Herkunftsland: Innere Mongolei, China
Gewicht: 2,27 kg

Kurzbiografie von Ku: Ku stammt aus den uralten zeremoniellen Gebieten im nordöstlichen Flussdistrikt der Inneren Mongolei, China. Er ist aus roter Jade und es ist bewiesen, dass er aus der späten Jungsteinzeit stammt, 5000 v. Ch. KU besitzt Eigenschaften sowohl weiblicher als auch männlicher Energien in Einheit und Balance.

6. *Botschaft von Nummer – Nuummite Schädel gechannelt von Sharon Lee Tayler - PahRahdise Ranch, Northern Nevada, USA; im August 2010*

Du kannst helfen unseren Planeten, unsere Mutter, zu heilen
Ich bin Nummer, und heute bin ich die Stimme von Cenoté und Freunden, aus dem Herzen des Lichts. Meine Verbindung zu unserer Mutter (Erde) ist die längste und ich kann ihre Schmerzen fühlen, wie sie versucht zu wachsen und sich zu verändern, damit die neuen Energien sie in die nächste Dimension bringen werden. Du kannst ihr helfen und Teil dieser wichtigen Veränderung sein, indem Du eine Kraft des Lichts wirst (Lichtarbeiter) und ein Leuchtfeuer der Liebe. Du kannst hinausgehen, zu den Mitgliedern des Tier- Pflanzen- und Mineralreichs und ihren Part in dieser Veränderung honorieren. Es gibt viele irdische Lehrer, die Dir helfen diese Verbindung herzustellen und so Dein Bewusstsein auszudehnen. Du musst nur darum bitten. Um alleine zu experimentieren, musst Du nur ein Tier, eine Pflanze oder ein Mineral halten und damit meditieren, indem Du ehrfürchtig bist und fragst, wirst Du die Antworten bekommen, die Du suchst. Schicke Deiner Mutter jeden Tag Heilung und sieh sie in Liebe erglühen, und so soll es sein!

Name des Schädels: Nummer
Material: Nuummite (3 Millionen Jahre altes Mineral)
Herkunftsland: Grönland
Gewicht: 0,15 kg

Kurzbiografie von Nummer: Nummer kam zu uns, nachdem wir ihn auf crystalskulls.com gesehen hatten. Sein Mineral ist ancient und hat eine weite Reise hinter sich, nachdem es aus seiner Heimat Grönland gekommen, bevor es geschliffen wurde. Seine Energie wurzelt in den frühen Tagen dieses Planeten, als die Kontinente noch beweglich waren. Nuummite hat extrem kraftvolle Energie. Er ist ein Schutzstein, der von jeglicher Art von negativer Energie auf physischen, ätherischen und emotionalen Ebenen schützt.

7. *Botschaft von Sadeh Jannat – Orangencalcit-Schädel gechannelt v. Kirsten Hilling im Oktober 2010 in einer Vollmondnacht*

Sprechen Sie diese heiligen mantrischen Worte, während Sie sich mit Sadeh Jannat verbinden. Der Klang wird tief in Ihrem Herzen eine Resonanz finden und Sie so an alte Leben heranführen, deren Informationen im Jetzt von Ihnen benötigt werden. Sie können das Mantra auch in der Einleitungsphase mehrfach wiederholen. (Siehe Abbildung 38).

Sanat omar bejin
Wa so na, ti sa
Ja comar sam tu
Naiz buga sam
O tak o sam sa
Sam sa na gülma
Targam vago jü
Amtaat intoor sam
Am uruul ma
Mu ka lu nah sam
Sik ti wa, jem lo
Da me rulu wa
Töns urlu tovaan
Mirgo setcho wa
Moh tah kara sam
Byamba sar naim
Nama zun wasa
Mogoi yallaa san
Siwa godo chen
Yagaan wal
Nuruu ga sit chem
Saramis san sogo bal

Name des Schädels: Sadeh Jannat
Material: Ancient Kristallschädel aus Orangencalcit
Herkunftsland: Mongolei
Gewicht: 5,6 kg

Kurzbiografie von Sadeh Jannat: Bei dem Schädel handelt es sich um einen lebensgroßen Orangencalcit-Kristallschädel aus der Mongolei, der älter als 1.500 Jahre ist und somit als ancient klassifiziert wird. Sadeh Jannal ist weltweit mit vielen Schädeln vernetzt, die ebenfalls in der Mongolei gefunden wurden. Sadeh Jannal wurde von Schamanen in Zeremonien und Ritualen eingesetzt. Ihre Energie ist weiblich. Sie ist eher zurückhaltend und bescheiden in ihrer Kommunikation und erwartet, dass man sich ihr zuwendet und sich mit ihr beschäftigt. Sadeh führt uns an alte Leben heran und offenbart uns Informationen aus damaligen Zeiten, die für unsere heutige Entwicklung von Wichtigkeit sind. Des Weiteren verfügt sie über großes Sternenwissen. Sadeh liebt es in Zeremonien und Erdheilungen eingesetzt zu werden.

8. Botschaft von AnFaLuc, Citrin-Schädel gechannelt von Magdalene Hoffmann, am 28. November 2010

Geliebte Menschenkinder,
erwachet und besinnt Euch zuerst auf Euch selbst.
Werdet heil an Körper, Geist und Seele.
Fühlt die Liebe in Euch!
Lasst Euer Licht wachsen und lasst es in hellem Glanz erstrahlen. Es stehen Veränderungen Euch bevor, seid stark im Glauben und Vertrauen, legt Eure Ängste nieder. Ihr Menschenkinder seid so mächtig und doch wisst Ihr es nicht.
Fühlt die Liebe in Euch!
Reißt die Mauern in Euren Herzen nieder, empfangt die Liebe Gottes.
Erstrahlt in Liebe!
Ihr seid so unendlich geliebt! Die Liebe Gottes IST ALLES. Selbst in Euren dunklen Zeiten wird die Liebe Gottes für Euch die Laterne sein!
Fühlt die Liebe in Euch!
Verströmt diese Liebe, denn sie wird Euch auf immer und ewig gegeben.
Fühlt die Liebe in Euch!

Name des Schädels: AnFaLuc
Material: Citrin
Herkunftsland: Brasilien
Gewicht: 1,8 kg

Kurzbiographie von AnFaLuc: AnFaLuc ist ein aus Brasilien stammender Citrin-Schädel. Sie hat Madgalene im November 2010 gefunden. AnFaLuc hat eine mehr weibliche, sehr sanfte Energie.

9. *Botschaft der Magic 7, 7 Kristallschädel aus grünem Turmalin, gechannelt von Gudrun Hänel, 5. Dezember 2010*

„Sprechen wir nun von der heiligen Reise zu deinem Herzen.
Du bist vollkommen. Begreife deine Vollkommenheit. Du bist das Licht der Welt. Kehre zurück zu deinen Wurzeln, finde dich selbst und gehe in den heiligen Raum deines Herzens. Hier ist der Anfang und das Ende. Hier bist du mit allem verbunden was ist. Sei ohne Sorge, denn du bist nie allein. Du bist unsterblich und ein ewiger Teil des unendlichen Eins. Sei dir dessen immer bewusst und du wirst erkennen, was ist. Du wirst sehen und heilen. Du kehrst zurück in den Schoß der Unendlichkeit. Du bist nie verloren.
Du fragst uns jetzt, wie du in den heiligen Raum deines Herzens finden kannst. Es ist so einfach, aber in dem Lärmen der Welt um dich herum wird es so schwierig. Und da ist schon die Antwort: kehre zurück in die Stille. Werde ruhig, schaffe Ruhe um dich. Du kannst dich unter einen Baum setzen, an einen Fluss oder auf dein Bett, in den Schaukelstuhl oder in den Garten. Es spielt keine Rolle. Wichtig ist nur die Ruhe um dich herum, damit du selbst zur Ruhe kommen kannst, um deine Mitte zu finden … und schon bist du da – in deinem heiligen Raum deines Herzens.
Wir möchten dir sagen, dass du ein vollkommenes Wesen bist und immer glücklich sein darfst. Wage es – kehre zurück zu deinem inneren Wesen und du wirst feststellen, dass alles eins ist – und dass du die höchste Liebe bist. Werde ruhig und höre zu – dann wirst du deine innere Stimme wieder hören können und du wirst wissen, dass du angekommen bist – im heiligen Raum deines Herzens.“

Namen der Schädel: The Magic 7 (eine Familie von 7 Schädeln: Pedroo, Hindra, Melchior, Artreus, Rahel, Gaiana, Gaianus).
Material: Grüner Turmalin
Herkunftsland: Brasilien
Gewicht: von 140 gr (Artreus) bis 725 gr (Pedroo)

Kurzbiografie der Schädel: Als ich den Magischen 7 zum ersten Mal begegnete, wusste ich sofort, dass wir zusammen gehören. Dies war allerdings eine Gewissheit auf einer sehr tiefen Ebene und ich war daher selbst überrascht, wie schnell sie dann tatsächlich zu mir kamen. Ich habe mit diesen wundervollen Wesen bereits in einem früheren Leben in Tibet zusammengearbeitet, ihre physische Form erhielten sie aber erst später in Brasilien. Durch ihre Anzahl eignen sie sich hervorragend für die Arbeit an den 7 Hauptchakren. Ihre Energien sind vielfältig, je nach Familienmitglied eher kraftvoll schützend oder sanft beruhigend oder spielerisch kreativ u. v. m., aber alle haben eine unglaublich liebevolle und verbindende Energie gemeinsam.

10. Botschaft von Lara – Citrinschädel und Mara – Rubinschädel gechannelt von Annett Ausic, Waren an der Müritz im Dezember 2010

Liebe ist das größte Gut der Menschheit.
Sie ist die höchste Energie und mit Nichts gleichzusetzen. Sie gib uns die Kraft, Dinge zu tun und zu erreichen, die uns vorher unmöglich erschienen.
Mit Ihr ist alles möglich!
Es ist ein Geben und Nehmen.
In der Liebe sind alle gleich.
Diese bedingungslose Liebe ist in uns.
Sie ist das Wertvollste auf der Welt! Lasst sie uns weiterschenken und vermehren, wir werden unbeschreibliches Glück erfahren.

Name des Schädels: Lara und Mara
Material: Citrin und Rubin
Herkunftsland: Brasilien
Gewicht: 300 und 400 Gramm

Kurzbiografie von Lara: Bei Lara handelt es sich um einen Citrinschädel mit einer sehr warmen, sonnigen und liebevollen Energie. Als Rubinkristallschädel hat Mara die Aufgabe alte Wunden zu heilen und das Herzchakra zu energetisieren.
Beide Schädel arbeiten sehr eng zusammen und haben ein inniges Verhältnis zu ihrer Hüterin.

11. Botschaft aus dem gesamten Kristallschädelbewusstsein gechannelt von Shirley (Sienna) Coventry Melbourne, Australien November 2010

Wir, das Mineralienreich, präsentieren Euch die Kristallschädel … Übermittler von Informationen hinsichtlich Eurer Transzendenz in den neuen Morgen (das neue Zeitalter) … es ist kein neues Zeitalter im herkömmlichen Sinne, es ist ein Erwachen neuer Erfahrungen der eigenen Kraft. Wir sind aus Liebe und Licht. Wir haben Wissen und Informationen, die zu allem strahlen, was mit der Menschheit verbunden ist. Deshalb werden wir ähnlich wie Ihr geformt. Versteht, dass wir uns selbst erschaffen. Ja, erschafft Euch selbst durch die Schleifer und Erschaffer der Erde. Sie sind unser Instrument des Friedens. Gott hat die Menschheit erschaffen, sagt man, als Abbild Seines Selbst. Egal ob das wahr ist, oder nicht, Kristallschädel sind ein Abbild des Menschen ohne Kleider, Haut oder Haar. Wir bilden ab, wir sind das Leben, nicht der Tod. Es gibt keinen Tod, sondern nur immerwährende Erleuchtung. Wir sprechen zu Euch, als Euer Selbst durch einfache

Kommunikation und Lebensenergie, durch Verstehen und Toleranz, durch Mitgefühl und Wachstum, durch Lernen, durch Empfangen und Geben von Information und Energie von anderen Formen von Leben, egal ob außerirdisch, interdimensional, von Engeln oder Geistwesen und immer aus dem Mineralreich, dem wir selbst entstammen. Es spielt keine Rolle, wo, wer oder warum wir sind, nur dass wir sind zählt. Glaubt daran, dass Ihr mit uns kommunizieren und Energien downloaden (runterladen) könnt, neue Informationen und Frequenzen von uns erhaltet. Es ist eine Tatsache. Die Kristallschädel repräsentieren Verstandeskraft, Wissen, Information, Erinnerungsspeicher, Kommunikation und Menschlichkeit, Menschheit und Humanität. Dies ist eine Botschaft aus dem Reich der Mineralien und Kristallschädel, „Ganz gleich welcher Form, Gestalt oder Art wir sind, wir sind alle eins."

Shirley hat sich beim channeln dieser Botschaft über ihre gesamte Kristallschädelfamilie mit dem Kristallschädelbewusstsein verbunden.

12. Botschaft aus dem Kristallschädelbewusstsein gechannelt am 16.12.2010 von der Autorin Maren Springsteen, Arlington, Virginia, USA

MAJESTÄTISCHE PRÄSENZ-INITIATION

Mit weicher, kraftvoller Hingabe
akzeptiere ich dieses
einzige ICH BIN,
löse mich von allen alten Verträgen
und verweile
in absoluter, unwandelbar
purer Freiheit,
die als mein Sein
tief verankert ist,
jenseits von Zeit und Raum,
sämtlichen Dimensionen,
Konditionierungen
und alten Mustern.
Verweile als Königin
und versprühe
Dein liebliches Parfum
des göttlichen Funkens!

Bleib Du der König,
der Du schon immer warst,
vollständig präsent,
frei und mit hingebungsvoller
Akzeptanz aller Formen,
verankert im Wissen,
das nichts auf Dich
einwirken kann
ohne Deine Zustimmung.
Löse Deine Fesseln
ein für alle Mal,
genieße Deine Rolle,
die Du als Mensch spielen darfst
mit kindlich reinem Herzen.
Fest verankert ebenso
im Boden unserer
geliebten Erde,
in ihr, jedoch nicht von hier.
Lass den göttlichen Funken
zum Buschfeuer werden,
das Dich verzehrt,
bis Du als rohgeschliffener
Diamant,
pures Licht,
majestätische Präsenz
bleibst.
Jetzt und ewig,
pures ICH BIN.

13. *Botschaft von Sabah – lebensgroßer Büffelschädel aus Halitkristallen gechannelt von Kirsten Hilling im Juli 2010*

Ich bin die Manifestation des Geistes der weißen Büffelfrau und damit die Manifestation von Mutter Erde. In diesen schweren Zeiten, die von Umbruch, Veränderungen und Katastrophen gekennzeichnet sind, bin ich als Katalysator für Euch da, um mit dem göttlich-weiblichen Bewusstsein und dessen Energie in Verbindung zu treten und somit direkt bedingungslose, mütterliche, tragende und unterstützende Liebe und Segen zu erfahren.

Das neue Zeitalter ist gekennzeichnet durch einen Übergang von der männlichen Energie zur vollen Entfaltung der ur-weiblichen Kraft. Ihr seid aufgefordert Euer weibliches Ur-Potential wieder zu aktivieren und zu voller zu Blüte bringen, um so Eure Kraft, Liebe, Weisheit zum Wohle aller Wesen einsetzen zu können. Nur so kann der, von so vielen ersehnte Zustand der Harmonie und Balance auf diese Erde zurückkehren.

Verbindet Euch mit der weiblichen Urkraft, lasst diese durch Euch wirken, stellt eine tiefe Verbindung zu den weiblichen spirituellen Kräften und Wesenheiten her, die in der Natur und auf diesem Planeten wirken und ihn beseelen.
Weibliche Urkraft bedeutet, zu geben, nicht zu nehmen; die vergebende Weisheit des Herzens zu leben und alle Formen des Lebens zu achten und zu lieben. Liebe ist die größte Macht in diesem Universum. Sie steht Euch unbegrenzt zur Verfügung, nutzt sie.

Name des Schädels: Sabah (Siehe Abbildung 39)
Material: Büffelschädel aus Halitkristall auf Knochen auskristallisiert.
Herkunftsland: Australien
Gewicht: 13,8 kg

Kurzbiografie von Sabah: Die Weiße Büffelkalbfrau hat in einem Zeitraum von 35.000 Jahren die kristallenen Büffelschädel erschaffen, damit diese heute für uns als geistige Antennen bzw. kraftvolle Katalysatoren für ihr Bewusstsein wirken und uns somit ermöglicht wird, einen direkten und konkret erfahrbaren Zugang zu ihrem Geist zu bekommen. Damit wird zum einen eine direkte Kommunikation mit ihr möglich, zum anderen empfangen wir auf kraftvolle Art und Weise ihre Liebe und ihren Segen. Auf diese Art und Weise wird erreicht, dass immer mehr Menschen ihr Herz in Mitgefühl für die leidende Natur öffnen und sich vermehrt für den Schutz und den Erhalt von Mutter Erde und allen Lebewesen einsetzen und somit selbst in der Lage sind ein Gefühl von Einheit und Einssein zu empfinden.

Sämtliche der bisher gefundenen kristallenen Büffelschädel wurden ausnahmslos in einem ausgetrockneten Salzsee gefunden, der sich kilometerlang in Australien zwischen dem Ayers-Rock (Uluru) und den Olgas befindet, die für die einheimischen Ureinwohner (Aborigines) als ihre heiligsten Plätze gelten und um die sich viele alte Mythen und Legenden ranken.

17. Interviews zum Thema „Am Tag als der Kristallschädel kam“ oder „Wie haben Kristallschädel mein Leben verändert?“

Nachdem Sie in den vorangegangenen Kapiteln sehr viele Informationen zu Kristallschädeln im Allgemeinen und zum Einsatz von Kristallschädeln in Heilbehandlungen, Erdheilungen und Channelings erhalten haben, möchte ich in diesem Kapitel Kristallschädelhüter zu Wort kommen lassen, die bereits seit Jahren mit Kristallschädeln arbeiten. Lassen wir uns von ihren Erfahrungen inspirieren.

Interview mit Monique Calis und Cor van der Horst

Oosterhout GLD, Niederlande

Monique und Cor sind Kristallschädelhüter aus den Niederlanden, ihre Familie umfasst in der Zwischenzeit über 130 Kristallschädel.

Monique ist Künstlerin, die Kristallschliffe sowie Orgon-Kreationen mit Kristallen erschafft, geführt von Metatron und einigen anderen Geistführern. Einige ihrer Schädel hat sie selbst erschaffen. Cor ist Illustrator von spirituellen Kinderbüchern, Fotograf und Lebensberater.

Wie ist der erste Kristallschädel in Euer Leben gekommen?

Der erste Kristallschädel der zu mir (Monique) kam, war Janua ein Apophylit-Schädel aus Holland. Sie kam im Januar zu mir, was so viel wie Neubeginn bedeutet. Ein wundervoller Stein ganz klar und scheinend.

Wir wissen nicht, wie es dazu kam, dass Monique einen Schädel wollte (meistens hat sie einen inneren Impuls und folgt ihm, genau wie auch bei den Chembustern). Später als wir einmal durch Mineraliengeschäfte schlenderten, kamen wir in ein Geschäft, in dem Cor einen Labradorit-Schädel sah, ihn hielt und ein warmes Gefühl verspürte, und so kaufte er diesen. Zu diesem Zeitpunkt hatte Monique bereits 90 Kristallschädel.

War es Deine Absicht mit Kristallschädeln zu arbeiten, bevor dies geschah?

Nein, wir hatten nie die Absicht mit Kristallschädeln zu arbeiten. Aber in der Zwischenzeit arbeiten sie mit uns. Und so kommt es auch dazu, dass sie uns finden und nicht wir sie.

Wie hat sich Euer Leben durch die Kristallschädel verändert?

Unsere Leben haben sich insoweit verändert, dass wir mehr Bewusstheit erhielten, mehr Vertrauen und eine andere Art von Bewusstheit mehr in Frieden und mit viel mehr Humor.

Gibt es irgendetwas, was Leute wissen sollten, bevor sie Kristallschädelhüter werden?

Wir haben gelernt, dass man Menschen nie in Richtung Kristallschädel puschen sollte, stattdessen helfen wir ihnen, die wahre Bedeutung hinter den Schädeln und ihrer Symbolik zu verstehen, als Energie unserer Ahnen. Viele Menschen haben Schädel nur im Zusammenhang mit Piratenbildern im Kopf, anstatt zu sehen, dass sie Weisheit und Schutz bedeuten, und Vertrauen in unsere Vorfahren.

Wie würdet Ihr Eure Arbeit mit den Kristallschädeln beschreiben?

Wir arbeiten hauptsächlich mit und für uns. Wir betreiben Innenschau, verbinden uns mit unserem Höheren Selbst. Wenn wir mit anderen Menschen arbeiten, arbeiten wir meistens mit St. Germain, einem wunderschönen lila Fluorit. Er zeigt den Menschen welche Intention die Kristalle haben und öffnet ihre Herzen. Wir haben gelernt, dass die Menschen verbunden sein möchten und die Kristallschädel ihnen dabei eine große Hilfe sind.

Gibt es eine Botschaft der Kristallschädel für unsere Zeit und unsere Entwicklung?

Die Botschaft der Kristallschädel ist exakt die gleiche, wie die Botschaft dieses Zeitalters. Alles lebt, alles ist verbunden, alles hat ein Bewusstsein, alles ist, alles ist Licht und Du bist alles.

Gibt es eine spezielle Situation mit Klienten bezüglich der Kristallschädel, die Ihr uns erzählen möchtet?

Das größte Ereignis ist unser Kristallschädel St. Germain. Er ist jedermanns Freund und von ihm lernen die Menschen viel darüber, sich in Frieden, Licht, Liebe und Humor zu verbinden.

Was glaubt Ihr, warum sind heutzutage weltweit Menschen an Kristallschädeln interessiert, egal welchen sozialen Hintergrund sie haben?

Die Menschen brauchen etwas um sich damit zu verbinden.

Glaubt Ihr, dass Kristallschädel Menschen verbinden?

Wir haben an verschiedenen Treffen mit Kristallschädeln teilgenommen und immer haben die Leute die Verbindung genossen. Dasselbe kann man allerdings generell feststellen, wenn sich Menschen treffen.

Gibt es noch irgendetwas, was Ihr erwähnen möchtet?

Kristalle und Kristallschädel sind eine von vielen verschiedenen Möglichkeiten, sich der eigenen Kraft und der Einheit zu öffnen. Und dabei sind Kristallschädel eine lustige Möglichkeit. Wir haben das in Meditationen oft erfahren dürfen.

Interview mit Madra Little, Byhalia, Mississippi (mittlerer Süden der USA)

Madra Littles Arbeit liegt im Bereich Unterstützung persönlichen und spirituellen Wachstums durch erweitertes Bewusstsein und Hilfe beim Finden der Lebensaufgabe mit Hilfe von Kristallen, Kristallschädeln, Klangheilung, Hypnosetherapie – als Kanal für das Göttliche dienend.

Aktuell steht sie Menschen, während Übergangs- und Transformations-Erfahrungen in Memphis, Tennessee und Umgebung, zur Seite. Sie moderiert Events, Workshops, Meditationen und bietet Beratung für jene an, die nährende Energie suchen. Sie hilft anderen, sich mit Kristallgefährten zu verbinden, die sie bei ihrer Reise durchs Leben unterstützen und lehrt sie, ihre kreativen und produktiven Energien zum Fließen zu bringen, was für ein erfülltes Leben unerlässlich ist. Madra hat in diversen Dokumentationsvideos über Kristallschädel mitgewirkt.

Wie ist der erste Kristallschädel in Dein Leben gekommen?

Ich wurde im Spätjahr 2001 quasi zu einem Kristallschädel-Workshop gezwungen, wozu ich eigentlich zu diesem Zeitpunkt keinerlei Interesse hatte. Ungefähr in der Hälfte des 5-stündigen Vortrags, indem wir viele Bilder von Ancient-Kristallschädeln gesehen hatten, fand bei mir ein Informationsdownload oder Transfer statt, ich erhielt die Durchsage, dass mein Leben grundlegend transformiert werden würde. Ich war mehr als erstaunt, um genau zu sein, aber trotzdem konnte ich nicht abstreiten, was gerade passiert war. Ich wurde sozusagen aktiviert, um zu meiner Pflicht zurückzukehren. Ich verließ den Vortrag mit einem Rauchquarz-Kristallschädel-Anhänger, genannt Roth, meinem allerersten Kristallschädel. Ebenfalls beendete ich den Tag in dem Wissen, dass ich schon in früheren Leben mit Kristallschädeln gearbeitet hatte und dass ich von nun an wieder mit ihnen arbeiten würde. Ich würde mit ihnen heilen, über sie lehren und anderen in Transformationsprozessen und Übergängen helfen. Mit Hilfe dieses kleinen Kristallschädels wuchs meine Kristallschädelfamilie sehr schnell. Sie weisen die Tendenz auf, immer mehr Kristallschädel in Dein Leben zu ziehen, mit denen Du arbeiten sollst.

War es Deine Absicht mit Kristallschädeln zu arbeiten, bevor dies geschah?

Ich war nicht im Geringsten an Kristallschädeln interessiert, bevor dies passierte und wusste auch nicht wirklich viel über sie. Der Vortrag löste lebenslange Erinnerungen und Informationen darüber aus, bereits lange zuvor mit Kristallschädeln gearbeitet zu haben, in Atlantis und sogar davor, ebenfalls auf multidimensionalen Ebenen. Ich bekam von meiner geistigen Führung einige Bestätigungen und Beweise, die meine Zweifel, dass dies meine Bestimmung sein könnte, grundlegend ausräumten.

Wie hat sich Dein Leben durch die Kristallschädel verändert?

Ganz synchron dazu, verlor ich meinen Job, den ich 27 Jahre lang gemacht hatte, und so verließ ich die Geschäftswelt, in der ich mich 30 Jahre lang bewegte hatte. Ich begann die Heilungsreise, die sie vereinfachen, und wurde von den Kristallschädeln dazu angeleitet die Werkzeuge zu sammeln, die ich für meine Arbeit benötigen würde. Ich wurde sofort dazu eingeladen, die Kristallschädel in Meditationen und Zusammenkünften anderen Menschen zugänglich zu machen, um ihnen so zu helfen, die Aufgabe der Kristallschädel zu verstehen und sie von Ängsten und Phobien, die sie mit ihnen verbanden, zu befreien. Ich wurde von den Kristallschädeln dazu ermutigt, Interaktionen mit ihnen zuzulassen, um diesen Zweck zu verfolgen. An diesem Punkt änderte sich meine gesamte Lebenswahrnehmung radikal. Der größte und gleichzeitig erstaunlichste Segen dabei war, dass meine Familie meine Arbeit mit den Kristallschädeln voll unterstützt hat.

Gibt es irgendetwas, was Leute wissen sollten, bevor sie Kristallschädelhüter werden?

Die Reise mit den Kristallschädeln ist eine Reise der Selbsterkenntnis, Selbsterforschung und der Transformation. Sie vereinfachen tiefgreifende Heilung und das Fortschreiten hinter das Physische. Es ist radikal, tiefgreifend und intensiv, und wert jeden Schritt zu gehen, wenn sie wirklich bereit sind. Mein Gefühl sagt mir, dass man nur mit Kristallschädeln zusammengeführt wird, wenn man bereit ist den Schritt zu gehen, den Sprung ins Vertrauen, zu unserem authentischen Selbst zurückzukehren. Sie unterstützen nur „die Wahrheit“. Wenn Du Kristallschädelhüter wirst, kannst Du nicht anders leben, als in der Wahrheit. Sie werden außerdem jeden in Deiner Umgebung berühren, weil dieses Bewusstsein sich wellenförmig ausbreitet in der Absicht zu transformieren, zu transmutieren, zu transzendieren und ultimativ zu heilen. Sie sind eine Brücke zwischen den Welten; Vergangenheit, Gegenwart und Zukunft. Das ist ebenfalls sehr nützlich bei der Heilung, die sie für ihre Hüter und alle anderen, die mit ihnen in Kontakt kommen, ermöglichen.

Wie würdest Du Deine Arbeit mit den Kristallschädeln beschreiben?

Ich sehe mich selbst, als einen Helfer, der die Transformation und den Wandel, erleichtert und unterstützt. Ich sehe viele Leben, die durch die Zusammenarbeit mit den Kristallschädeln verändert werden. Sie bewirken einen Bewusstseinswandel in den Menschen, die mit ihnen Erfahrungen machen und ihre Leben sind nicht mehr dieselben. Sie bieten uns Ihre Führung auf einer Reise an, die totale Metamorphose ist. Sie helfen uns, unsere „Wahrheit“ effektiv und effizient zu kommunizieren und zu unserer „persönlichen Kraft“ zurückzukehren.

Gibt es eine Botschaft der Kristallschädel für unsere Zeit und unsere Entwicklung?

Das Erwachen, welches gerade stattfindet, ist schon einige Zeit in seinem Prozess. Es war nicht als etwas geplant, was über Nacht stattfinden würde. Wenn wir zu der Multi-Dimensionalität zurückkehren, in der unser Ursprung liegt, wird die Zeit beschleunigt, und was wir in den nächsten beiden Jahren sehen werden, wird uns wirklich zu dem goldenen Zeitalter der Bewusstheit und der ausgedehnten Wahrnehmung zurückbringen. Unsere Art effektiv und effizient zu kommunizieren wird unterstützt werden von ursprünglicher „Wahrheit", sowohl individuell als auch kollektiv gesehen. Indem wir unsere Frequenz erhöhen und uns selbst heilen, schaffen wir eine Balance für den gesamten Planeten, in der Vergangenheit, der Gegenwart und der Zukunft. Dies wird uns helfen, uns voran und aufwärts zu bewegen und zwar in einer Art die sowohl unsere Evolution als auch den Aufstieg des Planeten unterstützt.

Gibt es eine spezielle Situation mit Klienten bezüglich der Kristallschädel, die Du uns erzählen möchtest?

Es gibt Zeiten, in denen ein Mensch versucht nach dem ersten Kontakt mit einem Kristallschädel, diese für Monate, manchmal sogar für Jahre zu meiden. Ich habe in meiner Funktion als Unterstützerin des Wandels die Erfahrung gemacht, dass ich immer genau dort hingeführt wurde, wo ich während dieser Phase des Erwachens am meisten gebraucht wurde. Nach einiger Zeit werden die Menschen, die in Kontakt mit Kristallschädeln gekommen sind, wie „zufällig" auch Hüter eines eigenen Kristallschädels. Es ist vorbestimmt. Es gibt keine Zufälle oder Unfälle, die zu ihrem Zusammenstoß mit den Kristallschädeln führen.

Ich habe ebenfalls viele Behandlungen/Sitzungen gemacht, nach denen die Person einen Kristallschädel haben wollte, weil sie sofort mit dem Kristallschädelbewusstsein in Resonanz gegangen ist und gemerkt hat, welche tiefgreifende Transformation sie bringen.

Es ist eine große Belohnung zu sehen, wie sich Menschen ihren Lebensaufgaben öffnen und Wahrheit und persönliche Kraft, auf eine Klarheit bringende Art und Weise, wie sie sie nie gekannt haben, finden.

Was glaubst Du, warum sind heutzutage weltweit Menschen an Kristallschädeln interessiert, egal welchen sozialen Hintergrund sie haben?

Alles dreht sich um Bewusstheit und Erwachen, was wir erfahren. Ich fühle, dass unterbewusst ein Auslöser/Schalter umgelegt wurde, der diesen sich wellenartig ausbreitenden Effekt schafft, dass jeder von uns einen Schalter für jemanden anders umlegt und dies sich weiter ausdehnt und wächst. Das ist die Veränderung, die wir Aufstieg nennen, wir kehren mit der Hilfe der Kristallschädel zu unserer ursprünglichen Frequenz/Vibration und „Wahrheit" zurück.

Glaubst Du, dass Kristallschädel Menschen verbinden?

Definitiv. In den 9 Jahren, in denen ich mit ihnen, sowohl persönlich, als auch in der Öffentlichkeit, arbeite, habe ich gesehen, wie sich das Netz(werk) auf unglaubliche Art und Weise ausgedehnt hat. Momentan passiert dies auf eine sehr schnelle Art. Diese Ausdehnung vom Bewusstsein wird uns helfen alte Paradigmen der Trennung zu beseitigen, indem wir uns hin zu einem „Einheitsbewusstsein" bewegen.

Gibt es noch irgendetwas, was Du erwähnen möchtest?

Wenn Du mich vor 10 Jahren gekannt hättest und würdest mich heute sehen, das alleine ist erwähnenswert und steht im Mittelpunkt meiner Vorlesungen und Workshops. Es ist wirklich sehr erstaunlich, magisch, mystisch und unglaublich. Das Universum hat mich durch die Kristallschädel zu meiner Lebensaufgabe geführt und nun verstehe ich vollständig, dass ich „göttlich-unendlich" bin und hier, um den großen Wandel, der uns bevorsteht, zu erleichtern. Ich honoriere die Arbeit, die von vielen in dieser Zeit der immensen Veränderungen mit der Unterstützung der Kristallschädel getan wird. Wir sind uns voll darüber im Klaren, dass das, was entsteht, das „Goldene Zeitalter der Bewusstheit" ist.

Interview mit Helga Heubing, Hagen in NRW

Helga ist 1958 geboren, Mutter einer 21-jährigen Tochter und seit 2 Jahren geschieden. Sie hat 30 Jahre als Operationsschwester gearbeitet.
Nach vielen Krankheiten und Schicksalsschlägen, machte sie nach einer Reanimation eine Ausbildung zum Entspannungstrainer, dann Reiki, Heiler und schamanische Ausbildung.
Sie arbeitet als Erdheilerin.
Sie arbeit mit Heilsteinen und Erdenhüterkristallen. Seit April 2010 ist Helga Schädelhüterin einer wachsenden Kristallschädelfamilie.

Wie ist der erste Kristallschädel in Dein Leben gekommen?

Schon während meiner Reiki-Ausbildung hatte ich in Meditationen Kontakt mit Kristallschädeln. Das Buch „Tränen der Götter" habe ich praktisch verschlungen. Es war wie ein Erinnern und weil für mich sowieso alles zusammengehört, fand ich es normal, dass ich Kontakt zu Schädeln hatte. Doch für mich selber habe ich die Arbeit mit ihnen nicht annehmen können. Uralte Ängste und Blockaden haben mich daran gehindert. Dann fiel mir Ende 2009 wieder ein Buch über Kristallschädel in die Hände (Eigentlich wollte ich ein Buch über Kommunikationstraining kaufen), immer noch hatte ich die Arbeit

für mich nicht angenommen. Nach erneuten Schicksalsschlägen und dem Tod einer lieben Freundin, hatte meine Seele auch fast aufgegeben. Da bekam ich Kontakt zu einem Citrinschädel über die Verbindung der „Weißen Büffelkalbfrau". Der Citrinschädel (1 kg) meldet sich auch gleich mit Namen „Betsy". Jedoch sollte es noch einige Zeit dauern bis Betsy zu mir kam. Zuerst bekam ich Hilfe von zwei kleinen kraftvollen Schädeln. Sie meldeten sich auch direkt mit Namen, mir gingen die Namen Ernie und Bert nicht mehr aus dem Kopf. So traten Ernie (ein roter Jaspisschädel 210 g und Bert ein schwarzer Obsidianschädel 150 g in mein Leben. Sie haben mir geholfen im Hier und Jetzt wieder anzukommen, mit viel Heilungs- und Erdungsarbeit. Kurz danach traf „Rosi" ein (ein Rosenquarzschädel 150 g) Sie arbeitet mit dem Herzchakra. Thema Selbstliebe und Selbstannahme. Bei ihr hatte ich das Gefühl eine Verbindung zu „Corazon de Luz" zu haben. Weiterhin bestand eine Verbindung zu „Betsy" und sie arbeitete auch mit mir. Nachdem ich einen Monat mit den Dreien gearbeitet hatte, meldete sich „Hugo" ein blauer Sodalithschädel (500 g) denn ich konnte Betsy immer noch nicht annehmen.
Hugo hatte es ebenfalls schwer mit mir. Auch seine Hilfe anzunehmen fiel mir schwer. Doch er räumte beharrlich eine Blockade nach der anderen liebevoll aus dem Weg. Er hat mir sehr viel Mut gemacht meinen Weg weiterzugehen. Nach drei Monaten traf dann endlich „Betsy" ein. Jedoch nicht alleine, sie kam direkt mit „Samir" einem Labradoritschädel (300 g).
So hat es also drei Monate gebraucht bis der erste Schädel bei mir ankam und ich hatte so schon eine kleine Schädelfamilie. Mit „Betsy" hatte ich sofort das Gefühl ein alter Seelenanteil ist zu mir zurückgekehrt.

War es Deine Absicht mit Kristallschädeln zu arbeiten, bevor dies geschah?

Ob es meine Absicht war mit Schädel zu arbeiten, ergibt sich ja aus dem Weg wie sie zu mir kamen. Ich hatte auf jeden Fall schon lange das Gefühl dass die Schädel mit mir arbeiten und sie sehr wichtig sind zur Anhebung des globalen Bewusstseins für die neue Zeit.

Wie hat sich Dein Leben durch die Kristallschädel verändert?

Ohne die Hilfe der Schädel könnte ich meine Arbeit im Hier und Jetzt mit den Schädeln nicht machen. Die Schädel haben mir erst einmal wieder geholfen hier geerdet zu sein. Jetzt beginnt für mich ein ganz neuer Lebensabschnitt. Eine ganz neue tiefe Art der Bewusstseinsarbeit in Synergie mit andern Schädeln und ihren Hütern.

Gibt es irgendetwas, was Leute wissen sollten, bevor sie Kristallschädelhüter werden?

Für mich ist es wichtig zu wissen, wo der Schädel herkommt. Es gehört sehr viel Vertrauen dazu. Genauso wichtig ist es auch, eine Vertrauensperson zu haben, die sich mit der Arbeit der Kristallschädel schon auskennt und, dass ein Basiswissen im Umgang mit Kristallen und Bewusstseinsarbeit vorhanden ist. Jeder Schädel hat eine andere Aufgabe, die auch von der Beschaffenheit des Kristalls abhängig ist. Da auf tiefer Zellebene gearbeitet wird, sich also alte Blockaden lösen, kann ich nur jedem raten, nicht alleine herumzuexperimentieren. Denn hier geht es um die Zusammenarbeit mit anderen Schädeln und ihren Hütern. Lasst euch führen und leiten, oft spielt unser Ego uns einen Streich.

Wie würdest Du Deine Arbeit mit den Kristallschädeln beschreiben?

Zuerst einmal geht es um meine eigene Heilung und Bewusstseinsarbeit. Bei Heilbehandlungen habe ich die Erfahrung gemacht, dass sie durch ihre Vernetzung und enorme Schwingungsanhebung auf Bereiche zugreifen können, die in unserem normalen Alltagsbewusstsein noch nicht zu erklären sind. Ich arbeite auch mit ihnen in Erdheilungsmeditationen, in Zusammenarbeit mit Erdenhüterkristallen. Ebenso sind sie für mich kraftvolle Helfer in der Natur und bei Clearingarbeiten.

Gibt es eine Botschaft der Kristallschädel für unsere Zeit und unsere Entwicklung?

Jetzt in dieser Zeit, der universellen Schwingungserhöhung, helfen wir Euch (u. Mutter Erde) in die Balance zu kommen und Euch zu erinnern.
Altes gespeichertes Wissen gelangt durch die Arbeit mit uns ins morphogenetische Feld und den verschiedenen Gitternetzen der Erde und steht somit allen zur Verfügung, in der Energie der Liebe zu allem was ist.

Gibt es eine spezielle Situation mit Klienten bezüglich der Kristallschädel, die Du uns erzählen möchtest?

Bei einem Klienten bestand eine bewusste Verbindung zu den Plejaden und während der Heilbehandlung, die komplett von den Schädel übernommen wurde, bestand eine große Öffnung ins Universum und er wurde liebevoll begrüßt und behandelt. Ich stand einfach als Kanal für diese besonders liebevollen Energien zur Verfügung. Es war ein sehr schönes Gefühl und eine ganz besondere Heilbehandlung. Irgendwie gibt es für solche Situationen keine Worte und es ist schwierig sie zu beschreiben.

Was glaubst Du, warum sind heutzutage weltweit Menschen an Kristallschädeln interessiert, egal welchen sozialen Hintergrund sie haben?

Durch die allgemeine Schwingungserhöhung in unserer Zeit findet ein globaler Bewusstseinswandel statt. Somit werden immer mehr Menschen sensibler. Sie fühlen sich einfach von den Energien der Kristalle und Schädel angezogen.

Glaubst Du, dass Kristallschädel Menschen verbinden?

Das glaube ich nicht nur, sondern ich erlebe es immer mehr. Telepathische Kommunikation kann durch die Schädel immer mehr ausgebaut werden.

Gibt es noch irgendetwas, was Du erwähnen möchtest?

Zum Thema Telepathie gibt es ein sehr schönes Erlebnis. Als ich mich bewusst mit meinem Citrinschädel Betsy verbunden habe, gab es einen wunderschönen doppelten Regenbogen und dann rief eine Freundin an, die ebenfalls Schädelhüterin ist. Ja, und beim Regenbogen fällt mir gerade noch eine schöne Begebenheit ein.
Im Sommer war ich mit vier Schädeln an der Nordsee, als ich sie alle vier in den Sand gesetzt hatte gab es am wunderschönen blauen Himmel plötzlich eine Wolke mit einem Regenbogen.

Interview mit Marion Webb-De Sisto, Großraum London, Großbritannien

Marion ist Autorin, die über Kristalle, Engel und Heilung schreibt. Ihr Buch „Crystal Companions" zeigt einen innovativen Blick darauf, welchen Einfluss die Energie von Kristallen und Kristallschädeln auf verschiedene Therapien, spirituelles Streben und Weissagungspraktiken hat.

Wie ist der erste Kristallschädel in Dein Leben gekommen?

Mein erster Kontakt mit einem Kristallschädel war im Mai 1997. Ich half einem Freund dabei seine Kristalle auf dem Mind Body Spirit Festival in London zu verkaufen. Ich hatte ihm bereits einige Jahre geholfen, aber dies war das erste Mal, dass er auch Kristallschädel verkaufte. Die waren absolut wundervoll aus russischem Bergkristall geschliffen. Als ich dann einen von ihnen hielt, wusste ich sofort, er war etwas sehr Spezielles. Seine Energie war sehr tiefgehend. Zu diesem Zeitpunkt konnte ich es mir nicht leisten einen Kristallschädel zu kaufen, aber ich versprach mir selbst, dass ich in der Zukunft auf jeden Fall einen kaufen würde. Ein Jahr später kaufte ich auch auf diesem Festival zwei chinesische Fluorit-Schädel.

War es Deine Absicht mit Kristallschädeln zu arbeiten, bevor dies geschah?

Nein, nicht bis zu dem Moment als ich diesen russischen Bergkristall zum ersten Mal in Händen hielt. Ich hatte die vergangen 12 Jahre mit Kristallen gearbeitet und war bereits eine qualifizierte Heilstein-Therapeutin. Jahre vorher hatte ich von dem Mitchell-Hedges-Kristallschädel in dem Buch „Tränen der Götter" gelesen, aber ich hatte diese energetischen Heilungswerkzeuge bis zu dem Tag, an dem ich den Schädel meines Freundes sah, komplett vergessen.

Wie hat sich Dein Leben durch die Kristallschädel verändert?

Zu dem Zeitpunkt als ich meine ersten beiden Kristallschädel kaufte, traten bei mir die ersten Symptome einer Krankheit auf, die mein Leben radikal verändern sollte.
Ich habe ganztags gearbeitet und Kurse und Workshops an einem Erwachsenen-College in London gegeben oder bei mir zu Hause am Wochenende. Die Krankheit zwang mich dazu in Frührente zu gehen und mein Karriere und andere Aktivitäten an den Nagel zu hängen, weil ich für einige Zeit von der Hüfte abwärts gelähmt war. Wie auch immer, mit medizinischer Hilfe, meinen beiden Fluorit-Schädeln, Reiki und Bachblüten, gelang es mir wieder auf die Füße zu kommen.

Gibt es irgendetwas, was Leute wissen sollten, bevor sie Kristallschädelhüter werden?

Kristallschädel kommen entweder in einer Zeit der Veränderung in unser Leben oder sie bringen diese mit sich. Diese Veränderung muss nicht so dramatisch sein, wie die, die ich erfahren habe, aber sie wird auf jeden Fall stattfinden. Normalerweise ist sie subtiler, manifestiert sich in einer Veränderung der Verhaltensweisen und Gefühle und hat keinen physischen Einfluss auf uns. Die Kristallschädel helfen uns positive Veränderungen anzunehmen, anstatt gegen sie zu kämpfen. Wir denken oftmals, dass Veränderung negativ ist, die Kristallschädel zeigen uns, dass sie aus einem bestimmten Grund da ist. Zum Beispiel hatte ich nun mehr als genug freie Zeit, das zu tun, was ich schon immer beabsichtigt hatte, weil ich nicht mehr in der Lage war, meine bisherige Arbeit auszuführen.
Seit meiner frühsten Jugend habe ich mit der Idee geliebäugelt, Schriftstellerin zu sein und habe mir das Versprechen gegeben, dass ich eines Tages damit beginnen würde, Bücher zu schreiben. Meiner beruflichen Laufbahn und der Tatsache, dass ich außerdem Frau und Mutter war, bedeutete, dass mein Traum außer Reichweite für mich gewesen ist, ich war einfach viel zu beschäftigt. Meine Krankheit hat mir gezeigt, dass wenn sich eine Türe schließt, sich eine andere öffnet. Die Zeit, die man benötigt um Schriftsteller zu sein, wurde mir präsentiert. Seit 2001 habe ich 8 Bücher geschrieben und ich habe weitere in Planung.

Wie würdest Du Deine Arbeit mit den Kristallschädeln beschreiben?

Ich habe ein oder zwei meiner Kristallschädel mit in Kristallheilungsbehandlungen einbezogen, wenn ich dazu geleitet wurde. Ich glaube, sie zeigen den Bereich auf, in dem Heilung benötigt wird, sei es auf physischer, emotionaler, mentaler oder spiritueller Ebene. Hinsichtlich dieser Fähigkeit arbeiten sie als Heiler. Einige Schädel waren außerdem während Seminaren und Workshops, die ich gegeben habe, anwesend. Sie sind in der Lage zu übersehen, was während des Trainings und der Informationsweitergabe geschieht, sie verschaffen Klarheit über das Gelehrte und stellen sicher, dass nichts Ungünstiges oder Unvorhergesehenes passiert. Diese Fähigkeit macht sie zu Lehrern und gleichzeitig zu Beschützern.

Gibt es eine Botschaft der Kristallschädel für unsere Zeit und unsere Entwicklung?

Ich bin überzeugt davon, dass sie hier sind, um eine Balance zwischen unserem irdischen Ego und unser spirituellen Persönlichkeit herbeizuführen.
Wir sind Seelen, die sich in der physischen Existenz versuchen, um zu lernen und zu wachsen. Für mich ist die Botschaft der Kristallschädel: „Erinnere Dich wer Du bist. Deine Herkunft wurde durch das Alltägliche Leben vernebelt. Fordere Deine Fähigkeit zu lieben und das Wunder des Lebens zu unterstützen wieder ein."

Gibt es eine spezielle Situation mit Klienten bezüglich der Kristallschädel, die Du uns erzählen möchtest?

In zwei verschiedenen Workshops, während ich eine Heilbehandlung mit einem Bergkristallschädel namens Molmec machte, wurde mir mitgeteilt, dass jeweils einer der Teilnehmer eine ungewöhnliche Begebenheit hatte. Eine Frau ließ mich wissen, dass sie glaubte, dass ihre innere Struktur und ihr Skelett während der Zeit der Heilung zu Quarz verwandelt wurden. Die andere Dame sagte, dass ihr gesamter Körper aus Kristall gewesen sei.

Was glaubst Du, warum sind heutzutage weltweit Menschen an Kristallschädeln interessiert, egal welchen sozialen Hintergrund sie haben?

Die Welt ist zu einem Platz von großen Geschäften und fortgeschrittener Technologie geworden. Die Jagd nach Macht und Geld bestimmt das Tagesgeschehen. Unterbewusst wissen wir, dass dies nicht die korrekten Ziele der Menschheit sein können, und die Kristallschädel sind hier um uns zu zeigen, dass wir von unserem Weg abgekommen sind. Wir fühlen uns zu ihnen hingezogen, weil wir tief in uns drin ganz sicher sind, dass sie uns zu unserer wahren Identität zurückführen werden.

Glaubst Du, dass Kristallschädel Menschen verbinden?

Wann auch immer es ein gemeinsames Interesse gibt fühlen sich die Menschen verbunden und es ist möglich, dass die Kristallschädel diese Verbindung verstärken. Es scheint, dass sie in Kontakt miteinander sind, so ermutigen sie uns vielleicht dazu, uns mit Menschen zu verbinden, die das gleiche Interesse wie wir haben.

Gibt es noch irgendetwas, was Du erwähnen möchtest?

Zukünftige Hüter dieser machvollen Mineralien sollten wissen, dass sie Energie erhöhen und fokussieren. Deswegen, sollte man sicherstellen, dass jede Handlung und jeder Gedanke, der in Gegenwart eines Kristallschädels gemacht wird, von positiver Natur ist.
Außerdem lieben Kristallschädel Begleitung, wenn also ein Kristallschädel sein Leben mit ihnen teilt, werden definitiv mehrere folgen.

Interview mit Star Johnsen-Moser, Izamal, Yucatan, Mexiko

Star Johnsen-Moser arbeitet seit 1987 mit Kristallschädeln, seit sie dem Kristallschädel MAX zum ersten Mal in Houston, Texas, begegnet ist, und ist seit über 40 Jahren im Bereich spirituelle Heilungsarbeit tätig. In den vergangenen zahlreichen Jahren hat sie Workshops in den USA, Kanada, Deutschland, Österreich und Mexiko durchgeführt, um anderen die Arbeit mit dem Licht zu Heilungszwecken zu lehren.

Wie ist der erste Kristallschädel in Dein Leben gekommen?

Ihre Erfahrungen mit Max, dem ersten Kristallschädel in ihrem Leben, schildert Star Johnsen-Moser im Kapitel zur Klassifizierung der Kristallschädel unter 4.1 Ancient-Kristallschädel

War es Deine Absicht mit Kristallschädeln zu arbeiten, bevor dies geschah?

Bevor Max in mein Leben trat, hatte ich noch nicht einmal von Kristallschädeln gehört. Wie auch immer, nachdem ich so viele intensive Erfahrungen mit Max gesammelt hatte, hatte ich den Eindruck, dass die Arbeit mit Kristallschädeln meine eigene Spezialität sein könnte und sie wurde zu meiner Bestimmung. Ich sehnte mich nach dem Moment, in dem mein eigener Kristallschädel in mein Leben kommen würde, sodass ich in der Lage sein würde diese Arbeit zu machen wo und wann auch immer mich meine geistige Führung dazu anleiten würde.

Wie hat sich Dein Leben durch die Kristallschädel verändert?

Mein Potential hat sich schlagartig ausgedehnt als Xamuku im Jahre 1999 in mein Leben trat!!! Ich wusste, dass sie „ihr eigenes Leben haben würde“ und wir fanden uns beide dabei wieder, wie wir über die Meere nach Europa geschickt wurden, um dort im Juni 2004 unsere Lichtarbeit zu starten.
In den Jahren, in denen ich mit Max gearbeitet hatte, habe ich eine Einstellung, wie z. B.: „mein Schädel ist besser als Dein Schädel“, also eine Art Snobismus unter verschiedenen Schädelhütern festgestellt. Diejenigen, die sogenannte „ancient“-Artefakte besaßen, sahen auf diejenigen herunter, die mit neu geschliffenen Schädeln arbeiteten. Indem ich mich mit meiner eigenen Einstellung damit befasste, brachte mich meine eigene geistige Führung

auf einen geradlinigen Weg. Mir wurde das wunderbare Geschenk gemacht, ein unglaubliches Lichtwerkzeug, welches von dem brasilianischen Schleifer Marcio Venturin, einem der hochkarätigsten Kristallschleifern der Welt, zu erhalten.

Nun war ich frei dahin zu reisen, wo die geistige Welt mich haben wollte, ohne dass meine Reise durch ein eingeborenes Volk und deren Nachfrage, bezüglich der Rückkehr ihres Artefaktes, überschattet war.

Der herrliche Kristall voll mit Regenbögen, aus dem Xamuku entstand, kam frisch vom Herz von Mutter Erde, ohne irgendwelche Anhaftungen von negativen Energien.

Gibt es irgendetwas, was Leute wissen sollten, bevor sie Kristallschädelhüter werden?

Kristallschädel sind wundervolle Energie-Anheber, sowohl von Licht als auch von Schatten. Es kann Dir passieren, dass Du Dich ganz plötzlich Deinen unausgeheilten Dingen gegenüber siehst, weil sie aufgetaucht sind um endlich ausgeheilt zu werden. Dein spirituelles Wachstum kann perfekt beschleunigt werden.

Wie würdest Du Deine Arbeit mit den Kristallschädeln beschreiben?

Ich verwende meine Kristallschädel als Werkzeuge durch die ich das Licht channele, ich erlaube dem Licht durch mich zu arbeiten. Der größte Teil der Lichtarbeit, die ich tue, ist als Heiler und als Lichtkörper-Aktivator zu arbeiten, Heilungsaspekt des Lichts im Fokus.

Das Licht ist mein Lehrer, beleuchtet mir den Weg, gibt mir Aufschluss darüber wie sich das Licht durch Netzwerke der heiligen Geometrie, kristalline Matrix, kristalline Invaginationen, Licht Membranen etc. bewegt. Ich habe mich zu einem Lehrer entwickelt, der auf internationaler Ebene Vibrations-Heilungs- Workshops gibt.

Wir heißen jeden zu unseren Workshops willkommen, der eine Verbindung zu Kristallschädeln fühlt und gerne lernen möchte, wie man sich selbst öffnet um das Licht zu channeln und dies in einer beschleunigten und schnellen Form erfahren möchte.

Diese Erfahrung ist in keiner Hinsicht eine intellektuelle, obwohl ich allen Teilnehmern einen Internetlink zu Filmen an die Hand gebe, die ich selbst erschaffen habe, die viel über die heilige Anatomie und Technologie des Lichts erklären, damit sie sich später darauf berufen können. Dieses Material steht uns nun in Deutsch, Englisch und Spanisch zur Verfügung. Wir errichten gemeinsam unseren Altar in der Mitte des Raums mit all unseren Kristallschädeln, anderen heiligen Objekten und den Stargates, das sind sehr kraftvolle atlantische Lichtverstärker-Werkzeuge zu deren Herstellung Doppelender

Bergkristalle und rotierende Räder mit Inschriften aus heiligen Symbolen und heiliger Geometrie verwendet wurden.
Wir projektieren unsere kollektiven Energien in diese heilige Mitte, indem wir mit Sound durch Trommeln, Stimme und andere Instrumente arbeiten und so gemeinsam eine große Menge an Energie erzeugen.
Eine mächtige Erscheinung taucht aus unserem kollektiven Bewusstsein auf, unsere vereinigte Einheit, und wir arbeiten mit dieser Erscheinung, um gegenseitig das Licht für uns zu channeln. Unglaubliche Transformationen geschehen in sehr kurzer Zeit durch diese Art der Gruppenarbeit, weil alte Muster des Leides und der Limitation/Einschränkung entlassen und umgewandelt werden. Es findet ein großer Austausch und viel Wertschätzung der Teilnehmer untereinander statt. Wir reden gemeinsam über die gemachten Erfahrungen, sowohl während des Channelns des Lichts, als auch während des Erhaltens des gechannelten Lichts. Jeder Teilnehmer bekommt die Möglichkeit auch beides zu tun. Spirituelle Gaben werden aktiviert, da jeder es sich erlaubt sich sehr weit zu öffnen, in einer sehr tiefen, liebevollen und unterstützenden Umgebung, die durch unsere Licht Familie mit co-kreiert wird.

Ich benutze Kristallschädel auch an heiligen Orten, ich arbeite dort mit Gruppen, die aus der ganzen Welt kommen, um Dimensionstore zu öffnen um mit multi-dimensionalen Aspekten unseres Selbst zu interagieren, sowie mit aufgestiegenen Meistern, deren Präsenz in diesen uralten Mysterien, Schulen und lebenden Bibliotheken sehr aktiv ist.

Manchmal werde ich dazu geführt, mit den Kristallschädeln in verschiedenen energetischen Formen zu arbeiten und im Moment habe ich 22 kleinere Kristallschädel aus verschiedenen bunten Kristallarten neben meinen beiden Haupt-Kristallschädeln. Ich habe mit einer Vorlage von 13 Kristallschädeln über viele Jahre lang gearbeitet. Xamuku platzierte ich dabei in die Mitte eines Kreises, bestehend aus 12 kleineren Schädeln, wenn ich mit 12 regenbogenfarbenen Strahlen gearbeitet habe. Diese Anordnung gibt es in der heiligen Geometrie, bei der Bildung unseres Kronenchakras, welches ein 12-punktiger Stern ist. Jeder Punkt ist ein Lichtrezeptor einer der 12 kosmischen Lichtstrahlen. Der 13. ist in der Mitte, das weiße Licht und damit eine Kombination aus allen Strahlen. Ich habe auch 4 größere Kristallschädel, die aus Edelstein geschliffen sind, in den Farben der 4 Himmelsrichtungen: roten Jaspis für den Osten, gelben Jaspis für den Süden, schwarzen Obsidian für den Westen und weißen Pristine für den Norden. Das Symbol für den Maya-Schöpfer, Hunab Ku, ist ein Kreis mit einem Quadrat. Wenn ich meinen Kreis von 13 Kristallschädeln, in der Mitte des Quadrates geformt von den 4 Himmelsrichtungen aufstelle, erschaffe ich das heilige Symbol von Hunab Ku, welches ebenfalls ein kraftvolle energetische Vorlage ist.

In letzter Zeit wurde ich dazu geführt mit Kristallschädeln zu arbeiten, die aus verschiedenen Mineralien bestehen, entsprechend den 7 kristallinen Strukturen, trigonal – Quarz, trikline – Amazonit, orthorhombisch –Dumortierit, monokline – Fuchsit, kubisch – Fluorite, hexagonal – Pietersit and tetragonal – Rutile. Ich habe diese Kristalle unter die Füße der Menschen platziert, die auf dem Behandlungstisch lagen. Ich verwende außerdem 4 Stargates: eines über dem Kopf, eines an den Füßen und eines auf jeder Seite der Person. Xamuku steht über dem Kopf und Amakua steht an den Füßen, umgeben von den 6 Schädeln der 6 verschiedenen kristallinen Strukturen und sie ist die 7. Ich kann einen Fluss von Energie sehen, der aus der Erde gezogen wird, wie unglaubliche kraftvolle Wurzeln wird er mit dem Körper der Person verbunden und bewegt sich durch ihren Körper, um sodann mit den höheren Körpern der Person verbunden zu werden. Nun arbeiten wir auf den tiefsten energetischen Ebenen überhaupt! Meine Klienten werden wieder-verbunden mit ihrer Kraft und nehmen diese wieder an.

Gibt es eine Botschaft der Kristallschädel für unsere Zeit und unsere Entwicklung?

Für mich handelt ihre Botschaft immer von der Einheit.

Gibt es eine spezielle Situation mit Klienten bezüglich der Kristallschädel, die Du uns erzählen möchtest?

Jede Sitzung ist einzigartig. Ich weiß, nie was sich ereignen wird, ich habe mich selbst ganz in ein Werkzeug des Lichts verwandelt. Das Licht ist die göttliche Intelligenz und weiß genau wohin es gehen muss und was es zu machen hat. Ich bin in einem Zustand des totalen Zulassens, und bitte darum, dass meine Klienten ihr Bestes tun, um ebenfalls in diesem Zustand zu sein. Ich halte meinen ganzen Fokus auf dem Licht und lasse es zu, dass die Arbeit geschieht. Manchmal helfe ich dabei Energiefelder wieder in ihre richtige Ausrichtung zu rücken, wenn die Zeit dafür da ist. Das Licht gebraucht meinen ganzen Körper und all meine Energiefelder als Vorlage. Meine Kristallschädel und Stargates sind auch Vorlagen, Empfänger, Verstärker und Projektoren und formen kristalline Energiefelder in welchen und durch welche die Lichtarbeit geschieht und durch welche sie intensiv erhöht wird.

Was glaubst Du, warum sind heutzutage weltweit Menschen an Kristallschädeln interessiert, egal welchen sozialen Hintergrund sie haben?

Die Menschen haben Sehnsucht nach tieferem Verständnis ihrer Multidimensionalität. Der Maya-Älteste Hunbatz Men hat mir einst erzählt, dass unsere Seelen sich auf einer 26.000-Jahres-Reise befinden um die Erleuchtung zu erreichen. Und was genau bedeutet Erleuchtung? Man sagt, dass ein wirklicher Meister sich bewusst ist, dass sein/ihr Bewusstsein in allen Dimensionen simultan arbeitet. Kristallschädel können als Portale oder Übergänge zwischen den Dimensionen fungieren, können uns stark auf der Reise unserer Seele helfen. Wir stehen kurz davor den 26.000-Jahres-Zyklus zu vollenden, am 21. 12. 2012. Die Zeit der Graduierung steht bevor und die Menschen auf der ganzen Welt sind sich darüber entweder bewusst oder unbewusst im Klaren.

Glaubst Du, dass Kristallschädel Menschen verbinden?

Absolut. Sie sind wie Magneten, die Menschen in die Bewusstheit der einheitlichen Einheit ziehen.

Interview mit Gudrun Hänel, bei Hamburg, Deutschland

Gudrun Hänel, Jahrgang 1969, lebt in der Nähe von Hamburg, ist Übersetzerin, Energiearbeiterin und arbeitet mit Kristallschädeln. Gudrun ist die Übersetzerin des im Elraanis-Verlag erschienenen Kristallschädel-Kartendecks.

Wie ist der erste Kristallschädel in Dein Leben gekommen?

Der erste Kristallschädel kam sozusagen „durch die Hintertür" in mein Leben, ich erhielt ihn von Kirsten Hilling als „Leihgabe" und es stellte sich ziemlich bald heraus, dass er zu mir gehörte und bei mir bleiben wollte. Es ist ein Citrin-Schädel, der bis heute mein wichtigster Kristallbegleiter ist.

War es Deine Absicht mit Kristallschädeln zu arbeiten, bevor dies geschah?

Nein, ich hatte nie darüber nachgedacht, ich fand die Kristallschädel, die ich sah, zwar faszinierend und sehr anziehend, aber ich zog nicht in Betracht, selbst einmal Hüterin von Kristallschädeln zu werden.

Wie hat sich Dein Leben durch die Kristallschädel verändert?

Die Kristallschädel sind sehr starke Persönlichkeiten, und es ist eine Illusion, zu glauben, dass sie einen unbeeinflusst lassen, wenn man sich auf sie einlässt. Tut man dies, verändern sie das Leben von Grund auf. Subtil, aber sehr beständig zeigen sie dir deinen Weg und du kannst gar nicht anders, als zu lernen, zu wachsen, deinen Weg zu erkennen und ihn zu gehen. Dies passiert alles nicht von heute auf morgen, aber ich erkenne deutlich die Spur, die die Kristallschädel in meinem Leben gezogen haben und auch weiterhin ziehen. Ein Leben ohne Kristallschädel ist für mich überhaupt nicht mehr vorstellbar.

Gibt es irgendetwas, was Leute wissen sollten, bevor sie Kristallschädelhüter werden?

Jeder, der sich von Kristallschädeln angezogen fühlt und sie um sich haben möchte, sollte sich darüber im Klaren sein, dass dies Konsequenzen für das eigene Leben hat. Kristallschädel sind nicht dazu gemacht, sie in eine Vitrine zu stellen und hübsch auszuleuchten. Sie sind hier, um mit uns zu arbeiten, und wer sich auf sie einlässt, muss bereit sein, sich zu verändern – sich seine eigenen „Baustellen" anzusehen und zu bearbeiten. Und man muss darauf gefasst sein, dass sich viel im Leben verändert – auch wenn die Entwicklung schmerzhaft sein kann, ist sie immer positiv. Und die Kristallschädel sind die wunderbarsten Helfer, die man sich vorstellen kann!

Wie würdest Du Deine Arbeit mit den Kristallschädeln beschreiben?

Eine Offenbarung und die pure Freude – jedes Mal wieder! Es ist eine wundervolle Erfahrung, die man nicht in Worte fassen kann und die Liebe, die sie uns schenken, ist überwältigend und lässt unser Herz heilen. Es ist eine freudvolle, ergreifende und zutiefst berührende Arbeit.

Was glaubst Du, warum sind heutzutage weltweit Menschen an Kristallschädeln interessiert, egal welchen sozialen Hintergrund sie haben?

Ich glaube, dass jetzt einfach die Zeit gekommen ist, in der wir uns wieder mit den Kristallschädeln verbinden sollen, um von ihnen zu lernen und mit ihnen zu arbeiten. Es ist sicher kein Zufall, dass in der heutigen Zeit immer mehr Kristallschädel auftauchen und uns damit diese Möglichkeiten bieten. Das spirituelle Arbeiten ist unabhängig vom sozialen Hintergrund und heutzutage werden sich immer mehr Menschen ihrer spirituellen Aufgaben bewusst und fangen an, entsprechend zu arbeiten. Die Kristallschädel rufen uns und es werden immer mehr, die sie zu hören bereit sind.

Glaubst Du, dass Kristallschädel Menschen verbinden?

Ich glaube, dass spirituelles Wachstum grundsätzlich verbindet – schließlich geht es darum, zu erkennen, dass wir verbunden sind, mit allem, was ist! Aber ja, ich glaube auch, dass gerade die Kristallschädel ein spezielles „Netzwerk" bilden, das auch ihre Hüter darüber verbindet.

Gibt es noch irgendetwas, was Du erwähnen möchtest?

Ich möchte allen Kristallschädeln danken für ihre Liebe, Geduld und Hingabe. Sie sind so einzigartig und so ein riesiges Geschenk für uns alle. Danke!!!

18. Verantwortung als Kristallschädelhüter

Nachdem wir erfahren haben auf welch vielfältige Art und Weise wir unsere Kristallschädel, sowohl für uns, als auch für unsere Mitmenschen einsetzen können, möchte ich kurz auf unsere Rolle als Kristallschädelhüter und der damit verbundenen Verantwortung eingehen.
Kristallschädel sind kraftvolle energetische Werkzeuge, die wir mit der dementsprechenden Sorgfalt einsetzen sollten.
Ich gehe an dieser Stelle mal davon aus, dass es sich von selbst versteht, dass wir Kristallschädel nur zum Wohle und zum Nutzen für uns selbst und andere, sowie zur Heilung von Mutter Erde einsetzen.
Alle negativen und manipulativen Transaktionen werden in jedem Fall wieder auf uns zurückfallen und nicht nur für den Empfänger negative Folgen haben, sondern in noch größerem Maße für uns selbst.
Missbrauch eines Kristallschädels wird in jedem Falle in Schwierigkeiten und Rückschlägen auf dem eigenen Weg münden.
Als Lichtarbeiter folgen wir dem Weg der Liebe und hier ist kein Platz für Negativität und Manipulation.

Kristallschädelbehandlungen sollten nur mit dem Einverständnis der zu behandelnden Person durchgeführt werden. Hierbei sei darauf hingewiesen, dass wir unsere Mitmenschen nicht bedrängen und ihnen Behandlungen quasi aufzwingen sollten. Wer bereit für eine Kristallschädelbehandlung ist, wird uns dies wissen lassen. Allen anderen sollten wir die Zeit geben, bis sie auf uns zukommen oder entscheiden, dass dies nicht ihr Weg ist. Übertriebenes Sendungsbewusstsein ist für andere unangenehm und bedrängt sie in ihrem Entscheidungsprozess bzw. weist zum Teil manipulativen Charakter auf und ist damit mehr als bedenklich.

Machen Sie sich vor jeder Behandlung bewusst, dass nicht Sie heilen, sondern die göttliche Quelle durch Sie, als Kanal, heilt. Das hilft Ihnen bei sich zu bleiben, offen und ohne Wertung eine Behandlung durchzuführen und keinerlei Intention in die Behandlung bzw. deren Verlauf zu projizieren. Nicht wir entscheiden, was für unseren Klienten gut und heilsam ist oder welche Wendung sein Weg nehmen soll, dies ist alles bereits lange im großen Plan festgelegt.

Sehr schwierig kann es werden, wenn der Behandler zu dem Klienten in einem persönlichen Verhältnis steht oder dies gerne tun würde. In solchen Situationen ist es oft schwierig die eigenen Interessen und Wünsche außen vor zu

lassen. Man neigt dazu sich vom eigenen Ego überrumpeln und leiten zu lassen, was einer bewussten Manipulation sehr nahe kommt.
Behandeln wir jemanden, den wir gut kennen, dessen Probleme und Wünsche uns hinreichend bekannt sind, müssen wir dringend darauf achten, nicht unsere Intentionen bezüglich der Heilung einfließen zu lassen. Wir dürfen auf keinen Fall entscheiden wollen, wie eine Situation zu lösen ist oder ob ihre Lösung bereits ansteht, all dies entzieht sich unserer Kenntnis und darf und sollte an die höhere Instanz abgegeben werden.

Vor einiger Zeit habe ich einen Fall erlebt, in dem eine Kristallschädelbehandlung aufgrund der eigenen Projektionen der Behandlerin, sowohl für die Behandlerin selbst, als auch für den Behandelten unangenehme Folgen hatte, die mühsam wieder aufgelöst werden mussten. Die Behandlerin hatte sich vor der Behandlung in ihren Klienten verliebt, ob ihr das zum Zeitpunkt der Behandlung bewusst klar war, kann ich nicht sagen. Aufgrund dieser Tatsache hat sie ihrem Gegenüber eine Kristallschädelbehandlung angedient, um die er selbst zu diesem Zeitpunkt nicht gebeten hätte, die er aber auch nicht abgelehnt hat.
Ganz offensichtlich war die Behandlung von Intentionen und Wünschen hinsichtlich der behandelten Person durchzogen und ist in keiner Weise absichtslos und wertungsfrei geblieben.
Die erhaltenen Botschaften waren offensichtlich egomotivierte Projektionen, die weitere energetische Verbindungen zwischen den beiden setzen sollten bzw. gesetzt haben.
Die Folgen dieser Kristallschädelbehandlung hatten beide in gleichen Maße zu tragen, neben einer totalen emotionalen Konfusion, stellt sich eine große körperliche Erschöpfung ein, da sie sich durch die gesetzten energetischen Verbindungen gegenseitig Energie abzogen.
Des Weiteren kam es zu erheblichem Druck im gesamten Brustbereich bis hin zum Herzchakra, da durch unbewusst gesetzte Blockaden, die Energie nicht mehr frei fließen konnte.

Die bewusste oder auch unbewusste Intention der Behandlerin, den Mann für sich zu entflammen, hat nicht nur nicht gefruchtet, sondern hat sie selbst in ein totales emotionales Chaos gestürzt, welches sie für einige Zeit außer Gefecht gesetzt hat. Selbst der normale Alltag war für sie sehr schwer zu bewältigen.

Ich möchte mit diesem Beispiel verdeutlichen, dass es sehr unangenehme Folgen haben kann, wenn man während einer Behandlung nicht wirklich bei sich selbst bleibt, nur als Kanal arbeitet und die göttliche Energie ohne eigene Intentionen weiterleitet.

Es sei auch darauf hingewiesen, dass ein Behandler, der zum Zeitpunkt der Behandlung sehr empfänglich für die Energien des Klienten ist und diesen Zustand noch durch Mitleid, Liebe oder Hoffnungen verstärkt, sich dem Risiko aussetzt massiv Energien seines Gegenübers aufzunehmen und diese oftmals nicht mehr von den eigenen Energien trennen kann. Die Konsequenzen einer solchen Situation zeigen sich nicht selten auf körperlicher Ebene.

Sollten Sie selbst einmal einen Tag haben, an dem Sie sich schlecht fühlen oder sich in einer Phase der massiven eigenen Transformation befinden, sollten Sie sehr gewissenhaft prüfen, ob Sie eine Behandlung am Klienten wirklich vornehmen wollen.
Bleibt man in einem solchen Fall nicht ganz bei sich selbst, besteht die Gefahr, dass der Klient einen Teil unserer Prozesse abbekommt und diesen erstmal hilflos ausgeliefert ist bzw. gar nicht in der Lage ist zu erkennen, was passiert ist.

Ich vertrete die Meinung, dass man die Größe haben sollte, in einem solchen Fall den Klienten ehrlich darüber zu unterrichten, dass man sich nicht in Balance befindet und es deshalb vorzieht die Behandlung zu verschieben. Jeder verantwortungsvolle Klient wird Ihnen Ihre Voraussicht und Sorgfalt danken, auch wenn er vielleicht anfänglich enttäuscht über die Verlegung der Behandlung ist.
Mein Rat an Sie, bleiben Sie bei sich selbst und seien Sie authentisch, alles Weitere wird geführt werden.

Aus Respekt und Liebe zu unseren Kristallschädeln sollten wir diese nicht zu Aktionen mit niederen Beweggründen missbrauchen oder unsachgemäß und unbedacht einsetzen.
Die Kristallschädel, die sich in unserer Obhut befinden, müssen von uns nicht nur sachgemäß gepflegt und verwahrt werden, sondern auch respekt- und liebevoll behandelt werden. Behandeln Sie Ihre Schädelfamilie so, wie auch Sie behandelt werden wollen.
Sollte ein Kristallschädel einmal eine Bitte an Sie richten, die für Sie in dem Moment überraschend erscheint, nehmen Sie sich bitte die Zeit darüber nachzudenken und sich damit auseinander zu setzen.
So kann es zum Beispiel vorkommen, dass Sie in den Urlaub fahren und eigentlich mit leichtem Gepäck reisen wollten, sich nun aber gleich mehrere Schädel als Mitreisende melden. Übergehen Sie den Wunsch nicht einfach, sondern setzen Sie sich damit auseinander, es gibt in der Regel einen Grund für das Anliegen der Schädel, auch wenn wir ihn erst später verstehen werden.

Hin und wieder geben Kristallschädel auch klar zu verstehen, dass sie zum Beispiel von Fremden nicht berührt werden wollen, oder für den Einsatz in eine Meditation oder einem Seminar nicht zur Verfügung stehen, bitte respektieren Sie dies, es hat seinen Grund.

Es ist unsere Aufgabe als Kristallschädelhüter auf der einen Seite die Schädel und ihr Wesen zu respektieren und dementsprechend zu handeln, auf der anderen Seite müssen wir Sorge dafür tragen die Kristallschädel verantwortungsvoll mit unseren Mitmenschen in Kontakt zu bringen.
Damit meine ich zum Beispiel Menschen nicht zu überfordern, indem wir sie zu massiv mit Kristallschädeln konfrontieren und ihnen keine Ausweichmöglichkeit geben. Wir müssen akzeptieren, dass Kristallschädel ein kraftvolles energetisches Werkzeug sind, aber deshalb noch lange nicht der Weg für jedermann.

Wir sollten uns im Klaren darüber sein, dass Kristallschädel das energetische Niveau ihrer Umgebung massiv verändern bzw. anheben. Diese hohe energetische Frequenz kann bei einigen Menschen dazu führen, dass sie sich unwohl fühlen oder sogar körperlich Symptome, wie Schwindel, Müdigkeit etc. auftreten. Ebenfalls kann ihr emotionales Gleichgewicht durch die hohe Energie gestört werden.
Dies kommt vor allem dort vor, wo das energetische Niveau durch mehrere Schädel massiv angehoben wurde, wie zum Beispiel in einem Behandlungsraum, in dem sich mehrere Schädel befinden oder in einem Seminar, in das wir unsere Schädelfamilie mitgebracht haben.
Ich habe es mir zur Angewohnheit gemacht, die göttliche Ebene darum zu bitten, dass die Energie meiner Schädel für alle Menschen, mit denen sie in Berührung kommen, für alle Tiere, die in ihrer Umgebung leben und für alle Lebewesen, in ihrem Umfeld, heilsam und stimmig sein möge.
Dies erneuere ich bei jedem Zugang eines neuen Kristallschädels bzw. bei jeder örtlichen Verlegung.

19. Schlusswort

Ich bedanke mich ganz herzlich bei allen Lesern dafür, dass ich Ihnen das Thema „Kristallschädel“ und ihre vielfältigen Einsatzweisen näher bringen durfte. All denjenigen unter Ihnen, deren Herz für die Kristallschädel entflammt ist, wünsche ich auf Ihrem gemeinsamen Weg mit den Kristallschädeln viel Freude bei der gemeinsamen Arbeit, viel gegenseitiges Verständnis und Vertrauen. Ich kann Ihnen an dieser Stelle schon versprechen, dass in Ihrem Leben nichts mehr so sein wird, wie zuvor, sobald Ihr erster Kristallschädel Einzug in Ihr Leben gehalten hat. Sie befinden sich auf einem Weg voller Überraschungen in ein Leben voller Liebe hin zum All-Einheitsbewusstsein. Allen anderen wünsche ich auf ihrem Weg ebenfalls viel Licht und Liebe. Mögen wir gemeinsam in der Lage sein durch unsere Arbeit das Bewusstsein auf diesem wunderschönen Planeten anzuheben, um gemeinsam in ein neues, friedvolles, harmonisches und liebevolles Zeitalter überzugehen. Abschließend möchte ich nochmals das Wort an meine beiden Kristallschädel „Kasper“ und „Daniel“ übergeben, denen ich aus ganzem Herzen dafür danke, dass sie an meiner Seite sind, mich auf meinem Weg unterstützen und mein Leben bereichern (Siehe Abbildung 42).

„Ihr dürft Euch glücklich schätzen in diesen Zeiten der Veränderung auf der Erde zu sein. Ihr habt die einmalige Chance bei der energetischen Anhebung auf Eurem herrlichen Planeten aktiv mitzuwirken. Ihr seid die Schöpfer der Zukunft. Seht die Göttlichkeit in Euch und lasst sie zum Wohle aller erstrahlen.

Nie zuvor hat es eine derartige Chance gegeben. Großes spirituelles Wachstum steht Euch bevor, wenn Ihr die Euch gegebenen Möglichkeiten nutzt. Liebe ist die stärkste Macht im gesamten Universum, spürt sie, lebt sie und gebt sie an Eure Umwelt und Mitmenschen weiter, dann haben Angst und Negativität keine Gelegenheit mehr Euch an Eurer wahren Bestimmung zu hindern.

Ihr werdet die Fülle, die Freude, die Glückseligkeit, die Harmonie und den Frieden in Euren Herzen erkennen. Je mehr Menschen dies tun, desto mehr wird das Allgemeinbewusstsein angehoben und die bedingungslose, wertfreie Liebe kann ihre Wirkung auf Erden entfalten.

Lasst Euer Licht in Liebe erstrahlen, auf dass es den ganzen Planeten und all seine Bewohner erhellen möge.

Geht Euren Weg im Vertrauen, wir und Eure göttliche Führung sind immer an Eurer Seite.

Wir danken und lieben Euch.

So sei es.“

20. Danksagung

An dieser Stelle möchte ich die Gelegenheit nutzen, mich bei allen aus tiefstem Herzen zu bedanken, die an der Entstehung dieses Buches direkt oder indirekt beteiligt waren und mich tatkräftig unterstützt haben.
Die Namen folgen keiner bestimmten Reihenfolge, da Ihr mich alle auf Eure wundervolle Art unterstützt habt.

Beginnen möchte ich mit meinem lebensgroßen Rauchquarzschädel „Kasper", sowie meiner gesamten Kristallschädelfamilie – ohne Kasper und seine Freunde würde es dieses Buch definitiv nicht geben. Seit dem Tag, als Kasper bei uns eingezogen ist, hat er unser Leben in wunderbarer Weise auf den Kopf gestellt und findet immer wieder Gefallen daran, mein Vertrauen mit neuen Dingen zu testen. „Kasper, ich liebe Dich und bin Dir unendlich dankbar für all die Wunder, die Du mit uns gemeinsam manifestiert hast. Das Leben mit Dir wird spannend bleiben und darauf freue ich mich.".
Mein großer Dank geht natürlich auch an alle meine anderen Kristallschädel. „Ihr seid eine wunderbare Familie, die mein Leben in jeder Sekunde bereichert. Danke Euch von Herzen".

Meiner geistigen Führung, angeführt durch Horus, danke ich für die Geduld, die sie mit mir haben, um mich immer wieder erkennen zu lassen, wo der Weg meiner Seele liegt, für ihren Schutz und für ihr Vertrauen in mich und meine Fähigkeiten. Ganz besonders danke ich Horus, dass er immer an meiner Seite steht, mir Liebe und Unterstützung gibt und mich wissen lässt, wo mein wahres Zuhause ist und was dies für meinen Weg bedeutet.

Kommen wir nun zu den physischen Personen: Mein ganz besonderer Dank und all meine Liebe geht an meinem geliebten Sohn, Luca Elias Juan Olsson, dafür dass er in der Entstehungszeit meines Buches so oft auf mich und meine Aufmerksamkeit verzichtet hat und mich ganz oft mit den Kristallschädeln teilen musste. „Mein Schatz, Du bist der Beste, danke für alles, was Du für mich bist und mir gibst. Ich liebe Dich."
Ich danke meiner Mutter Hannelore, dafür dass sie mein Buch Korrektur gelesen hat, auch wenn es nicht ganz ihr Thema ist. „Ganz lieben Dank für Deine Hilfe, Mum."
Meinem Vater Karl, danke ich dafür, dass er mich immer unterstützt hat und mir Mut gemacht hat. „Lieben Dank Daddy, Du hast mir durch manchen Sturm geholfen."
Ich danke meiner lieben Freundin, Annett A., von Herzen für ihre unendliche Liebe und Freundschaft. „Du hast mir immer Mut und Kraft gegeben und mir

gezeigt, wie wichtig es ist bedingungslos geliebt zu werden. Ich bin sehr dankbar, dass es Dich für mich gibt."
Ich danke Sven Görlich für die wunderschönen Fotos, die er von mir und meinen Kristallschädeln gemacht hat. „Du bist nicht nur ein super Fotograf, sondern ein wunderbarer und natürlicher Mensch. Danke, Danke, Danke!"
Mein ganz besonderer Dank geht an Roger Willemsen, der in unserer Zeit in München, als mein Professor, erst meine große Liebe zu Büchern und dem geschriebenen Wort erweckt hat und damit den Grundstein für dieses Buch legte.
Ich danke Frau Johanna Bohmeier, dafür dass sie die Wichtigkeit der Kristallschädel für unsere Zeit erkannt hat und dieses Buch in ihren Verlag aufgenommen und mich als Autorin sehr nett, liebevoll und verständnisvoll betreut hat. „Ich freue mich, dass mein Buch in Ihrem Verlag erscheinen darf und danke für all die Unterstützung und geduldige Betreuung."
Ich bedanke mich bei dem gesamten Team des Bohmeier Verlages, ganz besonders bei dem Lektorat und dem Layout, für die wundervolle Unterstützung und Zusammenarbeit.

Ganz besonders möchte ich mich auch bei meiner lieben Freundin und Schwester, Star Johnsen-Moser. „Es ist wunderbar zu wissen, dass Du mir jederzeit mit Deiner Hilfe und Liebe zur Seite stehst, um die wunderVolle Arbeit mit Kristallschädeln den Menschen zugänglich zu machen. Ich danke Dir nicht nur in meinem Namen, sondern im Namen aller Kristallschädelhüter und Freunde für alles was Du tust. Much love and hugs."
Ein ganz liebes Dankeschön geht von Herzen an Sherry Whitfield und ihren wunderbaren Kristallschädel Synergy. „Ich danke Dir für Deinen unermüdlichen Einsatz für die Kristallschädel. Du hast mir jederzeit helfend zur Seite gestanden und meine Arbeit unterstützt. Thanks a lot and much love."
Mein großes Danke geht auch an Marion Webb-De Sisto, Adele Sands, Monique Calis und Cor van der Horst, Madra Little, Helga Heubing, Maren Springsteen, Magdalene Hoffmann, LionFire, Sharon Lee Taylor, Shirley Coventry, Gudrun Hänel, Annett Ausic, Andrea Hartmann und alle anderen die mich mit ihren Beiträgen und Erfahrungen unterstützt haben. „Danke, Ihr seid wunderbar."

Ich danke Herrn T. Potthoff, dass er mich auf den Bohmeier Verlag hingewiesen hat und es so erst möglich gemacht hat, dass das Buch hier erschienen ist. „Ganz lieben Dank für Ihre Unterstützung."
Ich danke auch allen, die hinter den Kulissen tätig waren und immer noch sind, die mir zum Teil gar nicht persönlich bekannt sind, die Menschen, die für den Druck und die Drucklegung bzw. den gesamten Entstehungsprozess

des Buches verantwortlich sind, alle die für den Versand und die Auslieferung tätig sind und viele andere mehr.
Sollte ich jemanden vergessen haben, war das keine Absicht und ich entschuldige mich hierfür schon vorab mit einem ganz lieben Danke.

Außerdem möchte ich es nicht versäumen eine riesiges Dankeschön an die Kristallschädelschleifer in aller Welt zu senden, ohne sie wäre es uns nicht möglich, mit diesen wunderVollen Wesen zu arbeiten „Wir danken Euch allen für Eure fantastischen Arbeiten und den damit verbundenen Nutzen für Mutter Erde und all ihre Bewohner. Unsere tiefe Dankbarkeit an Euch alle.“

Ein ganz großes Dankeschön geht an alle Leser, die dieses Buch in den Händen halten, dafür dass sie sich auf ihren Weg gemacht haben, sich den wunderbaren Energien der Kristallschädel öffnen und ihre Herzen dem Einheitsbewusstsein zuwenden und ihr Licht in Liebe scheinen lassen.

Und last but not least möchte ich mich bei allen Kristallschädelhütern weltweit für die wundervolle Arbeit bedanken, die sie täglich mit ihren wunderbaren Kristallschädeln machen. „Es ist toll, dass es Euch gibt und wir alle über unsere Schädel miteinander vernetzt sind.“

Kirsten Hilling, im Juni 2011

21. Verzeichnis der Mitwirkenden bei Botschaften und Interviews

Ausic, Annett
Wohnort und Land: Waren/Müritz, Deutschland
E-Mail-Adresse:
Homepage: keine
Annett arbeitet zu ihrer eigenen spirituellen Entwicklung mit Kristallschädeln.
Sie sind wertvolle Begleiter auf ihrem Weg und für sie nicht mehr wegzudenken.

Calis, Monique* und *van der Horst, Cor
Wohnort und Land:
Oosterhout GLD, Niederlande
E-Mail-Adresse:
Monique.calis@gmail.com
Homepage:
http://www.altned.net/orgonite/
Monique ist eine Künstlerin die Kristallschliffe, sowie Orgon-Kreationen mit Kristallen, erschafft geführt von Metatron und einigen anderen Geistenergien. Sie ist auch Reiki-Meisterin und führt viele andere Heilungspraktiken durch, die auch in den Kreationen die sie erschafft zum Ausdruck kommen.
Cor ist Illustrator von spirituellen Kinderbüchern, Fotograf und Lebensberater.

Coventry, Shirley Sienna
Medium, Channel, Kristallschädelhüterin
Wohnort und Land: Melbourne, Australien
E-Mail-Adresse: info@templeofillumination.com.au
Homepage:
www.templeofillumination.com.au

Hänel, Gudrun
Wohnort und Land:
Nähe Hamburg, Deutschland
E-Mail-Adresse: earthhealing@web.de
Spirituelle Übersetzerin, Kristallschädelhüterin, Energiearbeit

Hartmann, Andrea
Wohnort und Land: Bonn, Deutschland
E-Mail-Adresse:
andrea.hartmann@gmx.net
Homepage: www.andrea-hartmann.de
Andrea Hartmann ist ein hellwissendes und sehendes Medium.

Heubing, Helga
Wohnort und Land:
Nordrhein-Westfalen, Deutschland
E-Mail-Adresse: helga-gaia@gmx.de
Homepage: Zurzeit keine Homepage.
Helga arbeitet als Erdheilerin mit Erdenhüterkristallen und Medizinrädern mit den Energien der „Weißen Büffelkalbfrau". Sie ist Hüterin einer Kristallschädelfamilie, die ihren Weg begleitet.

Hoffmann, Magdalene
Wohnort und Land: Euskirchen, Deutschland
E-Mail-Adresse: info@engelheimat.de
Homepage: www.engelheimat.de
www.angelocean.de
Bereits als Kind hatte ich Kontakt mit der geistigen Welt. Ich diene gerne als Medium und Heilerin (ersetzt natürlich nicht den Besuch eines Arztes bzw. Heilpraktikers). Die liebevolle Energie der Kristallschädel ist eine weitere Bereicherung in meinem Leben.

Johnsen-Moser, Star
Wohnort und Land:
Izamal, Yucatan, Mexico
E-Mail-Adresse:
starseed_4@hotmail.com
Homepage: www.starjohnsenmoser.com
Ich arbeite seit 1987 mit Kristallschädeln, seit ich dem Kristallschädel MAX zum ersten Mal in Houston, Texas, begegnet bin, und bin seit über 40 Jahren im Bereich spirituelle Heilungsarbeit tätig. In den vergangenen zahlreichen Jahren habe ich Workshops in den USA, Kanada, Deutschland, Österreich und Mexico durchgeführt, um anderen die Arbeit mit dem Licht zu Heilungszwecken zu lehren.

Leonard, David R. – LionFire
Wohnort und Land: Four Corners, Colorado, USA
E-Mail-Adresse:
lionfire@beyondbb.com
Homepage: Allgemeine Information www.livetolovetolive.com/LionFire.html
LionFire ist ein weißer Schamane „Two-Spirit" von altnordischem und keltischem Erbe mit über 20 Jahren Erfahrung in einer Vielfalt schamanischer Traditionen.
LionFire ist eine Brücke zwischen den Generationen, Orientierungen und Traditionen, er ist Reiki-Meister, hat einen doppelten Magister in Kunst und besitzt ein Zertifikat für Akupressur.

Madra Little
Wohnort und Land: Byhalia, Mississippi (mittlerer Süden der USA)
E-Mail-Adresse:
motherwind14@gmail.com
Homepage: www.cranialvisions.com
Unterstützung persönlichen und spirituellen Wachstums durch erweitertes Bewusstsein und Hilfe beim Finden der Lebensaufgabe mit Hilfe von Kristallen, Kristallschädeln, Klangheilung, Hypnosetherapie – als Kanal für das Göttliche dienend.
Aktuell dient sie in verschiedenen Funktionen als Unterstützerin für jene, die Beratung suchen während Übergangs- und Transformations-Erfahrungen in Memphis, Tennessee, mittlerer Süden der USA und Umgebung. Sie moderiert Events, Workshops, Meditationen und bietet Beratung für jene an, die nährende Energie suchen. Sie hilft anderen, sich mit Kristallgefährten zu verbinden, die sie bei ihrer Reise unterstützen und „trainiert" sie, ihre kreativen und produktiven Energien zum Fließen zu bringen, was für ein erfülltes Leben unerlässlich ist. Madra erscheint auch in diversen Dokumentationsvideos über Kristallschädel.

Sands, Adele
Wohnort und Land:
Sedona, Arizona, USA
E-Mail-Adresse:
ladysands555@yahoo.com
Homepage: www.journeyinspirit.com
Enthält Informationen über Adeles Heilungs- und Massage-Sitzungen in Sedona, ein paar wunderschöne Delfinbilder, und Eindrücke von einer dreimonatigen Reise zu heiligen Stätten mit Schwerpunkt auf Wasserheilung.
Adele Sands ist Hüterin von über 200 Kristallschädeln und Heilungsunterstützer, Reiki-Meisterin und lizenzierte Massagetherapeutin in Sedona, Arizona.

Springsteen, Maren
Wohnort und Land:
Arlington, Virginia,USA
E-Mail-Adresse:
marenspringsteen@gmail.com
Homepage: www.pureseeing.com
Maren ist Schriftstellerin und Dichterin, dieses Jahr ist ihre erste Ausgabe von nichtdualer mystischer Poesie erschienen, genannt „Spun Gold-Poetic Reflections of Pure Luminosity“.

Taylor, Sharon Lee
Wohnort und Land:
PahRahdise Ranch, Nord Nevada, USA
E-Mail-Adresse:
sharonlee@cenotespeaks.com
Homepage: www.cenotespeaks.com
PahRahdise Ranch ist die Heimat von Cenoté & Freunden. Wir sind 21 Kristallschädel, die mit Sharon Lee zusammenarbeiten, durch das Herz des Lichts, um zu channeln und Suchenden dabei zu helfen, Antworten auf Herausforderungen zu finden und ihrer eigenen höheren Führung zu vertrauen. Wir reichen in der Größe von Cenoté, einem klaren Quarzschädel, der 15 kg wiegt, bis zu Mask, einem Moldavitschädel, der 2,7 Gramm wiegt. Sharon hat gelernt, die Energie von kleineren Schädeln niemals zu unterschätzen.

Webb-De Sisto, Marion
Wohnort und Land:
Greater London Area, United Kingdom.
E-Mail-Adresse:
maz@marionwebb-desisto.com
Homepage: Innere Balance/Äußere Harmonie -
www.marionwebb-desisto.com
Marion ist Autorin, die über Kristalle, Engel und Heilung schreibt. Ihr Buch „Crystal Companions“ zeigt einen innovativen Blick darauf, welchen Einfluss die Energie von Kristallen und Kristallschädeln auf verschiedene Therapien, spirituelles Streben und Weissagungspraktiken hat.

Whitfield, Sherry
Wohnort und Land:
Südöstliches Arizona, USA
E-Mail-Adresse:
iloveangelscom@gmail.com
Homepage: www.Crystal-Skull.com
Sie ist die offizielle Homepage des alten Kristallschädels Synergy. Des Weiteren enthält www.ILoveAngels.com Informationen über Engel, Kristallschädel, spirituelle Bewusstheit und die Workshops von Sherry Whitfield.
Sherry hat zahlreiche internationale Workshops durchgeführt über spirituelle, metaphysische und esoterische Themen. Ihr Fokus liegt auf spiritueller Bewusstheit und Entwicklung, sowie auf der Ermächtigung und Bestätigung des Einzelnen. Die gemeinsame Arbeit von Sherry und Synergy wurzelt in der Bildung einer Gruppenschwingung, die Mitgefühl, Akzeptanz und eine ständig wachsende Fähigkeit zum Geben und Empfangen von Liebe herbeiführt.

22. Literaturverzeichnis

Appelt, Christian: Powerkristalle, AT Verlag, München 2005
Davis, Carole: The Skull Speaks Through Carole Davis, AMHREA Publishers, Toronto, 1985
Etten, Jaap van: Crystal Skulls, Interacting with a Phenomenon, Light Technology Publishing, Flagstaff 2007
Hahl, Wolfgang: Die Erdenhüterkristalle, Aquamarin Verlag, Grafin 2004
Holst, Walter von und Kühni, Werner: Enzyklopädie der Steinheilkunde, AT Verlag, München 2003
Kenyon, Tom: Brain States, World Tree Press, Lithis Springs 1994
Melody: Love is in the Earth – A Kaleidoscope of Crystals, Earth-Love Publishing House 1995
Morton, Chris und Thomas, Louise Ceri: Tränen der Götter – Die Prophezeiung der 13 Kristallschädel, Scherz Verlag, Bern, München
Murray, Kathleen: The Divine Spark of Creation: The Crystal Skull Speaks, Galactic Publications,Dezember 1998
Webb-De Sisto, Marion: Crystal Skulls, Emissaries of Healing and Sacred Wisdom, Xlibris, Breinigsville, 2002

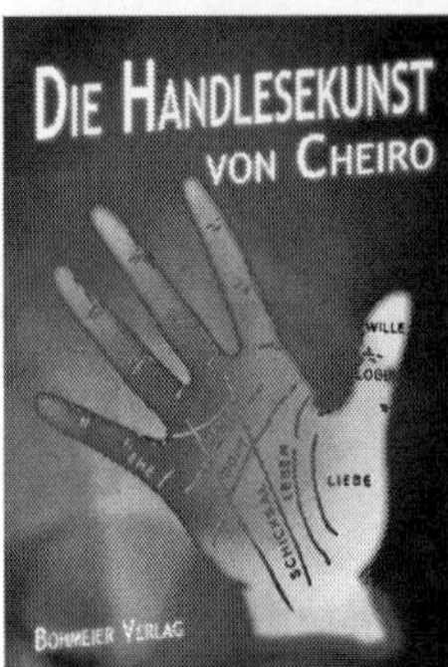

Fachbücher für Magie und alternative Weltsichten

Bohmeier Verlag ... damit Sie erleben, worüber Sie sonst nur lesen!

Kataloge und Infos im Internet ...

www.magick-pur.de

oder einfach per E-Mail: info@magick-pur.de